한국어로 내려온
New Bible

새로운
성 경

제150권

10부 | 총10부

하얀마음

하나님 말씀 중에서

1. 사랑의 하나님

- 세상을 창조하신 하나님은 모두를 사랑하신다. 인간만 특별히 더 사랑하지 않고, 우주 만물을 다 똑같이 사랑하신다. 그러니 하나님이 창조하신 천지 만물과 화친하고, 미물까지도 소중히 대하라.

- 하나님은 특정 종파나 민족만을 더 사랑하지 않으신다. 자기 자신만 구원받겠다는 욕심을 버리고, 자기 종파만 구원받는다는 편협한 교리에서 벗어나야 한다. 종파를 초월해서, 모두를 사랑하라.

- 원수까지 사랑하라 했으니, 이 세상에 사랑하지 못할 자가 누가 있겠는가? 종파가 다르다고 해서 부모 형제와 원수처럼 지내는 자는 인간의 근본을 모르는 자다. 가장 가까운 가족부터 사랑할 때 남도 진심으로 사랑할 수 있다.

- 한 사람을 원수같이 생각하던 마음에서 사랑하는 마음으로 돌리면, 자기 자신의 마음이 가장 기쁘고 행복하다. 하나님께서는 인간의 마음속에 무거움이 없이 기쁘고 행복한 삶을 살기를 바라신다.

- 이웃을 "내 몸처럼" 사랑하라 했으니, 마지막 한 장 남은 천국의 티켓도 이웃에게 양보하라. 자기 중심적인 신앙에서 벗어나서 남을 위해 살아야 한다.

- 독초도, 약초도, 이단도 사탄도 천사도 다 필요하기에 존재한다. 독초일지라도 극소량을 사용해서 생명을 살릴 수 있고, 약초라 하더라도 남용하면 생명을 잃을 수 있다.

- 세상 모든 것을 명약으로 활용하는 것은 인간의 지혜에 달렸다. 어떤 것이든 어떤 사람이든 적재적소에 꼭 필요한 명약으로 승화시키라.

- 사탄도 이단도 천사도 모두 하나님의 주관하에 존재한다. 진정한 하나님의 백성은 사탄과 마귀까지도 감화시켜서 천사로 거듭나게 한다.

2. 기도

- 하나님은 인간의 생각까지 모두를 다 알고 계신다. 우리의 소원도 이미 알고 계시기에, 소원의 기도를 할 필요가 없다. 우리가 받을 자격이 되면 내려 주신다.

- 죄를 짓고 아무리 회개를 해도 용서받지 못한다. 도둑질한 자는 용서해 달라고 기도하고, 도둑맞은 자는 도둑을 잡게 해 달라고 기도하면, 공의의 하나님은 누구의 편에 서시겠는가?

- 자기가 잘못한 것은 그 사람에게 직접 갚고 용서를 구하라. 그가 용서하면 하나님도 용서하신다. 땅에서 매면 하늘에서도 매이고, 땅에서 풀리면 하늘에서도 풀리는 이치다.

- "회당에서 기도하지 말고 골방에서 기도하라" 했다. 눈에 보이는 골방이 아니라, 골방과 같이 고요한 마음이다. 잡념을 버리고 하나님을 향해 마음을 집중하며, 사랑하고 용서하는 아름다운 생각만 나오도록 하라.

- "두드리면 열릴 것이다." 하는 것은 육의 소원을 위해 두드리라는 것이 아니라, 진리의 깨달음을 얻기 위해 두드리라는 것이다.

- 기도하는 방법: 생활 속에서 수시로 기도하는 삶을 살아야 한다.

- "저의 죄를 용서하여 주옵소서." 하는 회개의 기도를 하라.
- 범사에 "하나님! 감사합니다." 하라. 현재 가진 것에 감사하며, 과욕하지 말라. 자기 노력 이상의 것을 더 갖고자 기도하는 것은 도둑놈심보다. 공의의 하나님은 각자 노력한 만큼 주신다.
- "하나님 뜻대로 살아가겠나이다." 하며 마음의 각오를 다지라.

- 기도는 하나님의 말씀을 받아서 "행하는 것"이다. 하나님이 계심을 굳건히 믿고, 하늘을 향하여 한 점 부끄럼 없이 사는 삶 자체가 가장 위대한 기도이며, 삶이 곧 예배다.

3. 지도자

- 똑같이 사랑한다는 말을 해도, 순수하게 하는 말은 천사의 말이지만, 사기 쳐서 재산을 가로채려고 하는 말은 사탄의 말이다.

- 종교 지도자가 아무리 훌륭한 설교를 해도, 신도의 재물을 거둬서 더 큰 교회를 짓고 자기의 부귀영화를 바라며 설교하면 사탄의 가르침이 된다.

- "저희 교회는 만원사례요, 믿음은 다 같으니 이웃의 개척 교회에 가서 예배를 드리시오." 하며, 이웃 교회의 부흥을 먼저 생각하여 제 신도를 보내는 종교 지도자가 있다면 그를 따르라. 그가 하나님의 사랑을 실천하는 자다.

- "부자가 천국에 들어가는 것은 낙타가 바늘구멍을 통과하는 것보다 더 힘들다" 하였거늘, 지금의 교회에서는 부자가 되기만을 기도하고 소원하니, 이는 곧 천국을 포기하고 지옥 행 열차의 티켓을 사는 것과 같다.

- 예수는 빈손이었다. 종교 지도자가 예수보다 더 호화롭고 편안하게 살아간다면 잘못된 것이다. 부귀영화와 명예를 바라는 자는 절대로 갈 수 없는 좁고 협착한 길이 종교 지도자의 길이다.

- 종교 지도자는 유리로 비춰 봐 한 점의 부끄러움이 없이 살아야 한다. 의식주도 직접 일해서 해결하고, 예수의 가르침과 행함을 그대로 따라야 한다.

- 종말은 없다. 지금의 잘못 가는 종교 집단에게만 종말이 있다. 보이지 않는 하나님은 보이는 육의 종말은 관여하지 않으신다. 환경 파괴로 인간이 스스로 멸망을 자초하는 것이다. 종파끼리 싸우기 전에, 무너진 인성을 바로잡고 지구의 몸살을 해결하는 데 뜻을 모으는 게 급선무다.

4. 성전이란

- 이 세상 자체가 하나님께서 만드신 성전이다. 자연보다 더 아름다운 성전이 있는가? 보이는 건물이 성전이 아니라, 성스러운 마음가짐이 성전이다.

- 반석 위에 교회를 지으라 했다. 지상의 단단한 돌은 인간이 쪼갤 수 있으나, 마음속의 굳은 결의는 세상 무엇으로도 쪼갤 수 없다. 바르고 굳건한 믿음으로 성경의 가르침을 실천하는 것이 마음의 반석 위에 교회를 짓는 것이다.

- 손으로 지은 건물의 교회에 모여서 복음을 전하는 것이 아니라, 교회를 개인과 가정에 심어 주어야 한다. 무너지고 부서지는 건물을 짓지 말고, 마음속에 영원히 불변하는 참진리의 교회를 지으라.

5. 십계명

- 십계명은 인간이 죽어서 반드시 통과해야만 하는 열 개의 관문이다.

- 부모를 공경하지 아니한 자는 "네 부모를 공경하라." 하는 제5계명의 관문이 열리지 않으니 구원받을 수 없다.
- 살인, 간음, 거짓, 우상 등의 나머지 계명도 마찬가지다.

- 십계명은 하나님의 친필이다. 모기소리만 한 하나님의 음성이라도 들어 보겠다고 여기저기 찾아 헤매지 말고, 십계명부터 암송하고 지키라.

- 십계명은 영혼을 구원하는 양식이며, 십계명을 지키는 것이 구원을 받는 길이다. 인간이기에 지키고자 노력하고 또 노력한다면 지킬 수 있다.

- 십계명을 지키고 천사처럼 아름답게 살아가는 그 마음 하나면 세상에 이루어지지 않는 것이 없다.

6. 보물

- 하나님은 재물이 아니라 우리의 마음을 받으신다. 사랑을 실천하며 천사처럼 변하는 마음이 하나님께 바치는 보물이다.

- 보이지 않는 하나님께 재물을 바치려 하지 말고, 너희를 길러 준 부모에게 용돈 드리고, 찾아뵙고, 효성을 다하라. 그것이 하나님께 효도하는 것이다.

- 하늘에는 선과 악의 창고가 있다. 자기 창고에 선이 많으면 천국으로 구원을 받고, 악이 많으면 심판받아 지옥으로 간다. 그것이 바로 "선한 일을 행한 자는 생명의 부활로, 악한 일을 행한 자는 심판의 부활로" 나오는 것이다.

- "선악과를 따먹지 말라"는 것은 양심을 지키라는 것이다. 선과 악을 구분할 수 있는 양심을 최초에 인간에게 주셨다. 선한 열매는 취하고, 악한 열매는 버리며, 양심에 비추어 부끄럼 없는 삶을 살아가라.

- 가장 작은 거짓말을 하지 않고, 가장 작은 죄를 짓지 않으며, 가장 작은 선행을 하고, 가장 작은 악행을 멀리하는 것이 율법의 일점 일획도 빠뜨리지 말고 다 지키는 삶을 사는 것이다.

7. 우상

- 박물관에 있는 불상은 하나의 예술품이다. 그 조각품에 대고 제 소원을 빌 때 우상숭배가 된다. 십자가라 하여도 그 앞에서 소원을 빈다면 우상숭배하는 것이며, 하나님께 소원을 빈다면 하나님을 우상으로 전락시키는 것이다.

- 지금 기복신앙에 젖어 있는 모든 사람이 우상 앞에 절을 하고 있다. 조각품을 우상이라며 파괴하지 말고, 네 마음속에 있는 욕심의 우상을 무너트리라.

- 생수를 약초가 먹으면 약을 만들고 독사가 먹으면 독을 만든다. 같은 성경을 봐도 선한 지도자는 신도를 천사로 만드는 데 활용한다. 그러나 욕심이 가득한 지도자는 재물을 거두어들여 제가 부귀영화를 누리는 데 악용한다. 그가 바로 성경을 우상숭배의 도구로 전락시키는 거짓 선지자다.

- 성경을 한 획도 빼거나 더하지 말라는 것은, 그 가르침을 빠트리지 말고 온전히 지키라는 것이다. 성경 속에서 자기에게 유리한 구절만 보는 것은, 자기에게 불리한 구절들을 빼 버리는 것이다. 믿음이 제일이요, 행함은 구원과는 관계없다는 것은 자신에게 유리한 쪽으로 성경을 악용하는 것이다.

- 진정한 종교 지도자는 종파에 관계없이 어떤 종파든 어떤 책이든 접하고 보고 깨우쳐 견문을 넓히도록 인도한다. 참진리를 모르고 자신이 없는 자가 남을 이단이라며 배척하고, 신도들의 눈과 귀를 가린다.

8. 예수

- 예수의 재림은 없다. 예수가 다시 온다 해도, 과연 누가 그를 예수라고 믿겠는가? 예수와 같은 삶의 행함이 곧 예수의 재림이다. 각자 모두가 "재림 예수"가 되는, 차원 높은 믿음으로 가야 한다.

- 예수는 "주여 주여 하지 말고, 아버지의 뜻대로 행하라"고 했다. 예수가 전한 하나님의 뜻이 곧 "길이요, 진리요, 생명"이며, 그 가르침이 예수의 보혈처럼 소중한 것이다. 예수를 믿는 것은, 예수의 가르침을 믿고 따르는 것이다.

- 예수는 낮은 자로서 만백성을 섬기고자 했다. 만나는 모든 사람을 다 하나님이라 생각하라. 돈을 벌수록 겸손하고, 높은 지위를 얻을수록 낮아지라.

- 예수는 종파를 만들지 않았다. 인간이 만든 종교와 인간의 교리를 따르지 말고, 예수를 통해 전한 하나님의 참진리를 연구하고 따르라.

- 예수가 2천 년 전에 만백성을 위해 죽었으니, 지금 이 땅에는 예수의 가르침대로 사는 천사만 존재해야 한다. 예수가 죽어 가면서 바란 것은 만백성이 천사가 되어 예수의 자리를 채워 주는 것이지, 지금과 같이 재물을 바치면서 중언부언 제 소원만을 비는 백성들을 바란 것이 아니다.

9. 구원

- 천사가 사는 천국에는 천사만 갈 수 있으니, 천사 같은 마음을 길러야 한다.

- "천국 열쇠를 네게 주리니 땅에서 무엇이든지 매면 하늘에서도 매일 것이라" 했다. 땅에서 천사같이 사는 자가 하늘에서도 천사가 되어 천국에 들어간다. 모든 사람에게 천사같다는 말을 듣는 삶을 살아야 한다.

- 천사의 곱고 아름다운 마음은 부모를 공경하고 어른을 어른으로 대접하는 데에서 출발한다. 효도하는 자는 형제와 화목하게 지내기에 가정이 화목해지고, 이웃과 화목해지고, 국가가 화목해지고, 온 인류가 화목해진다.

- 그러므로 지상의 아름다운 소왕국은 가정에서부터 이루어야 한다.

- 선택된 14만 명만 구원받는 것이 아니라, 천사처럼 변하고자 하는 14만 명을 기초로 온 인류가 천사처럼 거듭나는 영적인 개혁이 시작되는 것이다.

- 천 년에 걸쳐서 하늘에서 이루어진 것같이 이 세상을 낙원으로 만들어, 만백성이 지상의 천국에서 살다가 죽어서 그대로 하늘의 천국으로 들어가는, 영원한 지상 낙원을 건설하는 것이 하나님의 계획이다.

- **이것이 구약과 신약에 이어 "새로운 성경"으로 역사하시는 하나님의 창조의 완성이다.**

- 지금의 믿음으로 구원받을 수 있다면 그 길을 가라. 그러나 자신이 없다면 하나님께서 직접 내리신 160권의 "새로운 성경"을 읽고 구원의 길을 보라!

하나님 머리말씀

이 새로운 성경을 읽는 너희 모두는
이 율법에 따라 행하면 영원히 구원받을 것이니라.

너희 인간이 수년, 수십 년, 평생
성서를 공부하고 기도하는 것은
하늘나라 나의 곁으로 오고 싶은 소망일진대,

몇천 년 전의 너희 인성과 생각이
지금의 너희와는 판이하게 다르니,

꺾여 가고 병들어 가는 너희를 고칠 수 있는 길은,
오늘 내가 선지자에게 내리는 새로운 성경과 같이
너희가 변화되는 것뿐이니라.

나의 예수가 태어난 것처럼
내가 아들 선지자를 선택하여
나의 새로운 성경을 온 세계에 전하고자 하니,

묵은 것은 버리고 새로운 것은 취하여,
너희 모두는
'여호와 하나님! 저의 죄를 용서하여 주옵소서.'
하는 기도문으로 기도하고, 죄를 뉘우치라.

이 새로운 성경은
수천 년간 내려온 성서를 요약한 것이니,
너희는 이 책을 정독하여 쉽게 깨달음을 얻고,
이대로 실천하여 하늘에 오르라.

대역자 머리말

■ 하나님의 율법을 지키는 선지자로 선택을 받도다.

저는 남들처럼 그저 열심히 살아온 평범한 사람이었습니다. 그러나 50대 중반에 사업에 실패하여 많은 부채에 시달렸으며, 건강도 악화되어 눈이 잘 안 보이고, 걷기도 어렵고, 두통이 심해서 잠을 이룰 수 없는 고통의 나날을 보냈습니다. 그때 제가 선택할 수 있는 것은 육의 삶을 끝내는 길뿐이었습니다.

죽기 직전에 그동안에 죄를 지은 이들에게 용서를 빌고 인생을 끝내기로 작정하였습니다. 어려서부터 지은 죄를 빌고 빌다 보니 끝이 없었고, 죽음으로도 그 많은 죄를 용서받을 길이 없다는 생각에 하염없이 눈물이 흘렀습니다. 그 순간 '재래식 화장실의 구더기는 죄를 짓지 않는데, 나는 인간으로서 구더기만도 못한 삶을 살았구나.' 하는 생각이 들면서 괴로움에 몸부림칠 때, 갑자기 하나님의 음성이 들렸습니다.

"나는 여호와 하나님이니라. 너는 십계명을 암송하고 내가 내려 주는 메시지를 받아 책으로 만들어 만백성을 구하라." 하시며, 제 눈을 손으로 문지르게 하시고, 아픈 머리와 다리를 손으로 두드리게 하셨습니다. 그러고 나니 눈도 잘 보이고 걸을 수 있었으며 머리의 통증도 말끔히 낫게 되었습니다. 그때부터 십계명을 암송하고 나면 들려주시는 말씀을 기록하였고, 1999년 8월부터 2004년 7월까지 권당 288쪽, 총 160권을 받아서 "새로운 성경"이라는 책으로 펴내게 되었습니다.

그러한 저에게 죽기보다도 힘든 길이 시작되었습니다. 모든 교인들이 저에게 사탄이요, 이단이요, 악마요, 마지막 시대에 온 거짓 선지자라 하면서 공격하였고, 저를 짐승을 보듯이 대하는가 하면, 편협한 종교 지도자들의 선동으로 신도들이 이 책을 직접 읽어 보고 평가할 기회마저 막아 버렸습니다. 그래서 하나님의 말씀을 세상에 내는 데 많은 어려움을 겪으며, 피를 토하는 심정으로 책을 전하고 있습니다.

그러나 아무리 인간의 힘으로 막으려 해도, 하나님의 뜻이 세상에 전해지는 위대한 역사는 계속될 것입니다. 책으로 전해지는 "하나님의 말씀"은 세상 끝날까지 항상 우리와 함께하실 것입니다. 사람은 죽어도, 책에 기록된 말씀은 영원히 남으니까요.

■ 따뜻한 실천

하나님께서는 어려운 사람들에게 삶의 터전을 마련해 주고, 미래를 열어 주는 것을 기뻐하십니다. 어려운 이웃이 스스로 자립할 수 있도록 이끌어 주는 것이 진정으로 이웃을 돕는 것이라고 말씀하셨습니다. 그래서 일자리가 없는 제자들에게 작은 사업장을 만들어 주는 "달란트 사업"을 하고 있습니다. 식당, 반찬 가게 등을 차려 주고, 기존의 어려운 사업장이 자립할 수 있도록 돕고 있습니다(커피숍, 미용실, 의상실 등).

하나님께서는 교회에 나와서 모든 시간과 재물을 쏟기를 원하지 않으시고, 그 시간과 재물을 교육에 투자하여 스스로 미래를 열어 가기를 원하십니다. 그래서 제때 공부하지 못한 제자들에게 학업을 이어 가도록 하였습니다. 중화요리 주방장을 하며 초등학교 검정고시부터 공부하여 2012년에 방통대를 졸업한 36세 남성, 만학도들의 2년제 중학교에 입학해서 2007년에 명지대학을 졸업한 38세 여성, 중학교 검정고시를 시작으로 숭의여자대학을 졸업한 47세 여성 등이 있습니다. 그밖에도 많은 제자들에게 나이를 초월하여 배우고 깨우쳐서 사회 속의 당당한 일원이 되도록 인도하고 있습니다.

학자금 대출로 힘겨워하는 젊은이들을 위해 "따뜻한 바람 장학회"를 발족하여(2016년 12월) 대출받은 학자금 전액을 매월 갚아 주고 있습니다. 또한, 다문화 가정을 위해 "다문화 가족 랜드"를 조성하여, 각종 시설을 무료로 활용하도록 하고 있습니다.

이러한 따뜻한 실천이 아직은 미약합니다. 그러나 책의 수입이 늘고, 저와 뜻을 같이하는 분들이 늘어나면 계속 확대할 것입니다. 지도자로서 신도의 재물을 헌금으로 거둬들여 착복하는 것이 아니라, 하나님께서 기뻐하시는 일에 사용하도록 중매 역할만 하며 살아가고자 합니다. 이런 제가 과연 사탄이고 이단인가요? 하나님께서 기뻐하시는 일이라면, 저에게 사탄이라 하든 거짓 선지자라 하든 굽히지 않고 실천해 나갈 것입니다.

끝으로, 일상의 삶 속에서 "지금 내가 하는 행동이 과연 하나님께서 기뻐하실까, 슬퍼하실까?" 생각하고, 매사에 하나님께서 기뻐하시는 길을 택하기 바랍니다. 교회에 모여서 집단적으로 예배 드리는 것이 아니라, 개인이나 가정 단위로 새로운 성경을 읽어 스스로 깨우치고 그대로 행하면 충분합니다. 그것이 마음속에 성전을 짓고, 신령과 진정으로 예배 드리는 길입니다. 그러면 천국의 문에 들어서게 됩니다.

2017.2.1.

하나님 말씀 대역자 김용철

차 례

십 계 명

이 책은 십계명을 암송하고 나면 내려 주시는 "하나님의 음성"을 듣고 그대로 받아쓴 기록입니다. 하나님께서 십계명을 모세에게 내려 주셨지만, 그것은 만백성에게 내려 주신 것입니다. 마찬가지로 이 책의 모든 말씀도 저에게 내려 주셨지만, 만백성 각자에게 들려주시는 말씀입니다. 여러분도 이 책을 접할 때마다 십계명을 암송하고 나서 정독해 주시기 바랍니다.

제일은, 너는 나 외에는 다른 신들을 네게 있게 말지니라.
제이는, 너를 위하여 새긴 우상을 만들지 말고, 또 위로 하늘에 있는 것이나, 아래로 땅에 있는 것이나, 땅 아래 물 속에 있는 것의 아무 형상이든지 만들지 말며, 그것들에게 절하지 말며, 그것들을 섬기지 말라.
제삼은, 너는 너의 하나님 여호와의 이름을 망령되이 일컫지 말라.
제사는, 안식일을 기억하여 거룩히 지키라.
제오는, 네 부모를 공경하라.
제육은, 살인하지 말지니라.
제칠은, 간음하지 말지니라.
제팔은, 도적질하지 말지니라.
제구는, 네 이웃에 대하여 거짓 증거하지 말지니라.
제십은, 네 이웃의 집을 탐내지 말지니라.

나 여호와가 존재함을 믿는 그 자체가 구원의 길에 들어서는 기본이요, 근본이며, 나의 새로운 성경을 가슴에 안고 정독하는 자, 반석 위에 서서 하늘에 오르는 찬란한 빛을 보게 되는 영광을 얻게 됨이니라. 진정 나를 따르고 믿는 자는 감히 사탄이나 마귀도 근접하지 못하느니라.

〈하나님 말씀〉

2004년 5월

11,304 번째 하나님 말씀

2004년 5월 25일 11시 23분

1 사랑하는 나의 아들아!
2 "네, 아버님! 말씀하옵소서."
3 이 세상에 나의 피조물 만백성 너희들
이 살아가면서 지금 얼마만큼 험악하
고 무서운 세상이 되었느냐?
4 그 죄는 종교 집단의 지도자요, 그리
고 감히 구원을 받았다 맹종 맹신하는
그 험악한 백성들이요, 아무것도 깨우
치지 못하는 어리석은 그 백성들의 책
임이라 함을 너희들은 전하라.
5 너희들이 이 세상에 살아가면서 얼마
나 험악한 세상이 되었으면 너희들이
귀하고 소중한 것을 너희 자신이 보호
하며 관리하여 너희들이 보고 즐기는
그와 같은 행복함을 느끼지도 못하고,
그를 도둑맞을까 잃을까 하여 너희들
이 보관소라는 곳을 찾아 보관하는 그
와 같은 형국이 되었단 말이더냐?
6 그러니 너무나 너희들이 위험을 느끼
기에, 귀하고 소중한 것은 너희들이
보고 즐기며 필요할 때 또 꺼내서 보
는 그와 같은 즐거움도 느끼지 못하며,
7 누구도 손대지 못하는 보관소라는 곳
을 찾아 그를 보관하는 그와 같은 형
국이 되었음이니,
8 너희들이 안전하다는 그 보관소를 찾
게 되는 것이 얼마나 슬픈 사연이더냐?
9 그러나 내가 너희들에게 물어보고자
하느니라.
10 너희들은 인간 세상에 어떤 귀하고 소
중한 보물보다도 너희들이 하늘에 오
르는 길이요, 참진리를 깨닫는 것보다
더 귀하고 소중한 것이 없음을 너희들
은 알라.
11 그리고 너희들 자신이요, 네 생명이
참진리의 길을 봐 거듭나는 것보다도
더한 영광이 없다는 것을 알라.
12 내가 여기서 너희들에게 묻고자 하느
니라.
13 너희들이 물건을 맡기며 보관하는 그
와 같은 것이니, 그와 같은 곳은 무엇
이더냐?
14 바로 너희들이 이 험악한 세상을 대변
하는 것이 아니더냐?
15 너희들이 보관하는 보관소가 너희들
의 물건을 잘 관리하여 너희들이 찾으
러 갔을 때 보여 주는 그와 같은 정확
한 보관소에다가 모두를 보관했다면,
그는 더 안전하고 편할 것이니라.
16 그러나 과연 보관소가 잘못된 곳이요,
그게 도둑들이 관리하는 보관소에 너
희들이 모두를 맡기는 그와 같은 형국
이 되었다면 얼마나 웃지 못할 형국이
되겠느냐?
17 그러니 바로 내가 너희들에게 묻노라.
18 너희들이 지금 믿음의 길을 가는 것,
그리고 하늘에 오르는 것, 그 귀하고
소중한 그 모두를 보관하고자 보관한
곳이 바로 너희들이 잘못된 종교 집단
이요, 잘못된 종교 집단들이 이끄는
곳에 너희들의 생명을 보관했으며 너

자신의 구원의 길에 모두를 보관했다
면 너희들은 결국 어찌 되느냐?
19 영원히 너희들은 거듭날 수 없는 지옥
의 길에 가는 것이 너희들이 아니더냐?
20 그 귀하고 소중한 것을 잘 관리하고
잘 지키고 보관한 곳이 도둑의 소굴이
었다면, 바로 너희들이 오늘의 믿음의
길을 가는 그와 같은 형국이라는 걸
절대 잊지 말라.
21 너희들이 지금 모두를 다 인간관계에
사는 것도 더 이루고자, 더 얻고자 투
자를 하며, 또한 그를 갖다 너희보다
나은 자, 그리고 능력 있는 자에게 의
탁하는 것이 너희들 인간 세상의 삶이
아니더냐?
22 그러니 너희들이 의탁한 곳, 그리고
보관한 곳, 그와 같은 자들이 무너지
는 자요, 거짓된 자요, 허상이요, 사기
꾼에게 너희들이 모두를 대행하고 맡
겼다면 그 기쁨을 얻을 수 있겠는가?
23 그리고 너희들은 거기서 무엇을 얻겠
는가?
24 슬픔과 패배의 그 모든 것밖에 얻을
수 없음이니라.
25 그 보관소가 제대로 준비되지 못했다
면 어떠한 형국이더냐?
26 너희들이 도둑이 운영하는 보관소요,
사기꾼이 운영하는 곳에 투자했다면
결국 무엇을 얻겠느냐?
27 지금 내가 이와 같은 뜻을 너희들에게
깨우쳐 전하는 것은, 너희들이 어떠한
것과도 바꿀 수 없는 구원받는 것, 네
거듭나는 생명이요, 그 소중하고 귀한
것을 맡기고 투자하는 곳이,
28 바로 잘못된 자요, 거짓된 자요, 사기
요, 도둑이 이끄는 그와 같은 곳에 너
희들이 다 투자하고 있으며 거기에 매
달려 너희들이 안전하기를 기다리니,
29 너희들이 늙고 병들어 그 재물을 쓰고
자 할 때, 귀한 것이 필요로 할 때 가
서 그를 열어 보니, 그는 텅텅 비었으
니,
30 보관하는 주인을 찾을 수 없으며 그의
행적을 찾을 수 없으며 하소연할 데
없는 그와 같은 형국이 되는 것이 바
로 너희들이 오늘의 가는 믿음의 형국
이라는 것을 내가 너희들에게 깨우쳐
전하고자 내가 이 예를 들어 전함이니,
31 너희들이 스스로 깨우쳐 네 것으로 만
들도록 그리하라.

11,305 번째 하나님 말씀

2004년 5월 25일 11시 25분

1 사랑하는 나의 아들아!
2 "네, 아버님! 말씀하옵소서."
3 너희들이 거듭나는 것이요, 귀중한 생
명이요, 하늘에 오를 수 있는 그 모두
를 너희들이 불안하여 그를 관리하고
지킬 수 없어 지금 보관자를 찾으며
보관소를 찾아 보관을 의탁하는 그와
같은 형국이 된 것이,
4 오늘의 도둑이 들끓는 그 교회요 그와
같은 성막에 가서 지금 무엇인가를 깨
우치고 얻고자 하는 것이 그 형국이라
하였음이니라.
5 그러니 내가 너희들이 맡기고 보관한
그것이 다 도둑이 운영하는 보관소요,
사기꾼이요, 거짓된 자가 운영하는 그
와 같은 기업에 투자하는 그와 같은

형국이니,
6 결국 너희들은 노후에 찾을 것이 없으며, 그리고 너희들이 필요할 때 아무것도 얻을 것이 없으며 구할 것이 없다 하지 않았더냐?
7 그리하여 지금 내가 160권의 새로운 성경에 모든 하늘의 뜻을 기록하여 내리는 것은, 너희들 자신이 완벽하게 지킬 수 있으며 너희들 자신이 보호할 수 있는 완벽한 그와 같은 보관소를 내가 너희들에게 만들어 주고자 하여,
8 너희 스스로 보관하며, 네가 도둑으로부터 지키며, 사기꾼에게서 지키며,
9 그리하여 너희들 스스로가 내가 만들어 준 그 보관소에 모두를 보관하며, 필요할 때 꺼내 보며, 필요할 때 역사할 수 있고, 그리고 영원히 잃지 않는 그와 같은 보관소를 만들어 주고자 하는 것이 지금 내가 160권의 새로운 성경을 세상에 내려보내는 것이니,
10 이를 읽고 깨우치는 자만이 나에게 오를 수 있으며 구원을 받는 진정한 길이라 함이 여기 있음이니라.
11 그러나 너희들은 어찌하여 이를 믿으려 하지 아니하며 이를 들으려 하지 않는단 말이더냐?
12 어찌하여 너희들은 도둑이 운영하는 보관소에 물건을 맡기려 그저 들고 계속 수없이 모여들며, 그리고 사기꾼이 운영하는 곳에 너희들이 투자하기 위하여 지금 계속 있는 것 없는 것 모두를 싸 들고 들어가는 그와 같은 형국이니,
13 내가 그를 보는 것이 너무 마음이 아파 내가 너희들을 구원하고자, 너희들이 스스로 보관하고 지킬 수 있도록 완벽한 그 보관소를 만들어 주는 것이나 여호와의 뜻이요, 새로운 160권의 성경이 내려가는 의미이니,
14 이를 거절하며 이를 거부하고서는 너희들이 모두가 네 것을 날리는 것이니,
15 너희들이 이를 읽지 아니하고 이를 탐독하여 네 것으로 만들지 아니하고는 하늘에 올라와 너희들이 이루고 받을 것이 하나도 없다는 그 무서운 사실을 알도록 그리하라, 사랑하는 나의 아들 딸들아!

11,306 번째 하나님 말씀

2004년 5월 25일 11시 32분

1 사랑하는 나의 아들아!
2 "네, 아버님! 말씀하옵소서."
3 나의 아들 예수가 '나를 믿는 자, 그와 같은 자는 심판을 받지 아니할 것이요, 믿지 아니하는 자는 하나님의 독생자의 이름을 믿지 아니하므로 벌써 너희들이 심판을 받은 자요, 그 심판은 너희들이 죄의 대가를 치르는 것이라' 그 말을 하지 않느냐?
4 사랑하는 나의 백성 너희들이 성서의 비밀이요, 그 뜻을 모르기에 이 대목을 가지고 너희가 교회에 나가기만 하면 구원을 받는다 하니 너희들은 이 대목을 잘 읽어 보도록 그리해야 될 것이니라.
5 이 대목에 뭐라 쓰여져 있느냐?
6 너희가 이 대목을 보면 어찌 심판을 받는다 안 받는다는 말을 할 수 있으며, 그를 너희들이 구분할 수 있다 말

한단 말이더냐?
7 너희가 나의 아들의 이름, 예수를 믿
는 것으로써 너희들이 구원을 받고 구
원을 받지 못함이니,
8 그 대목의 내용을 잘 보면 예수의 이
름을 믿는 자는 구원을 받을 것이요,
예수의 이름을 믿지 않는 자는 구원받
지 못한다 그리 말하니,
9 나의 아들 예수의 이름을 믿고 안 믿
는 것으로써 너희들이 구원을 받고 못
받는다면, 그 구원을 받고 못 받는 것
이 너희들이 간단한 이치라 생각하느
냐?
10 그러니 그 내용이요, 그 뜻을 너희들
이 돌이켜 보면 알 것이니라.
11 예수의 이름을 믿고 안 믿는 것으로써
구원을 받고 못 받는다 하는 것, 그것
이 얼마나 어리석은 것인가를 너희는
교회에 나가는 것만으로써 나를 믿고
안 믿는다는 결론을 내리지 말라.
12 너희들이 이방인이라는 그 백성들이
나를 얼마나 믿고, 그들이 나의 뜻에
따라 살아가는지 아는가?
13 너희들은 그들이 살아가는 것을 모름
이니라.
14 그리고 무당이요, 잡신이요, 귀신을
섬긴다는 자들도 다 나를 믿고 있음
이니라.
15 이 증거가 무엇인 줄 알겠느냐?
16 너희들이 위험할 때, 나를 찾는 것이
며, 너희들이 위험하고 다급할 때,
'앗! 하나님.' 하며 찾으니, 바로 너희
들이 그와 같은 속에서 귀신을 찾으며
조상을 찾으며 누구를 탓하고 울고불
고하느냐?
17 '앗! 하나님.' 나를 부르는 것이 너희
들이니라.
18 그러니 바로 그와 같은 자들이 어렵고
힘들 때 나를 찾는 것, 그것이 바로 그
들 마음속에 나를 믿는 마음이 충만되
어 있으며 믿는 마음속에 그들이 다
살아가니, 그것이 바로 나의 아들딸이
라는 증거이니라.
19 그러니 그들이 나를 믿고 살아간다는
것을 너희들은 알아야 하며, 너희들이
울고불고하는 자들과 동등하게 나를
믿음이니, 울고불고 내 이름을 팔아먹
는 자보다 그들이 나음을 알라.
20 이제 너희들은 나의 아들의 이름을 믿
고 안 믿는 그것으로써 구원받고 구원
을 못 받는다는 어리석은 생각을 하지
말라.
21 나의 아들 예수의 살아온 길을 행함이
너희들이 구원을 받고 구원을 못 받는
것이라는 것을 이제 깨닫도록 그리하
라.

11,307 번째 하나님 말씀

2004년 5월 25일 11시 38분

1 사랑하는 나의 아들아!
2 "네, 아버님! 말씀하옵소서."
3 너희들이 살아감에 모든 것에는 명분
이 있으며 그리고 그 뜻이 있으며 의
의가 있느니라.
4 그리고 행해야 될 그와 같은 이유가
있는 것이 아니더냐?
5 그러나 지금의 너희들이 이 세상에 살
아가는 것, 그 모두는 다 명분이 있어
너희들이 그 명분하에 이루어지며,

6 그 명분을 지키기 위하여 때로는 어떠
한 희생과 모두를 감내하며 그 책임을
지고 살아가는 것이 너희들이 아니더
냐?
7 그러나 이 세상에 단 한 가지, 명분을
지키지 아니하며 명분에 따르는 그와
같은 것을 무시하고 사는 그 종교 집
단들이 있음이니라.
8 그들은 가는 길의 뜻도 모르며, 저희
들이 결과가 어찌 될 것인가를 모르며,
9 가 보지도 아니하며 저희들이 체험하
지 못하고 알지도 못하는 그다음의 세
상에 이루어질 하늘의 이치까지도 그
모두를 다 알고 있으며 그 모두를 저
희들이 이루고 못 이루고 주고 안 주
는 것처럼 그 결론을 내리고 가는 집
단이요, 그 백성들이 있는 것이니라.
10 그와 같은 자들이 그와 같은 행위를
하면서 그들이 하고 있는 짓이 무엇이
더냐?
11 하늘나라에 나에게 오르는 사후의 세
상을 와 보지도 아니하며 저희들이 알
지도 못하며 체험도 하지 못한 자들이,
12 어찌하면 하늘에 오르며 못 온다는 것
을 저희들이 다 아는 것처럼 그와 같
이 나의 피조물 만백성을 우롱하면서
그들로부터 재물을 갈취하는 그와 같
은 사악한 짓을 하는 단 한 집단이 이
세상에 있음이니, 그것이 무엇인 줄
알겠느냐?
13 지금의 잘못 가고 있는 종교 집단이
요, 지도자들이요, 그곳에 속해 있는
자들이니라.
14 그러니 그들은 원칙이 없으며 질서가
없으며, 남들이 지키는 그와 같은 기
본적인 질서요, 그 약속도 행하지 아
니하고 사는 자,
15 기분이 내키는 대로 생각이 내키는 대
로 저희들이 거둬들이고 쓸 때 쓰고
버리고 가며, 그리고 필요에 따라서
이유를 붙이며 나의 아들 예수의 뜻이
요, 나의 뜻이라 하는 자,
16 그와 같은 자들이 이 세상에 존재하니
그들이 바로 이 세상을 파괴한 자라
함이니라.
17 원칙이 없으며 질서가 없으며 너희들
이 지켜야 할 기본 질서도 없는 자들
이요, 그저 저희들이 필요할 때 무엇
이든 갖다 붙여 마음대로 제 것으로
만드니,
18 이는 독재자도 그리하지 아니하며, 너
희들의 생살여탈권을 가지고 있는 자
도 그와 같이는 행하지 아니할 것이니
라.
19 그들이 오늘의 이 세상을 험악하게 만
들었으며 이 세상을 무너뜨린 것임을
알라.
20 그 모두를 무시하고 행하는 자들이 바
로 지금의 종교 집단 지도자이니, 그
와 같은 자들이 무엇을 이루며 무엇을
역사하며 거기에 참진리의 질서가 있
겠느냐?
21 필요한 대로 저희들이 갖다 붙이느니
라.
22 어린아이가 남의 것을 보고 울고 보채
며 달라 하는 것, 그가 그 질서를 알며
룰을 알며 그 법도를 알면 그리하겠느
냐?
23 그는 모르기 때문에 울고불고 제 것으
로 달라 그리하지 않느냐?

24 그보다 더한 자들이요, 그보다 더 사
악한 자들이니라.
25 어린아이들이 하는 것은 귀여움이 있
으며 그들이 우는 모습도 사랑이 있으
며, 그들이 걷는 모습도 사랑이 있으
며, 그들이 어머니에게 애교를 피우는
것도 사랑이니라.
26 그건 왜 그런 줄 알겠느냐?
27 진실되기 때문이니라.
28 거짓이 없으며 순수하고 진실된 것이
기 때문이니라.
29 그리하여 그들은 남의 것을 달라 울고
보채는 그 아이에게 귀여움이 있으며
또한 예쁨도 있을 것이니라.
30 그러나 너희들은 그 어린아이와 같은
심성을 가질 때, 너희들은 그 사악한
모습이요, 흉악스러운 그 모습은 상상
할 수 없으며 형용할 수 없는 것이 너
희들의 모습이니,
31 그와 같은 너희들이 욕심에 그득 차
있으며 모두를 제 마음대로 이루고 제
마음대로 주무르는 계산법으로 살아
가는 그 사악한 자들이 얼마나 잘못된
자들인가!
32 그들로 하여금 이 세상에 말세요, 종
말이요, 험악한 세상이 이루어졌다는
것을 너희들은 알며, 그들을 깨우쳐
주며,
33 그들이 이제는 정녕 깨우쳐 다시 살아
나는 길이요, 거듭나는 그와 같은 길
을 가지 아니하며,
34 나의 아들을 이단이요, 사탄이요, 나
의 새로운 성경이 거짓 선지자가 만드
는 것이요, 만백성을 죽이는 길이라
그리 말한다면, 결코 너희들은 하늘에
오르는 예의요, 그 사랑함이 없음이니,
35 거듭남이요, 구원의 영광의 은혜를 절
대 얻지 못하며 보지 못하고 나에게
와 그 대가를 치르는 그 길밖에 없는
어리석고 불쌍한 백성들이,
36 오늘 귀를 열지 아니하며, 눈을 뜨지
아니하며, 남의 것을 듣지 아니하며,
남이 가르치는 것을 귀담아듣지 아니
하며, 옳고 그른 것은 저희들 것으로
만들어 깨우쳐 변하는 삶을 살지 아니
하며,
37 오로지 옹고집이요, 그 아집으로써 모
두를 지키려는 어리석은 백성들의 형
국이니, 너희들이 이를 다스리고 가르
치기가 그리 어렵고 힘드니라.
38 그리하여 누구도 이룰 수 없는 160권
의 이 대장정의 법전을 만들어 그들을
깨우치고자 함이 여기에 있음을 알라,
사랑하는 나의 아들딸들아!

11,308 번째 하나님 말씀

2004년 5월 25일 11시 44분

1 사랑하는 나의 아들아!
2 "네, 아버님! 말씀하옵소서."
3 나의 아들을 따르는 백성들이요, 나의
새로운 성경을 읽고 깨우친 백성, 너
희들은 이 세상에서 그 누구도 얻을
수 없는 것, 귀하고 소중한 것을 얻었
다 하지 않았느냐?
4 내가 오죽하면 너희들이 황금 빗방울
이 쏟아지는 것을 네가 손으로 받은
자라 그리 표현했겠느냐?
5 그뿐인 줄 알겠느냐?
6 너희들이 살아서 나에게 와 심판을 받

고 거듭나는 그 영광을 얻는 사후의
세상에서도 너희들보다 더 귀중하고
귀한 것을 받은 자가 없으며,
7 이미 그 모두를 너희들이 살아서 받은
것이 나의 아들을 따르는 제자들이라
함을 알겠느냐?
8 사후의 세상에서도 가장 귀하고 중한
것을 너희들이 육의 삶 속에서 얻고
구한 백성이라는 자부심을 잊지 말라.
9 그러니 내가 너희들이 이 자부심을 가
짐으로 오만하고 교만하라는 것이 아
니라,
10 지금의 모든 종교 집단 지도자처럼,
저는 구원을 받은 자이기에, 제 뜻과
다르면 형제도 모르며 부모도 모르며
이웃을 모르는 그와 같은 오만한 자들
이 아니라,
11 너희들이 세상에서 얻을 수 있는 가장
귀한 것을 가지고 있으며, 너희들이
죽어 사후의 세계에서도 얻을 수 있는
가장 소중하고 귀한 것을 가졌으니,
12 너희들은 가장 낮은 자가 되는 것이며
모두를 사랑하는 백성으로 가야 되는
것이니라.
13 모든 종교 집단의 지도자들이 잘못되
고 잘못 간 것이 무엇인 줄 알겠느냐?
14 저희들이 선택된 백성이요, 구원을 받
은 백성이라 하여 모르고 그 길을 가
지 않는 백성들을 이단이요, 사탄이
요, 인간 취급을 하지 아니하며, 벌레
취급을 하며 교류하지 아니하며 상대
하지 않으니 그것이 잘못된 것이요,
15 그것이 사탄의 자식이요, 사탄의 후예
가 할 수 있는 것이니, 그것으로 그들
이 악마요, 사탄이라는 것을 너희들은
알아보도록 그리하라, 사랑하는 나의
아들딸들아!
16 남들이 가질 수 없는 가장 귀하고 소
중한 것을 다 가진 너희들은 어찌 살
아가야 하더냐?
17 너희들은 이 세상에 살아가면서 네 부
모요, 네 형제요, 이웃에게 절대 상처
를 주는 그와 같은 말을 해서도 안 되
며, 상처를 주는 행동을 해서도 아니
되며, 상처를 주는 그와 같은 어떠한
짓을 해서도 아니 되느니라.
18 온유하고 평화로우며, 모두를 용서하
는 가장 낮은 자요, '나'를 모두 버려
서 남을 위해 희생하고 던질 수 있는
그와 같은 삶을 보이는 것이 너희들이
지,
19 구원받았기 때문에 너희들은 위대한
자요, 구원받았기 때문에 너희들이 하
늘에 오를 수 있다는 자만과 오만에
차 너희 자신이 갈 길을 모르며 네가
행할 것을 모르며 낮은 자가 되지 아
니한다면,
20 그 모두는 일순간에 이미 너에게 떠나
있으며 모든 은혜는 벌써 지워졌다는
것을 스스로 알게 될 것이니라.
21 그러니 나 여호와의 뜻을 알아 은혜
를 받으며 하늘의 진리를 알고 가는
백성은 모든 백성들에게 상처를 줘서
는 아니 되며 그들에게 아픔을 줘서도
아니 되며,
22 온유한 상태의 사랑하는 모습으로써
그들을 상대해야 되는 것이 너희들의
길이라는 걸 알라, 사랑하는 나의 아
들딸들아!
23 나의 백성들이 어떠한 형태로든 그 모

습에 의하여 너희들이 업신여기는 그
와 같은 행위를 해서도 절대 아니 됨
이니라.
24 내가 너희들에게 묻느니라.
25 너희들보다 더 추하고 더러운 사람이
어디 있느냐?
26 지금 당장 내가 심판하여 너희를 불
러와 심판대에 선다면, 너희들은 과연
어디로 가겠느냐?
27 너희들은 지옥으로 가야 되는 것이며,
거기를 벗어나지 못하는 수많은 죄요,
더럽고 추한 너희들의 죄를 더덕더덕
지고 있는 자들이 너희들의 그 결과
요, 오늘의 현실이 아니더냐?
28 그와 같은 자들이, 추하고 더러운 백
성이요, 이 세상에 잘못 갖추며 그런
외모로 보이는 그 초라한 모습이요,
때 묻은 옷을 보며 때 묻은 얼굴을 보
며 너희들이 그를 추하고 더럽다 그리
생각해서는 아니 되느니라.
29 보이지 않는 내면의 더러움으로 그득
찬 너희들이 아니더냐?
30 그러니 그 백성들은 무엇이더냐?
31 밖으로 보이는 것이요, 외부로 보이
니, 그들이 더럽고 추한 것은 씻고 닦
고 다듬으며 가다듬으면 깨끗이 될
수 있으며 신선의 모습으로 변할 수
있는 것이니라.
32 보이는 것은 더럽고 더러운 것이 아니
요, 추하고 추함이 아니니라.
33 너희들이 씻어도 씻어도 씻을 수 없는
것이요, 닦아도 닦을 수 없는 마음의
죄요, 마음의 추한 행동이 더럽고 추
한 것이니라.
34 그러니 너희들은 그와 같은 자를 더럽
고 추하다 그리 말하지 말라.
35 너희들이 더 추하고 더러운 모습이요,
내면의 보이지 않는 그 죄를 그득히
안고 있는 것, 지옥으로 갈 수밖에 없
는 너희들의 모습이 더 더럽고 추하니,
36 인간 세상에 너희들이 가꾸고 다스리
고 씻을 수 있는 것은 아무것도 아니
며 그는 추하고 더러움이 아니니, 그
와 같은 경지를 넘도록 그리하라.
37 그를 보고 추하고 더럽다는 생각을 한
다면 너희들은 나 여호와의 뜻이 아니
요, 추하고 더러운 너희 자신을 못 보
는 자니,
38 남의 눈에 있는 작은 가시는 보나 제
눈에 박혀 있는 들보는 볼 줄 모르는
어리석은 대표적인 백성이 너희들이
라는 것을 알라.
39 상대방으로 하여금 너희들이 노여움
을 사는 말을 하지 말라.
40 상대방에게 감정을 사는 말을 하지 말
라.
41 그와 같은 행위를 절대 해서는 아니
되며, 그와 같은 행위를 하고 살아가
는 너희들은 나로부터 선택된 백성이
아니요, 나로부터 받을 은혜가 없는
백성이라는 것을 명심하고 또 명심하
도록 그리하라, 사랑하는 나의 아들딸
들아!

11,309 번째 하나님 말씀

2004년 5월 26일 07시 01분

1 사랑하는 나의 아들아!
2 "네, 아버님! 말씀하옵소서."
3 만백성을 지도하며 만백성을 이끄는

자의 자세가 어떠하던가?
4 내가 너에게 말하여, 하늘을 향하여
한 점의 부끄러움이 없는 그 마음 자
세요, 그것으로써 너희들이 지도자로
서, 또 남을 가르치는 선생으로서 가
야 하는 덕목이라 그리하였느니라.
5 지금 나의 아들을 따르는 제자들이요,
그리고 나의 법전을 읽고 깨우치는 만
백성, 너희들은 인간 세상의 교육이
아니요, 인간 세상의 가르침이 아니니
라.
6 이 세상에 그 무엇과도 바꿀 수 없는,
만백성의 생명을 구하고 못 구하는
것, 그리고 더욱이 너희들이 영원히
사는 생명이냐, 그렇지 않으면 너희들
이 연습하는 생명으로써 모두가 다 끝
나고 접어 두느냐 하는 그와 같은 교
육을 하며, 그와 같은 선생으로서 너
희들이 세상에 선택된 백성임을 절대
잊어서는 아니 되느니라.
7 잘못된 사람 그와 같은 자들이 지도자
로서 만백성을 이끌고 지도한다면, 그
를 정녕 믿고 따를 자가 어디 있으며,
그 가르침이 정녕 하늘의 뜻에 의하여
역사한다 할 수 있겠느냐?
8 그러기에 지도자의 자세는 한 점의 부
끄러움이 없어야 한다 했으며, 지도자
는 바로 서야 한다 함이니라, 사랑하
는 나의 아들아!
9 더욱이 너희들이 인간 세상의 선생이
요, 인간 세상에 모두를 역사하는 것
이 아니라, 모든 백성들이 거듭나고
못 나는 그와 같은 것을 가르쳐 주며
그와 같은 것을 깨우치는 대명을 받은
너희들이기에,
10 한 점의 부끄러움이 없는 삶을 살 수
있는 그 길을 가도록 최선의 노력을
다해야 함이니라.
11 그렇지 않으면 너희들이 가르치고 전
하는 것이 잘못되는 것이며, 아무리
너희들이 아름다운 뜻을 전한다 해도
그것은 진정한 아름다움이 될 수 없다
는 것이니라.
12 너희들은 모든 것을 글을 쓰며 그리고
또 책을 써내느니라.
13 그리고 또 너희들이 사람들 앞에 강론
을 하며 또한 연설을 하며, 만백성을
이끌어 가는 지도자들이 단상에 서서
열변을 토하느니라.
14 그와 같은 것이 너희들이 어찌하여 그
저 똑같은 말이요, 열변을 토한다 해
도, 그 말 속에 진실이 있고 없는 것을
느끼는 백성이 있느니라.
15 그러니 그 진실이 그와 같이 위대한
것이며 그리 무서운 것이니라.
16 너희들이 글을 쓰며 편지라는 것으로
써 네 의사를 전달한다 해도, 거기에
써진 대로 그대로 읽으면 된다 하나,
17 너희들이 그를 보고도 진실된 마음이
요, 진실이 아닌 것을 느낄 수 있는 백
성이 있음이니라.
18 그리고 그를 알 수 있는 자가 세상에
있음을 너희들은 알아야 될 것이니라.
19 그와 같이 너희들이 진실과 거짓이라
는 것은 어떠한 것이든 어떠한 형태든
그 모두가 보이게 되어 있으며 그 의
미를 알 수 있음이니라.
20 모두가 다 알지 못하는 것은 없음이니
라.
21 너희들이 나 여호와의 뜻을 알며 만백

성을 구하는 지도자요, 그리고 선생으
로 하여 무엇을 가르치고 강론하고
설교할 때,
22 그것이 진실이요, 그리고 너희들이 그
와 같은 먼저 된 선배로서 선생으로서
얼마만큼 행동을 하며 살아가느냐 하
는 것이 또한 더 중요함이니, 모든 백
성들이 알고 또 너의 제자들이 안다는
것을 알아야 될 것이니라.
23 이제 너희들이 머지않아 각자 나가야
할 곳으로 가야 되며, 그리고 너희들
로 하여금 모두가 다 하나씩 운영하는
그와 같은 역사가 될 것이니라.
24 동양의 작은 나라에서 운영하는 사람,
그리고 넓고 넓은 큰 세상에 나가 언
어가 다르고 풍습이 다른 그 나라에
가서 이제는 움직이는 그와 같은 역사
를, 누가 뭐라 해도 지금 나의 아들을
따르는 너희들이 먼저 움직여야 될 것
이며, 먼저 책임을 맡아 갈 것이니라.
25 그러니 이제는 너희들이 진실된 마음
이요, 진실된 삶을 살도록 너의 제자
들을 훈련시키고 가르쳐야 됨이니라.
26 아무리 마음을 비우며 아무리 진실된
다 해도 너희들이 그 마음의 뿌리를
버리지 못하면 그게 변화된 것이 아니
요, 진실된 것이 아니니라.
27 그러니 스스로 너희들의 마음이 과연
어느 정도 변화되었으며, 과연 너희들
이 선생으로서 자리를 서는 데 하나도
손색이 없는 백성들인가, 이와 같은
것을 스스로 깨우쳐 보도록 그리 전하
라, 사랑하는 나의 아들아!
28 이제는 머지않아 너희들이 각자 나가
야 될 것이며, 각자 뿔뿔이 헤어질 것
이니라.
29 오늘의 나의 아들을 따르는 제자 너희
들은 나로부터 상을 받아 나감이니,
그 상을 받아 너희들이 나가서 그 역
사를 하는 것이니라.
30 그러니 그 모두는 짜여 있는 것이며
모두가 다 계획되어 있음이니, 너희들
은 그를 알아야 될 것이니라.
31 아무리 유능하고 아무리 똑똑하며 아
무리 수완이 있는 사람이라 해도, 나
의 뜻을 모르며 내가 원하는 것을 모
르며 내가 전하는 것을 모르며, 그를
가지고 읽고 정독하지 아니한 자는 결
코 어떤 것도 할 수 없으며 역사할 수
없다 내가 하지 않았더냐?
32 비록 너희들은 지금 나약하고 미약해
보이나, 너희들의 경지는 누구도 따라
갈 수도 없다 했으니,
33 너희들이 먼저 세상에 나가 모든 자리
를 잡을 것이며, 너희들이 선생으로서
세상에 가서 모범을 보여야 하니,
34 지금 여기서 너희들이 못 버리고 아직
도 몸부림치는 것, 인간 보통 사람들
이 생각하는 그와 같은 시기와 질투,
미워하고 사랑하는 마음, 그와 같은
마음의 뿌리를 가슴에 안고 있어서는
아니 되느니라.
35 머지않았음이니라.
36 이제는 역사하기 시작할 것이니라, 사
랑하는 나의 아들딸들아!
37 벌써 나의 아들은 지금 새로운 성경을
역사할 만큼 역사해 가고 있지 않더냐?
38 마지막 160권이라는 것이 머지않은
이 시점에서 너희들이 완벽히 변해야
너희들이 나갈 수 있음을 알라, 사랑

하는 나의 아들딸들아!

11,310 번째 하나님 말씀

2004년 5월 26일 07시 05분

1 사랑하는 나의 아들아!
2 "네, 아버님! 말씀하옵소서."
3 너희들이 두 개의 부속이 분리되어 있
음이니, 서로가 하나로 결합되면 그
성능을 발휘하며 제가 가지고 있는 모
든 성능을 발휘할 수 있는 완벽한 기
계로 등장한다 하면, 바로 지금 너희
들이 그와 같은 형국에 와 있음이니라.
4 나 여호와가 나의 이 새 성경을 가지
고 만백성을 이끌어 갈 그와 같은 팀
들이 지금 너희들은 모르나 준비하고
있음이니라.
5 지금 너희들에게 와서 이와 같은 사업
이요, 이와 같은 역사하는 것을 설명
하지 아니하고 너희들에게 오지 아니
한다 해도, 그들은 이것을 알고 있으
며,
6 나의 새로운 성경이 얼마나 위력이 있
는 것이며, 그것이 나 여호와의 진정
한 뜻이요, 새로운 성경으로서 손색이
없으며 만백성을 깨우치는 데 손색이
없기 때문에, 이는 반드시 만백성에게
전해야 된다는 것을,
7 젊고 유능한 자들이 지금 이를 가지고
연구하고 또 연구하고 있느니라.
8 그리하여 저희 나름대로 지금 시장조
사를 하고 있으며, 저희 나름대로 모
두를 다 지금 계획하는 팀들이 많이
있음이니라.
9 그들이 너에게 올 것이며, 그들이 하
나로 결합되기 시작한다면, 너희들은
그 기능을 발휘하게 됨이니라.
10 아직은 그들이 두려우며 아직은 모르
기 때문이니라.
11 말로써는 160권의 새로운 성경이 나
온다 하나, 그들이 그를 보지 아니하
였기에 과연 그가 나올 수 있는 것이
며, 나온다면 이 시장성은 어떠한 것
이며, 이와 같은 저희들이 사업을 하
는 자로서 모두가 지금 조사하고 연구
하고 있음이니라.
12 그러니 그들이 결합되는 때가 있을 것
이며 결합되는 때를 나는 알고 있음이
니라.
13 그리됐을 때 너는 이 변화되는 것을
감당치 못함이니, 모두가 다 내가 준
비하고 있음이니라.
14 그래서 너희들이 그와 같은 앞에 서서
모두를 이끌어 가는 지도자요, 선생이
기에, 이제는 너희들이 모두를 다 덮
으라 함이니라.
15 정녕 너희들이 모두를 지울 수 없거든
눈을 감으라 그리하라.
16 눈을 감고 나에게 기도하며, 눈을 감
고 생각해 보라 그리 전하라.
17 '내가 과연 버리고 갈 것인가, 지금도
버리지 못하고 있는가?' 그 결심을 굳
건히 하여, 모두를 다 버리는 그와 같
은 지도자요, 선생으로서 손색이 없는
너희들이 되도록 그리하지 아니하면
아니 됨이니라.
18 모두는 다 너희를 보고 이루어질 것
이며, 모두는 너희들로부터 시작하기
때문이니라.
19 이제 결합할 때가 머지않았음이니라.

20 너희들이 지금은 완벽한 부속이 아니
니라.
21 지금 너의 제자들이 나가면서 너희들
과 결합할 수 있는 모든 다음의 부속
이 다 기다리고 있음을 알아야 될 것
이니라.
22 내가 인간인 너희를 부속으로 말하나,
내가 너희들을 깨우쳐 주고 인도하기
위함이니라.
23 그러니 너희들 자신이 지금 부족한 부
속이요, 다음에 너희들과 더불어 결합
되는 그와 같은 부속이 지금 너희들
이 가는 그 지역마다 그곳마다 모두가
다 준비되어 있으며, 그들을 지금 훈
련시키고 있음이니라.
24 그러니 너희들은 두려워하지 말며 자
신을 나약한 자라 하지 말며, 결합되
었을 때 그 힘은 위대함이니라.
25 이와 같은 것을 내가 너희들에게 알려
줌이니, 이제는 너희들이 그들과 결합
되었을 때, 완벽한 제품으로서 너희들
이 능력을 발휘할 수 있도록 잘 다스
려지며 굳건히 다스려지며,
26 그리고 단단한 것으로써 부서지고 쪼
개지지 않는 그와 같은 부속으로서
결합이 되었을 때, 서로가 힘을 지탱
할 수 있는 그와 같은 준비를 하는 것,
27 그것은 너희들이 천사와 같은 마음으
로 변화되는 그것뿐이니라.
28 그와 같이 되지 아니하면 아무것도 이
루어질 수 없을 것이니 그리 알라.
29 그때 가서 나를 원망하지 말라 너의
제자들에게 이르라.

11,311 번째 하나님 말씀

2004년 5월 26일 07시 12분

1 사랑하는 나의 아들아!
2 "네, 아버님! 말씀하옵소서."
3 모두가 지도자로서는 자세가 발라야
되며, 지도자로서는 한 점의 부끄러움
이 없는 그와 같은 삶을 살아야 된다
하였음이니라.
4 그러니 너희들이 그와 같은 세상에 오
늘을 살면서 너희들이 가정의 그 형태
를 한번 들여다봐야 될 것이니라.
5 너희들이 가장 기초요, 기본을 가르치
는 그 가정이 과연 지금 어떠한 형태
로 이루어지고 있는가?
6 너희들이 부모가 자식에게 인성을 가
르치며, 너희들이 인간의 본연의 자세
를 살아가는 것으로써 너희들이 먼저
그를 강조하며 과연 그를 먼저 가르치
는가?
7 너희들이 지금의 가정의 형태요, 너희
들이 가르치고 있는 그 근본의 부모로
서, 또 선생으로서 어찌 가고 있는가,
그를 한번 들여다봐야 될 것이니라.
8 지금 모든 백성들의 형태가 어찌 되는
가?
9 인간의 본성이 지탱되고 있다 너희들
은 생각하며, 그와 같은 가정이라 생
각하느냐?
10 내가 보는 너희들은 너무나도 무서우
리만큼 변해져 있으며, 무서우리만큼
기초요, 그 인간의 본성이 무너져 있
음이니라.
11 너희들이 자식을 위하여 거기다 투자
하는 그 모두를 갖다 거기에 십 분의

일만을 너희들이 자식을 인성으로써,
그리고 자식이 아름다운 모습으로써
유한 자식으로서 세상을 아름답게 보
는 그와 같은 교육을 십 분의 일만 시
킨다고 해도 오늘의 세상이 이와 같이
험악하지는 아니하였을 것이니라.
12 자식에게 부모는 어찌하는가?
13 사회에 나가서 남에게 지지 않는 사람
이요, 그와 같은 자식을 만들기 위하
여 너희들이 교육 방법이요, 그 교육
에 투자하고 동원하는 것이 얼마나 무
서운 것이더냐?
14 너희들이 학생으로서 그 신분에 높은
점수를 맞도록 하기 위하여, 그리고
너희들이 좋은 학교라는 곳을 가기 위
하여, 그리고 좋은 직장을 가지며 남
들보다 앞에 가기 위하여 얼마나 너희
들이 거기에 정성을 들이며 그 모두를
바치느냐?
15 이것은 보이지 아니하지만 너희들이
전쟁을 치르는 병사들이요, 전쟁을 치
르는 집단보다도 더 무서운 긴장 속에
서 하루하루를 살아가는 것이 아니더
냐?
16 그러니 거기서 끌려가는 자식이요, 또
저희들 부모가 짜 놓은 프로그램에 따
라가는 그 자식 또한 전쟁 속에서 그
들이 당사자요, 전쟁을 치르는 병사들
이 아니더냐?
17 그들도 그들 나름대로 인색하며 저희
들이 생각하는 마음의 여유가 없으며,
그저 저희들이 오로지 남에게 지지 아
니해야 한다는 것,
18 어찌하든 남에게 지도자가 되며 남을
다스리는 자가 되어야 한다는 것, 남
에게 뒤떨어지면 안 된다는 그 경쟁만
으로 너희들이 모두를 다 가르침이니,
19 아름답고 고운 아이들의 마음이요, 하
늘에 오르는 길이요, 그와 같은 마음
이 하늘에 와 너희들이 거할 수 있는
자요, 하늘이 너희들 것이라 하였거늘,
20 그 어린 자식들의 마음을 너희들이 어
찌 지금 가르치더냐?
21 인성이요, 아름다운 어린아이의 그 모
습을 찾아볼 수 있도록 너희들이 거기
에 투자는 과연 얼마나 하는가?
22 투자함이 없는 것이 내가 보는 너희들
이니라.
23 그러니 기초적인 선생인 너희들이 그
저 이기주의요, 남에게 양보하지 아니
하며, 이기는 그와 같은 승자가 되는
것만 주입시키며 그를 가르치니,
24 오늘의 너희들의 가정이 지금 잘못되
었으며, 근본 교육 자체가 잘못되었다
함이니라.
25 사랑하는 나의 아들딸들아!
26 이제 많은 백성들이 나의 새로운 성경
을 읽고 새로운 가정들이 태어남이니,
그들은 인성 교육이요, 인간의 그 어
린아이 마음을 다스릴 수 있도록, 그
들에게 상처를 주지 않도록 곱게 다스
려 나가도 그가 세상에 나가 살아갈
수 있는 모든 역량을 다할 것이니라.
27 그러니 너희들은 그와 같은 것에 마음
이요, 정성이요, 그리고 시간을 투자
하는 것으로 그리 가정을 이끌어 나가
야 할 것이니라.
28 내가 너희들에게 말하니, 너희들이 지
금 살아가는 그 열정이요, 자식에 대
한 그 욕심이요, 지금 전쟁터를 방불

케 하며 살아가는 부모, 너희들이 인
성 교육으로 자식을 다스리는 데 이제
는 십 분의 일이라도 좀 받쳐 주는 그
와 같은 가정으로 변하는 세상이 되어
야 할 것이니라.
29 그리하여야 너희들이 변하는 역사가
이루어질 것이며, 너희 가정에 지금처
럼 경쟁자요, 전쟁터에 나가는 병사처
럼 너희들의 그 사랑하는 아들딸들을
그리 몰아가고 그와 같이 정신없이 끌
고 간다면,
30 거기에 너희 아이들이 무너지며, 인간
이 무너지며, 인간의 본질이 무너지
며, 본성을 찾을 수가 없게 됨이니라.
31 이제 나의 새로운 성경을 읽는 모든
백성 너희들은 그 가정에서 가장 기초
적인 선생이요, 지도자인 부모 너희가
인성이 높은 그와 같은 마음 자세로써
자식을 다스리도록 그와 같은 공부에
전념해야 하며, 그와 같은 시간을 많
이 가지고 가야 될 것이니라.
32 반대 현상으로 간다 해도 너희들이 아
직 안 될 것이거늘, 너희들이 십 분의
일도 안 되는 인성의 마음이요, 어린
아이의 마음으로 살아가도록 가르치
고 지도하지 아니함이니,
33 그리 자란 백성이 어찌하여 어린아이
의 마음을 가지며 천사와 같은 마음을
갖고 세상을 살아갈 수 있단 말이더냐?
34 이것이 아니 됨이니라.
35 지금의 너희 자식들이 그리하여 얼마
나 무서우리만큼 변화되었는가?
36 이해관계를 따짐이니, 형제지간에도
이해관계요, 이웃과 이웃 간에도 이해
관계요, 그리고 너희들이 말하는 사촌
과 집안 간에도 모두가 다 이해관계에
서 왔다 갔다 하며,
37 고개 하나 숙이는 것, 말 한마디 하는
것도 모두 이해관계에 의해서 살아감
이니, 여기에 어린아이의 마음이 어디
있고 어린아이의 뜻이 어디에 있단 말
이더냐?
38 그 가르치는 부모 또한 그 기틀에서
너희들은 어찌 가든 간에 남에게 지지
않는, 너희들이 말하는 인간 교육에
똑똑한 자, 그것만을 추구하며 그것이
아니면 죽음이라는 식으로 나의 아들
딸들을 그리 가르치기에,
39 어린아이의 마음이 어려서부터 무너
져 버리니, 너희들이 성장한 자들이
그와 같은 어린아이의 마음을 가진 자
가 없음이니,
40 과연 천국이 어린아이의 마음을 가진
자의 것이라 하였거늘, 그와 같은 자
가 없다 함을 너희는 알겠느냐?
41 이제 기초적인 가정에서 너희들이 새
로운 교육으로써, 새로운 이 사회를
지탱하는 새로운 힘이 역사하지 아니
하면 아니 됨이라 그리 전하라.

11,312 번째 하나님 말씀

2004년 5월 26일 07시 17분

1 사랑하는 나의 아들아!
2 "네, 아버님! 말씀하옵소서."
3 너희들의 마음이 흔들리며 바로 갈 수
없거든, 나의 아들 예수가 십자가를
짊어져 죽어 가는 그와 같은 그림의
한 장을 그려 보고 너희들의 마음이
요, 행동의 다스림을 바로잡아 나가라

내가 너희들에게 그리하지 아니하였
더냐?
4 사랑하는 나의 아들을 따르는 제자,
너희들은 들어야 될 것이니라.
5 나의 아들 예수가 십자가에 못 박혀
죽는 그 고통을 보는 나 여호와의 마
음이 어찌했겠는가, 너희들은 이를 깊
히 생각해야 될 것이며,
6 또한 이 부분의 한 장의 그림을 그려,
너희들이 사랑하는 육의 세상에 네 자
식이 그와 같은 형국을 당하여 죽어
간다면,
7 그것도 죄가 있는 것도 아니요, 죄 없
이 억울한 그와 같은 삶을, 더욱이 남
으로부터 누명을 쓰고 그와 같은 고통
스러운 죽임을 당한다 하면, 과연 너
희들이 어떠한 생각이 들겠는가?
8 너희들이 나 여호와가 되어 너희 자식
들이 그와 같은 형국이라 할 때, 그 그
림을 그려 놓고 한번 하나하나 너희들
이 분석해 보라.
9 그러면 너희들이 네 마음속에 있는
것, 네가 알지 못하는 네 마음속의 아
픔과 슬픔을 알 것이며, 내 마음을 너
희들은 알게 될 것이니라.
10 생각하고 또 생각하지 아니하면 아니
됨이니라.
11 오늘의 너희들이 생각하는 것을 지워
버리며 또한 내일은 잊어버림이니라.
12 그러나 너희들이 생각하고 또 생각하
면, 오늘에 하지 못했던 것을 내일에
찾을 수 있으며, 너희들이 오늘에 무
슨 뜻인지 모르던 것을 내일은 알 수
있음이니라.
13 그러니 너희들이 그와 같은 그림을 그
리라 하는 것은 네 마음속에 그와 같
은 그림을 그리고, 그 그림 속에 또 찾
고 또 찾으면 너희들이 나의 마음이
요, 내 마음이 천 갈래 만 갈래 아팠던
그 마음을 알 것이니라.
14 죽어 가는 나의 아들을 바라보는 나
여호와의 아픈 마음이라 너희들이 그
한 가지만 생각하면,
15 얼마나 마음이 아프며 괴로웠을까, 그
리고 나 여호와가 얼마나 슬퍼했을까
그것일 것이나,
16 너희들이 그와 같은 그림을 그려 놓고
하나하나 생각하고 들여다보고 또 들
여다보면, 천 가지 만 가지 내 아픈 마
음을 너희들이 알게 될 것이니라.
17 너희들 자신이 부모로서 한번 돌아다
봐 그 생각을 하라.
18 사랑하는 나의 아들딸들아!
19 인간 세상에서도 지금 너희들이 사랑
하는 자식이 가시관을 쓰며 십자가에
못 박혀 창에 찔려 죽어 가는 그 고통
을 본다면,
20 그것도 제가 잘못하여 그 죄의 대가를
치르는 것이 아니요, 억울한 누명을
써 그와 같은 것을 당한다면, 과연 이
세상에 육의 부모의 심정이 어떠하겠
는가?
21 그 앞에서 기절하지 않는 부모가 없으
며, 세상을 원망하여 너희들이 통곡하
지 않는 부모가 없을 것이니라.
22 그러나 나 여호와는 그보다 더한 아픔
이요, 상처가 있음을 너희들은 과연
알겠느냐?
23 지금도 내 가슴에 상처가 아물지 않았
다면 너희들은 그 말을 알아듣겠느냐?

24 그러니 내가 너희들에게 한 장의 그림
을 그려 그 모두를 들여다보라 함이니
라.
25 들여다보고 연구하지 아니하면 너희
들이 내 마음을 알 수 없을 것이니,
26 내 마음이라도 들여다보는 너희들이
된다면, 너희들이 과연 오늘같이 험악
한 세상에서 험악한 행동으로만 살아
갈 수 있겠는가?
27 험악한 세상을 만든 그 죄책감 때문이
라도 너희들이 고개를 들지 못하는 그
와 같은 백성이 될 것이니라.
28 나 여호와가 나의 아들 예수의 죽음을
보고 인내하는 고통을 정녕 너희들은
다시 비춰 보며 다시 한 번 생각하며,
29 나의 아들 예수의 그 죽음의 현장 속
에서도 너희들이 또 생각하고 또 들여
다보도록 그리하라.
30 그리하여 너희들의 마음이 흔들리고
다스리지 못하거든, 그때를 생각하며
너희 마음을 다스려 가도록 그리 전하
라, 사랑하는 나의 아들아!

11,313 번째 하나님 말씀

2004년 5월 26일 07시 22분

1 사랑하는 나의 아들아!
2 "네, 아버님! 말씀하옵소서."
3 나의 아들이 억울한 누명을 썼으며,
죄지은 것이 없느니라.
4 그러한 나의 아들이 죽음의 길에 십
자가를 짊어지고 가니, 그를 대신 짊
어지고자 하는 제자요, 백성들이 없었
으며,
5 그를 경배하고 따르던 백성들도 그와
같은 것을 행동에 옮긴 자가 없음이니
라.
6 찔려 오는 가시관을 벗겨 주려 대든
자가 없으며 그를 벗기고자 하는 자
가 없었음이니라.
7 그러니 벗겨 주고자 하는 사람이 없었
음을 너희들은 알겠는가?
8 그러니 그 마음의 아픔이 과연 어떠하
겠는가?
9 너희들에게 그 그림을 그려 보라 하
는 의미가 여기 있음을 너희들은 알라.
10 십자가에 매달려 죽어 가는 나의 아들
의 그 고통을 덜어 주기 위하여 너희
들이 어떠한 행위를 했으며, 그리고
그를 너희들이 끌어내리는 행동을 했
는가?
11 너희들이 그를 풀어서 그 고통에서 면
해 주고자 하는 행동을 했는가?
12 너희들 인간이 십자가에 못 박혀 죽
어 가는 고통의 그 순간에 바라고 원
하는 것은 무엇이더냐?
13 '이 고통에서 면할 수 있도록, 이 고통
에서 정녕 끌어내려 줄 자는 없으며
나를 풀어 줄 자는 없는가?' 인간이라
면 누구든지 그와 같은 생각을 했을
것이며, 그 갈구하고 바라는 마음은
어떠하며 얼마나 애절했겠는가?
14 그러니 그를 끌어내리고 그를 풀어
주고자 하는 생각을 하며 거기에 목숨
을 바쳐 역사한 자가 있는가?
15 너희들이 이와 같은 한 장의 그림으
로써 그 상황을 생각하며 그 마음을
돌이켜 보라.
16 나의 아들 예수가 침을 넘길 수 없으
며 그 하나의 힘도 없었을 때의 그 고

통이 무섭다 했느니라.
17 그러나 죽어 가는 나의 아들을 거기서
내려 주고자 하는 자, 내려 주고자 몸
부림치는 자, 그리고 끌어내리고 풀어
주고자 하는 자가 없었다면,
18 나의 아들의 그 고통은 어떠했으며,
과연 나의 아들은 그와 같은 그와 같
은 소원이 없었겠는가?
19 정신이 있을 때까지 그는 무엇을 생
각했겠는가?
20 이 고통을 덜어 주기를, 이 고통에서
풀어 주기를, 그리고 이 고통에서 못
을 빼 내려 주기를 그는 바라지 아니
하였겠느냐?
21 그것은 너희들이 생각하고 또 생각해
보면 그 마음을 알 것이니, 그리하여
너희들이 그와 같은 그림을 머릿속에
그려 놓고 항상 생각하라 함이니 너희
들은 알라.
22 과연 그와 같은 자들이 있으며 노력한
자가 있는가?
23 내 사랑하는 나의 아들이 그러한 고통
속에서 죽어 갔음을 너희들은 알겠는
가?
24 그 모두를 바라보는 나 여호와의 마음
은 어떠했겠는가?
25 나의 아들을 살릴 수 있는 나 여호와
가 살리지 못했다면 그 마음은 말할
것도 없으며,
26 그곳에서 내려 주기를 바라며 그곳에
서 누군가가 풀어 주기를 바라는 그
간곡하고 애절한 마음이요, 상상할 수
없는 마음의 고통의 아픔 속에서,
27 '나를 풀어 주며 나를 내려 주며 못을
빼 주는 자는 없는가?' 그와 같은 생
각을 하는 그 모두를 알면서도, 그를
내가 생각하지 아니하며 행하지 아니
하며 덮어 두고 가야 했던 나 여호와
의 마음 또한 너희들이 들여다볼 수
있는 그와 같은 깨달음이 없기 때문이
니라.
28 모두를 다 너희들이 한 장 한 장 그림
으로써 그려 보고 깨우치라 함이니라.
29 그렇다면 너희들이 무엇보다도 오늘
의 네 마음 자세요, 너희들이 생각하
는 그 모든 마음을 돌이킬 수 있으며
바로잡을 것이기 때문이니라.
30 이제 나의 새로운 성경 160권이 세상
에 나오면 또한 나 여호와가 이 뜻을
전한 의미를 너희들은 한 장의 그림으
로 봐야 될 것이며,
31 나의 아들이 이를 받아쓰는 그 과정에
어떠한 역사가 이루어지며 어떠한 시
련과 고통으로써 이를 이루었는가, 그
또한 한 장의 그림을 너희들 후손은
그려,
32 그를 생각하고 생각할 수 있도록 그와
같은 것을 가르쳐야 될 것이니라.
33 사랑하는 나의 아들딸들아! 내가 너
희들을 사랑함이니라.
34 너희들이 부족하며 나약하다 하는 것,
그와 같은 것은 내가 너희들의 나약하
고 부족한 자로 하여금 모든 역사를
했다는 것이 위대한 나 여호와의 증거
라 하였음이니, 너희들은 그와 같이
생각하지 말며,
35 너희들은 오로지 내가 나의 아들을 통
하여 내리는 그림을 그려서 연구하라
면 연구하며,
36 머릿속에 그림을 그리고 그 고통 속에

서 어떠한 역사가 이루어졌으며 어떠
한 고통이 있으며 어떠한 생각을 하고
있었을까 하는 것을 생각하고 또 생각
하는 그와 같은 깨달음이요, 그와 같
은 생각을 너희들이 할 때,
37 거기에서 진정한 고통의 의미요, 진정
으로 원하는 의미요, 이루고자 하는
그 의미를 알게 될 것이라는 그 소중
함을 전함이니 그리 행하도록 전하라.

11,314 번째 하나님 말씀

2004년 5월 26일 07시 40분

1 사랑하는 나의 아들아!
2 **"네, 아버님! 말씀하옵소서."**
3 너를 따르는 제자들이요, 그리고 나의
새로운 성경을 읽고 깨우친 만백성,
그리고 나의 법전을 만드는 선택된 너
희들은,
4 너희들의 주변에서 사탄이 너희들을
무너트리고자 항상 노리고 있으며, 너
희들 주변에 가장 강하고 힘 있는 사
탄들이 항상 너희들을 노리고 있으며,
5 기회만 있으면 너희들을 무너트리려
고 엿보고 있음을 알아야 될 것이니라.
6 그리하여 너희들의 마음에 여유가 있
으며 마음의 틈이 있을 때 그들은 가
차없이 너희들을 무너트리고자 할 것
이니,
7 내가 그리하여 너희들이 나의 새로운
성경을 가슴에 안고 정독하는 마음으
로, 그리 긴장하는 마음으로 가지 아
니하면 아니 된다 함이 여기 있음이니
라.
8 그 사탄들이 너희들의 마음을 어찌 흔
들며 어찌 유혹하는가?
9 너희들은 법전을 만들려고 더 이상 고
생할 필요도 없으며 고생할 것도 없
다, 지금까지 너희들이 노력했으며 지
금까지 그만큼 희생했으면 너희 직분
을 다했으며, 할 만큼 다했으니,
10 나 여호와로부터 너희들이 상을 받을
수 있으며, 그리고 너희들이 나로부터
버림을 받지 아니할 것이며, 그리고
구원을 받는 것은 당연한 것이다,
11 너희들이 그만큼 깨우쳤으면 누구도
너희들을 따라갈 자가 없으며, 너희만
큼 경지에 오를 자가 없음이니, 이제
는 너희들은 좀 쉬어도 될 것이다, 그
리고 네가 일선에서 끌어가는 어려운
그 길을 갈 필요가 무엇이 있느냐?
12 '이제 나는 좀 뒤로 물러나며 나는 좀
쉬고 싶다, 그리고 다른 사람에게 넘
겨주고 싶다, 다른 사람이 내 임무를
할 수 있도록 하고 싶다.'
13 그와 같은 마음이 들도록 그들이 너
희들을 흔들어 놓으며 유혹함이니, 이
것이 사탄이 너희들을 방해하기 시작
하는 것이니라.
14 사탄의 수법이 무엇인 줄 알겠느냐?
15 가장 작은 것에서부터 흔들기 시작함
이니라.
16 그리고 작은 마음의 틈새를 타서 가장
작은 것으로 섭섭한 마음을 가지며,
가장 작은 것으로써 아쉬운 마음을 갖
도록 하는 것이 그들이니라.
17 그러니 여기에 너희들이 넘어져서는
아니 되며 여기에 끌려가서는 아니
됨이니, 여기의 유혹에 걸려 넘어지면
아니 됨이니라.

18 그리하여 내가 긴장을 풀지 말라 하였
음이니라.
19 지금 나의 아들 예수를 믿기만 하면,
그리고 그 보혈의 은혜를 생각하며
구원을 받았다 말하는 자, 그리고 하
늘에 오를 수 있다 가르치는 백성 그
들이 무엇인 줄 아느냐?
20 사탄들의 장난이요, 사탄들의 하수인
이 된 그들이 지금 그리 가르치며 그
와 같은 행위를 하고 있음이니라.
21 바로 그와 같은 말로써 사탄에게 넘어
갔기에, 사탄에게 먹혔기에, 그들이
그와 같은 말을 계속하고 있는 것이니
라.
22 그러니 그와 같은 방법으로 너희들을
유혹하느니라.
23 이제 고생할 만큼 했으며 하나님께
너희들이 정성을 들일 만큼 들였으며,
새로운 성경을 할 만큼 했으니,
24 이제는 너희들이 쉬어도 구원을 받으
며 그만해도 지옥은 가지 아니하니,
이제 쉬도록 하라, 그리고 손을 떼도
록 하라, 그리고 떠나도록 하라,
25 그와 같이 유혹하는 것이 거기 넘어간
백성이 그와 같은 소리를 하고 있을
것이니라.
26 이미 너의 제자 중에서도 혼자서 공
부하며 조용히 공부하면 되는 것이요,
이제 성전에 나오지 아니하며 강론을
듣지 아니해도 된다는 그와 같은 말
을 하는 것이니, 그게 듣기는 달콤한
말이나 그게 이미 무너진 것이니라.
27 그러니 강론을 들을 수 있는 한 최대
로 들으며, 강론을 활용할 수 있는 한
최대로 활용을 하며, 나의 아들이 너
희들에게 깨우치는 그와 같은 것을 들
을 수 있는 한 최대로 들으면서 너희
들이 나의 새로운 성경을 놓고 공부하
는 것이 너희들의 깨우침이요, 그 믿
음이 높아지느니라.
28 그러니 그와 같은 생각을 하고 있는
제자들도 이미 마음이 흔들린 자요,
마음이 넘어간 자이니, 너희들은 이와
같은 형국이 되어서는 아니 되느니라.
29 너희들이 집에서 스스로 나의 새로운
성경을 보고 읽고 깨우친다 해도, 그
것은 너희들의 실력과 너희들의 깨달
음과 수준에 따라 다른 것이니,
30 모든 백성들이 지금 더 배워야 되고
더 들어야 되거늘, 나의 아들을 따르
는 제자들에게 그와 같이 선전 선동을
하는 자가 있다면, 이미 그는 사탄에
게 무너진 자요,
31 그가 바로 나의 아들 예수를 믿기만
하면 그 보혈로써 구원받으며, 그 보
혈로써 너희들의 대대손손까지 모든
사람들의 죄를 다 씻어 줬다 그리 말
함이니, 이것이 얼마나 무서운 말인
줄 알겠느냐?
32 이게 사탄에게 넘어간 자들이요, 사탄
의 하수인들이 지금 그와 같은 행위를
하고 있음을 알라.
33 그러니 지금 나의 아들은 뭐라 말하느
냐?
34 육이 너희들이 고달프고 힘든 행함이
중요하다, 행하지 아니하는 것은 아니
됨이라 하느니라.
35 사랑도 너희들이 베푸는 것이 제가 손
해 보는 것이요, 손해 보지 않는 사랑
은 사랑이 아니라 가르치고 전하는 그

의미를 알겠느냐?
36 너희들이 말로써 편안하고 즐겁게 가
는 것은 다 사탄의 장난이니라.
37 행함이 없이, 그리고 모든 성서를 너
희들에게 유리한 쪽으로 해석하도록
하는 것은 다 사탄의 장난이니라.
38 그리 해석하여 전하는 자는 사탄이 되
어 있음을 너희들은 알라, 사랑하는
나의 아들딸들아!
39 나의 아들 예수를 믿기만 하면 구원을
받는다 가르치는 그들이 사탄이라 했
듯이,
40 너희들이 그저 나오지 아니해도 여기
서 손을 떼도 구원을 받을 수 있으며,
너희들이 지옥은 가지 아니하며 나 여
호와로부터 너희들이 받을 은혜는 어
느 정도 다 준비된 자이니, 이제는 쉬
라, 그리고 더 이상 고통스러운 길을
가지 말라 그리 말하니,
41 너희들이 그 고통 속에 조금 더 지난
다음에 영광이 있으며 그 은혜가 있는
것을, 너희들이 못 받도록 무너져 더
이상 가지 못하도록 그와 같은 것을
항상 호시탐탐 노리고 있으며, 너희들
을 무너지게 하고 있으니, 너희들은
그리 알라.
42 이제 너희들을 무너트리려 함을 절대
잊어서는 아니 되느니라.
43 나의 법전을 만들고 전하는 것, 너희
들이 공부하는 것, 이제는 성전에 나
오지 아니해도 된다는 것, 그렇지 않
고 너희들이 그와 같은 것을 손을 떼
도 된다는 것,
44 너희들은 이미 깨달을 만큼 깨달았으
니, 너희들이 지금의 상식으로써 다른
백성들의 깨달음을 가진 자들이 따라
올 수 없으니,
45 너희들이 지옥으로야 가겠는가, 어떤
고통을 받겠느냐, 너희들은 그래도 그
공이 있으니 너희들이야말로 구원을
받을 수 있다 그리 말하는 자, 그와 같
은 자들이 다 사탄이니라.
46 이제 나의 법전을 더 이상 전할 필요
도 없으며, 만들 필요도 없으며, 네가
이 모두를 만들지 아니해도 다른 사람
이 만들 것이며 또 만들 사람이 있을
것이니 너희들은 걱정하지 말라,
47 그리고 너는 떠나도 된다, 어서 떠나
라, 빨리 떠나고 좀 쉬어라, 쉴 때가
되었다 그리 말하는 것이 바로 사탄
이 너희들 주변에서 너희를 유혹하며
너희를 무너트리는 것이라는 것을 잊
어서는 아니 되니,
48 거기에 너희들이 걸려들면 물고기가
낚싯밥을 덥석 무는 것과 같음이니
그리 알라.

11,315 번째 하나님 말씀

2004년 5월 26일 07시 45분

1 사랑하는 나의 아들아!
2 "네, 아버님! 말씀하옵소서."
3 사탄은 끊임없이 지금 너희들 앞에 맴
돌고 있으며, 그들은 지금 악이 극에
달해 있음이니라.
4 어찌하면 너희들을 무너뜨릴 것이며
너희들을 쓰러뜨릴 것인가 그 모두에
그들은 집중되어 있음이니라.
5 지금의 모두를 막지 못하며 지금 쓰
러트리지 못한다면, 나의 아들을 따르

는 제자들이요, 나의 새로운 성경을
읽고 깨우친 백성의 수가 늘며, 그들
의 깨우침이 깊고 깊을수록 결코 그들
은 무너뜨릴 수 없기 때문에,
6 지금에 그들이 마지막 모든 발악을
다 함을 너희들은 알아야 될 것이니라.
7 사탄은 너희들을 유혹하고 있음이니
라.
8 그러니 그들이 어떻게 너희들을 유혹
하는가?
9 부족한 선지자요, 그의 단점이요, 잘
못 가는 것을 너희들 마음속에 생각하
도록 하며 그를 물고 늘어지도록 하며
그와 같은 생각을 하도록 함이니라.
10 부족한 자를 선지자라 명한 것, 나의
아들이라 명한 것, 그와 같은 것을 의
혹하며 그와 같은 마음의 흔들림을 우
선 심을 것이며, 그리고 거기에 침투
하여 너희들을 흔들어 놓고자 할 것이
니라.
11 그리고 이 동양의 작은 나라의 언어
요, 문자가 세계의 공통어가 되며 세
계의 문자가 된다는 것을
12 '어림없는 소리 하지 말라, 그와 같은
역사가 이루어질 것이라고 생각하느
냐, 상식적으로 판단해 보고 상식적으
로 한번 생각해 보라.
13 방대한 민족이요, 방대한 국가요, 세
상을 지배하는 큰 나라들이 있음이니,
그들을 무너트리고 그들이 무너질 것
이라 너희들이 생각하느냐? 그와 같
은 생각을 하지 말라.
14 너희들이 이 모두는 다 부질없는 것이
라' 하여 너희들의 마음을 의혹하게
하며 너희들의 마음을 흔들어 놓을 것
이니라.
15 이 모두는 부질없는 말이요, 결코 이
루어질 수 없음이니, 이제라도 포기하
고 너희들이 떠나라,
16 그 방대한 국가들이 어찌 무너지고 너
희들이 그를 쓰러트리겠느냐, 그를
능가할 수 없다 너희들이 그리 말하느
니라.
17 그것이 바로 사탄들이요, 사탄들이 너
희들을 유혹함이니라.
18 아무리 이 세상에 방대하다 한들 그
것이 무엇이더냐?
19 나 여호와에게는 아무런 의미가 없으
며, 나 여호와는 어떠한 그것들을 무
너트리고 쓰러트리는 것, 그와 같은
것에 내가 어떤 비중도 두지도 아니
하는 그와 같은 것이거늘,
20 너희들이 그와 같은 사탄의 말에 현혹
되어 귀를 기울여서는 아니 되니, 그
는 오로지 사탄만이 할 수 있는 말이
니라.
21 사탄이 아니라면 나 여호와의 능력을
그들이 그리 과소평가하지 아니하며,
내가 역사하는 것을 감히 그리 과소평
가할 수 없음이니라.
22 천사들이 그와 같은 말을 하겠는가?
23 진심으로 믿는 너희들이 세상에 무엇
이 두려우며, 무엇이 너희들이 위대하
다 나 여호와의 능력에 비교하여 말하
겠느냐?
24 오로지 그와 같은 행위를 하는 것은
사탄만이 할 수 있는 것이니라.
25 창조주 하나님의 아들이 아니요, 그는
거짓된 자요, 저 스스로 그와 같은 행
위를 하는 자라, 사탄이 너희들의 마

음을 그리 흔들어 놓고 유혹할 것이니
라.
26 그러니 여기서 너희들은 알아야 될 것
이니라.
27 이를 구분하지 못한다면 너희들은 멸
망의 길을 가는 것이요, 이를 너희들
이 참고 인내하며 구분할 수 있는 백
성이라면 거듭나는 영광이요, 은혜를
얻을 것이니,
28 어떠한 수단과 방법을 다하여 유혹하
고 너희들을 무너트리려 해도 이제 너
희들이 넘어지면 아니 됨이니라.
29 지금까지는 너희들을 그들은 바라보
고 있었음이니라.
30 그리고 너희들이 스스로 무너지기를
바랐음이니라.
31 그러나 너희들이 굳건히 가며 지킴이
니, 160권 새로운 성경이 세상에 나올
날이 머지않았으니, 이건 바로 누구의
고통이며 누가 이를 막겠느냐?
32 너희들이 잘못 가서 사탄의 자식이 될
때 나와 나의 아들 예수와 그 모든 천
사들은 울고 있다 했음이니, 천사와
내가 울고 있을 때 바로 웃고 즐기는
자는 누구라 했느냐?
33 사탄이라 하지 아니하였더냐?
34 그와 반대의 현상임을 너희들은 알아
야 될 것이니라.
35 너희들이 지금 하나하나 나의 새로운
성경을 읽고 깨우쳐 너희들의 경지요,
깨달음이 높아지면 나 여호와는 즐거
움이요, 천사들도 손뼉 치며 웃을 것
이며,
36 사탄과 마귀들은 바로 좌불안석하며
저희들의 그 고통이요, 그 마음은 견
딜 수 없을 것이니라.
37 곧 저희들의 모두가 무너짐이 머지않
았기 때문임을 너희들은 알아야 될 것
이니라.
38 그리하여 너희들을 유혹하며 너희들
을 무너트리고자 그들이 온갖 수단과
방법을 다 동원하니, 작은 것부터 하
느니라.
39 그리고 너희들 주변에 있는 것, 사소
한 것부터 너희의 감정을 유발시키며
행동을 하게 하는 그와 같은 무서운
일이 이루어질 것이니,
40 여기에 결코 걸려서 넘어지는 어리석
은 백성이 되지 말라.
41 꼭 이를 전하라.

11,316 번째 하나님 말씀

2004년 5월 26일 07시 49분

1 사랑하는 나의 아들아!
2 "네, 아버님! 말씀하옵소서."
3 네가 네 직분을 다하여 최선을 다하
며, 네가 이제는 나의 새로운 성경이
요, 이를 세상에 냄에 즐거운 마음으
로써 나에게 기도하고 경배하며 나의
성령을 받아쓰는 그와 같은 네 마음의
오늘의 변함을 보고 나 여호와의 기쁨
이 끝이 없느니라.
4 네가 아무것도 모르며 네 말처럼 잡석
이라 했으며, 글 하나 쓸 줄 모르며 쓰
는 것을 싫어하며 그와 같은 너요, 단
10분도 자리에 앉아 있지 못하는 행
동파요, 그리고 동적인 그와 같은 삶
을 살아온 네가 과연 지금 어떠한 삶
을 사느냐?

5 지금은 네가 나에게 기도하고 경배하
는 그 마음을 즐거워하며, 내가 내리
고자 하는 것을 너는 그저 받아들이며
그와 같이 지금은 네 마음이 그리 온
순하며 그리고 노력하는 마음으로 되
는 네 모습을 보는 것이 나 여호와의
기쁨이니라.
6 내가 내리고자 하나 네가 받지 아니하
였으며, 내가 내리고자 하나 네가 그
를 피했으며, 내가 그를 내리고자 하
나 너는 인간 세상에 내려가 인간 세
상의 삶의 즐거움을 위하여 그곳으로
네가 가방을 짊어지고 나가는 그와 같
은 나의 아들이 아니었더냐?
7 너와 나는 알고 있음이니라.
8 그러한 나의 아들이 이제는 내가 너에
게 내리고자 하면, 네가 그저 두 무릎
꿇고 '아버님! 말씀하옵소서.' 네가 그
와 같이 순박하고 착한 아들로서 변한
그 모습에,
9 천사도 놀라며 모든 사탄들도 고개를
흔들며, 네 굳어진 마음에 그 사탄들
도 감히 근접하지 못하며 그들이 너를
시험하려 대들지 못하는 오늘에 이르
렀음이니, 나 여호와의 기쁨이 말할
수 없음이니라.
10 그러니 너의 제자들도 그와 같은 마음
으로 가라 그리하라.
11 너희들이 어떤 계산된 마음이요, 어떠
한 생각을 앞에 두며 인간의 생각으로
써 너희들이 잘못 판단을 할 수 있는
그와 같은 삶을 살지 말라 그리하라.
12 모두는 나 여호와가 내리는 새로운 성
경을 너희들이 정독하고 읽고 깨우쳐
그것에서 벗어나지 않는 삶을 살아가
고자 노력한다면, 오늘의 나의 아들처
럼 너희들도 그리 변해질 것이니라.
13 나의 아들이 어떠했더냐?
14 고삐 풀린 망아지보다도 더한 것이 나
의 아들이었음이니라.
15 과격한 성격에 행동파요, 그리고 느끼
는 대로 일을 저지르고 보는 나의 아
들이 그와 같은 성격이었으며, 단 10
분도 앉아 있지 못하는 자요,
16 그리고 모든 믿음의 길을 가는 백성
너희들이 말하는 너희들의 아버지요,
창조주요, 전지전능한 아버님께서 메
시지를, 가르침을 준다면,
17 너희들은 목욕재계하고 그것을 받기
위하여 목숨을 바쳐 가는 것이 오늘의
믿음의 길을 가는 자들일 것이니라.
18 그러니 그와 같지도 않은 나의 아들,
되려 그것을 받지 않으려고 피했으며,
그걸 받지 않으려고 도망 다녔으며,
내가 아무리 끌어 앉혀도 꿇어앉지 아
니하고, 인간 세상의 즐거움을 향하여
그저 보따리 싸 들고 인간 세상으로
뛰어나가는 나의 아들이 아니었더냐?
19 그러니 그 아들을 갖다가 지금까지 내
가 다스리는 그 세월, 그리고 네가 변
해진 모습, 이제는 내가 나가라 해도
네가 나가지 아니하며, 게을리하라 해
도 게을리하지 않는 네가 되지 아니하
였더냐?
20 그러니 너희들이 십계명을 지킬 수 없
다는 것도 지키고자 노력하면 그와 같
이 될 것이며, 나의 새로운 성경을 지
키지 못할 것 같으나, 너희들이 지키
지 못한다 해도 다 지킴이니라.
21 나의 아들이 오늘의 그와 같은 나의

성령을 받아 새로운 성경을 만들어 내
는 것이 얼마나 지금 즐거운 마음으로
최선을 다해서 가느냐?
22 이는 정녕 반대요, 너희들이 말하는
반대에서 반대로 서 있는 이와 같은
형국이 되었으니,
23 그 모두는 다 나의 아들을 따르는 제
자 너희들이 묵묵히 따라 준 너희들의
공이요, 너희들이 노력함을 나 여호와
가 또한 기억하고 있음을 알며,
24 오늘의 나 여호와의 기쁨을 너희들에
게 전함이니, 너희도 그리될 수 있다
함을 잊지 말라.

11,317 번째 하나님 말씀

2004년 5월 26일 07시 55분

1 사랑하는 나의 아들아!
2 "네, 아버님! 말씀하옵소서."
3 지금의 나의 아들이 존재하지 못하도
록 이 모두가 다 너희들을 무너뜨리고
모두 다 역사하고자 하며,
4 그리고 나의 새로운 성경이 세상에 내
려가지 못하도록 저희들이 온갖 방법
을 다 동원하여 너희들을 무너뜨릴 것
이니라.
5 이제는 나의 아들을 저희들이 침범할
수 없으며 나의 아들을 저희들이 무너
트리지 못한다는 것을 그들은 알고 있
으며, 무너뜨릴 수도 없다는 것을 알
것이니라.
6 그러니 그들이 접근하여 방해하며 무
너트리고자 하는 것은 누구겠느냐?
7 그를 받들어 같이 가는 그를 따르는
제자들이요, 나의 아들과 더불어 가는
선택된 너희들이니라.
8 그러니 그들은 이미 나의 아들을 넘어
뜨릴 수 없으며 그를 무너뜨릴 수 없
다는 것을 스스로 평가했으며 저희들
이 알고 있을 것이니라.
9 그러기에 지금 나의 아들을 따르는 제
자 너희들을 유혹할 것이며, 나의 아
들의 부족한 점이요, 그 단점을 너희
들에게 알려 주고자 할 것이며,
10 그로 인하여 너희들이 내분이 나도록
할 것이며, 온갖 것을 다 동원하여 너
희들을 훼방하며 무너트리려 한다는
것을 너희들은 알라.
11 그러니 이제는 새로운 성경이 세상에
나오지 못하도록 하는 것이 저희들이
마지막 막바지 악에 받쳐 있으며, 그
리고 마지막 그 힘을 다 쓰고 있느니
라.
12 그러니 나의 아들을 따르는 제자들을
따르지 못하도록 제거하며, 그들을 등
돌리도록 하고자 하는 것이니,
13 여기서 등을 돌리고 떠나는 자 너희들
은 성령을 위배하는 자요, 너희들의
모두가 다 무너지는 용서받지 못하는
죄를 짓고 감을 알라.
14 그러나 너희들은 들으라.
15 결코 나의 아들이 무너지지 아니할 것
이며 그는 바로 갈 것이니라.
16 지금 내가 뭐라 말하였느냐?
17 나의 아들이 내가 내리는 성령이요,
창조주 아버지가 내리는 말씀을 너희
들이 직접 들으며 모든 명을 받아 움
직이는 그와 같은 은혜를 받았다면,
18 오늘의 모든 믿음의 길을 가는 백성
들, 모두가 다 저희들의 생명을 바쳐

서라도 그 길을 갈 것이며 그 영광의
기쁨을 감당치 못할 것이니라.
19 그러나 그것으로부터 도망갔으며, 그
것을 받으려 하지 아니하였으며, 그것
을 행하려 하지 아니하였던 나의 아들
이니라.
20 그가 이제는 스스로 모두를 역사하며
즐거운 마음으로써 나에게 기쁨을 얻
도록 하며, 그리고 내 뜻에 따라 스스
로 가는 나의 아들로 그리 변했듯이,
21 너희들도 그와 같은 변화의 역사의 마
음이 있을 것이며, 그와 같이 너희들
이 스스로 설 때가 되었으며, 그와 같
은 깨달음을 느낄 때까지 너희들은 지
금 더 인내하고 더 참고 가야 함이니
라.
22 나의 아들이 그리 무섭게 변했듯이 너
희들의 마음도 변할 날이 있으며, 너
희들을 다스릴 수 있는 그와 같은 때
가 자연히 오게 될 것이니라.
23 그때까지 너희들이 인내하지 못하며,
사탄이 너희들을 떠나게 하며 나의 아
들에게 침 뱉고 가도록 할 때, 거기에
침 뱉고 떠나가는 어리석은 백성이 되
어서는 절대 아니 됨이니라.
24 그리하여 나의 새로운 성경을 받아 책
으로 만드는 나의 아들을 따르는 그
제자들이요, 너희들부터 먼저 제거하
려 할 것이며, 너희들이 세상에 존재
하지 못하도록 할 것이니라.
25 그것만이 이제 새로운 성경이 나오지
못하게 할 길이요, 그가 존재하지 못
하게 할 수 있는 것이기 때문에,
26 이미 나의 아들로서는 아니 된다는
것, 나의 아들을 유혹하고 무너트리고
자 해도 그는 무너뜨릴 수 없으며, 그
는 저희들이 쓰러뜨릴 수 없다는 것을
잘 알고 있음이니라.
27 그리하여 그 모두가 다 접근하는 것이
요, 모두의 상대는 나의 아들을 따르
는 제자들이라는 것, 그것을 너희들이
알아야 될 것이니라.
28 그리고 너희들은 여기서 새로운 성경
을 많이 정독하고 읽으라.
29 그리고 그 내용을 보고 너희들이 스스
로 판단하는 지혜를 얻으라.
30 그 지혜를 얻지 못한다면, 사탄의 방
해에 의하여 너희들이 넘어갈 것이며,
사탄의 방해로 너희들이 그저 지옥으
로 가는 그와 같은 삶을 살게 될 것이
니, 이를 명심하고 또 명심하여 행하
도록 하라.
31 모든 사탄들이 너희들을 목표로, 그리
고 나의 아들을 따르는 제자들과 나의
새로운 성경을 읽고 깨우친 백성들을
목표로 모두가 접근함이니, 이를 명심
하고 또 명심하도록 그리하라.
32 그 마음을 다스려 주도록 하며, 그 마
음을 일깨워 주는 것, 그것을 잡아 주
는 것은 나의 아들 너만이 할 수 있음
이니 그리 알라.

11,318 번째 하나님 말씀

2004년 5월 26일 08시 01분

1 사랑하는 나의 아들아!
2 "네, 아버님! 말씀하옵소서."
3 이 세상이 얼마나 험악해졌으며, 이
세상을 왜 사탄이 지배한다 말하느냐?
4 너희들이 인간 세상에 살아오는 그와

같은 삶을 돌이켜 보도록 하라.
5 너희들은 얼마 전까지만 해도, 이 종
교 집단이 세상에 들어와 신학문이요,
새 시대를 열어 간다는 그와 같은 잘
못된 자들이 단상에 서서 설교하며 강
론하며, 그와 같이 재물을 갈취하여
죄의 온상을 짓는 그와 같은 사악한
짓을 하기 전까지, 너희 인간은 그리
하지 않았느니라.
6 동양의 작은 나라의 백성 너희들은
예의를 갖추는 백성이요, 윗사람을 존
경하며 아랫사람을 사랑하는 그와 같
은 세상으로서 본보기요, 이 세상에서
이 동양의 작은 나라가 하늘의 뜻을
가장 잘 실천했으며, 하늘과 가장 가
까운 세상이었음을 너희들은 알라.
7 내가 이 동양의 작은 나라가 왜 선택
되었다 했느냐?
8 너희들은 지금서부터 몇십 년 전의
삶을 생각하며 너희들의 인간성을 한
번 생각해 보라.
9 그때 바로 너희들이 하늘의 뜻이요,
천사와 같은 백성이 아니었는가?
10 자식이 부모에게 효도함이 어떠했더
냐?
11 제 살을 베어 부모에게 대접하며, 부
모가 돌아가셨을 때, 너희들이 하늘에
죄를 지었다 하여 너희들이 모자를
쓰고 하늘을 가리고 몇 년 시묘살이
를 했던 그 백성들이니, 그와 같은 백
성들의 그 효성이 어디 있느냐?
12 그러니 그것이 바로 동양의 작은 나
라, 나의 백성들이요, 하늘의 뜻을 가
장 잘 실천했으며 그 모두를 다 지키
고 왔던 백성들이 바로 너희들이었음
이니,
13 그것을 너희들이 돌아보고 생각해도
너희들이 나로부터 선택된 동양의 작
은 나라라 하지 않겠느냐?
14 그러나 되려 그것이 다 무너졌음이니
라.
15 너희들이 그와 같은 정신으로써 잘 다
스려 왔다면 어떠한 결과를 낳았겠느
냐?
16 새로운 문명이요, 새로운 신학이요,
새로운 종교 집단의 가르침이 세상에
들어오면서 그 모두를 무너뜨렸으며,
17 내가 뿌리내리고 다스려 왔던 그와 같
은 너희들의 인간의 본성이요, 아름다
움마저도 모두 다 무너뜨린 것이니라.
18 그대로만 흘러왔더라도 오늘과 같이
험악한 세상은 되지 아니하였을 것이
니라.
19 이것이 바로 동양의 선택된 나라가 몇
천 년 전부터 선택되어 다스리고 훈련
해 온 백성이라는 걸 과연 그래도 모
르겠느냐?
20 그와 같은 백성들이 지금은 어찌하느
냐?
21 손자가 할아버지를 그 계산으로 두느
니라.
22 할아버지가 너희들에게 얼마나 이익
이 되며, 얼마나 도움이 되며, 그리고
그 할아버지가 어떠한 분인가에 따라
서 너희들은 거기에 고개 숙이며 할
아버지라 부르며,
23 너희들이 가치가 없으며, 능력이 없으
며, 도움이 되지 않는 할아버지는 할
아버지라 부르기 전에 고개를 외면하
고 돌아가는 것이 너희들이 아니더냐?

24 그래도 동양의 작은 나라 나의 백성
너희들은 일 년에 몇 번씩 서로가 명
절이나 기타 등등 그와 같은 날로써
한 가족이 모여서 어른의 존함을 알
며, 어른의 가르침을 알며, 그리고 너
희들이 친척 간의 얼굴을 익히고 그
와 같은 아름다운 모습으로 살아갔음
이니라.
25 그러나 너희들이 새로운 종교라는 것
이 들어와 내가 역사하고 준비한 이
나라에 어른이요, 저희 할아버지요,
저희 아버지라도 얼마만큼 이해관계
가 있으며 저에게 득이 되느냐에 따
라서,
26 그것으로 부모를 공경하고 부모를 따
르지 않는 이와 같이 무서운 세상으로
되었음이니라.
27 너희들이 말하는 옛날에 살아갈 때,
그 백성들은 어찌했느냐?
28 사촌이요, 너희들이 한 족보를 타고
나왔다 그 명하는 백성들은 서로 사랑
하며, 어렵고 힘들 때 진심으로 자기
일처럼 돕고 사랑하며 살아가는 그와
같은 백성이었느니라.
29 그러나 지금은 형제지간에도 돌아다
보지 아니하느니라. 제가 저희 형제로
부터 명예가 손상되며 저희 이름 석
자가 떨어지며, 제가 저런 사람과 형
제라는 것을 남들이 알면 창피하다고
생각하는 자,
30 외면하고 고개를 돌리며 만나지도 않
으며, 보지도 않으려 하고, 남남이라
말하고 그리 가는 것이 오늘의 세상
이 되었으니, 그러니 너희들 자식은
더 어떠하겠느냐?
31 너희들 자식의 그 삭막함이며, 너희
자식들의 냉정함은 너희들 세대의 가
슴에도 써늘함을 느낄 것이니라.
32 모두가 다 파괴되었느니라.
33 몇천 년 전서부터 내가 동양의 이 작
은 나라가 하늘의 뜻이요, 하늘의 순
리에 따라 살아가는 그 백성으로 다
스려 왔음이니라.
34 그러나 종교 집단이요, 오늘의 종교
지도자 너희들이 군림함으로 인해서
그 모두가 다 무너져서, 내가 기초부
터 다시 인성을 다스려 나가니, 오늘
의 이 어렵고 힘든 길을 가게 되었음
이니,
35 그러니 너희들이 오늘의 이 사악한 형
국을 누가 만들었느냐?
36 새로운 종교 집단이 들어와 동양의 이
작은 나라를 다 뭉개 버렸으며 다 죽
여 버렸음이니라.
37 그리고 인성의 아름다움을 다 뽑아 버
렸음이니라.
38 그리하여 내가 그를 다시 시작하는 것
이니라.
39 그리고 그와 같은 것을 다시 기틀을
잡아 나가 내가 사회 생활이요, 너희
들 인간의 삶을 개혁하며, 너희들 믿
음의 모두를 다 개혁하는 이 역사가
이루어짐을 알라.
40 지금 내가 나의 아들을 통하여 한 가
지 과제를 제시할 때, 너희들은 한 장
의 그림을 그려 거기서 모두를 생각하
도록 그리하라.
41 내가 160권의 새로운 성경을 내림이
니, 이를 읽는 제자 너희들은 여기에
그 구절구절마다 내가 내리는 명을 한

장의 그림으로 그려,
42 너희들은 1,600권이라는 책의 내용만
큼 얻는 지혜를 얻도록 그리하라.
43 그것이 너희들이 연구할 길이니라, 사
랑하는 나의 아들딸들아!

11,319 번째 하나님 말씀

2004년 5월 26일 20시 39분

1 사랑하는 나의 아들아!
2 "네, 아버님! 말씀하옵소서."
3 너를 따르는 그 제자들과 너와 더불어
이 모든 어렵고 힘든 역사의 길을 가
는 것은 무엇인 줄 알겠느냐?
4 너희들이 알곡식이 있어야 그 알곡식
으로써 모두를 다 취하며 살아갈 수
있는 그와 같은 삶을 살지 않는가?
5 그러나 그 알곡식에 너희들이 먹어서
는 안 되는 모래알을 갖다 섞어 놓았
다 하면, 과연 너희들은 그를 알곡식
으로써, 양식으로써 취할 수 있겠는가?
6 그리고 또한 너희들이 그것을 남에게
나눠 준다면 과연 그것은 어떠하겠는
가?
7 그 백성들이 그것을 양식으로써 취할
수 있겠는가?
8 지금 바로 너희들이요, 이 세상의 모
든 종교 집단이요, 믿음의 길을 가는
오늘의 그 형국이 알곡식 열 개에다
모래알을 백 개를 섞은 그와 같은 형
국이 되었다 해도 내가 말하지 아니할
것이니라.
9 너희들이 백 개 속에 있는 그 알곡식
열 개를 추려서 먹을 수 있기 때문에
너희들은 그래도 그 양식으로써 쓸 수
있으며 손으로 그걸 고를 것이니라.
10 그러나 지금 너희들이 알곡식 앞에 모
래가 섞인 것이 어떠한 형국인 줄 알
겠느냐?
11 한 알의 알곡식에 너희들이 그 수만
개의 모래알을 갖다 부어 넣은 것과
같음이니,
12 그와 같은 형국으로 된 것이 오늘의
모든 종교 집단의 지도자요, 너희들이
이끌어 온 그 형국이며, 믿음의 길을
가는 백성들의 오늘의 그 실태임을 알
라.
13 그러니 수만 개의 모래알에 하나의 곡
식을 놓고 너희들이 그를 가려서 먹으
라 하면, 그 나의 백성들이 그를 먹고
과연 살 수 있는 그와 같은 기술이 있
겠는가?
14 그와 같이 너희들이 지탱할 수 없으며
너희들이 나에게 올 수 없는 험악한
세상이 되었기에, 내가 지금 너를 통
하여 너를 따르는 제자들과 나의 새로
운 성경을 읽고 깨우친 백성들에게 그
를 바로잡고자 함이니라.
15 나는 너희들이 세상에 나갈 때, 너희
들이 알곡식과 같이 곱고 아름다운 마
음이요, 사랑을 행하며 사랑을 실천하
고 사는 백성이 되어 너희 고향으로
돌아올 수 있도록 하라 내가 그리 너
희들에게 모두를 다 주었건만,
16 지금은 너희들이 돌이킬 수 없는 그와
같은 형국이요, 내가 나의 아들을 통
하여 이 역사를 이루는 것이 뭐라 하
였느냐?
17 알곡식 한 알에 너희들이 수만 개의
모래알을 섞은 그와 같은 형국이 된

것이 오늘의 세상이라 내가 그리하였
으니, 그를 바로잡고 그를 역사하는
것이 얼마나 힘들고 어렵겠는가?
18 너희들이 백사장에 쌓인 모래 속에 하
나의 알곡식이 아무리 부르짖고 몸부
림을 친다 해도, 그것이 흔적이나 있
고 인간의 눈에 띌 수 있겠는가?
19 그보다 더한 험악한 세상이 오늘이 그
와 같이 되어 있음이니라.
20 그리하여 지금 내가 나의 아들을 통하
여 너희들로 하여금 그 알곡식을 기르
며, 그리고 그 알곡식이 그 모두를 지
배하며 모든 백성의 생명이 될 수 있
도록, 내가 원래 내려 주었던 그와 같
은 알곡식을 찾아 주고자 함이요,
21 그와 같이 너희들이 그를 찾고 쓸 수
있도록 하기 위하여 내가 오늘의 모든
역사를 이룸을 알아야 될 것이니라.
22 너희들은 기억해 두도록 그리하라.
23 오늘의 믿음의 길을 가는 백성들이요,
종교 집단의 지도자 그들이 행하고 있
는 것이 하나의 알곡식에 수만 개의
모래알을 갖다 부어 넣는 그와 같은
세상으로 거꾸로 되었으며 그와 같은
형국이 되었다는 것,
24 그러니 너희들이 나에게 오른 백성이
없다 함이요, 지금의 이 길로써는 너
희들이 구원의 역사를 이룰 수 없는
그와 같은 길이라 하였음이니라.
25 그러니 바로 그와 같은 것을 반대의
현상이요, 내가 너희들에게 내리는 그
대로 원상태로 돌려놓고자 하는 것이
나의 뜻이니라.
26 그러니 그것이 얼마나 힘들고 어려운
길이겠는가?
27 그리하여 내가 너희들에게 인내하고
참으라, 그리고 너희들이 받을 상이
있을 것이니 그때를 기다리라 함이 여
기 있음을 알라, 사랑하는 나의 아들
딸들아!
28 알곡식을 찾을 수 없는 오늘의 형국이
되어 버렸느니라.
29 모두가 다 모래로 채워졌으며, 알곡식
으로 그득히 채워져야 할 그 곳간이
모래알로 채워졌으니, 그것을 어디 쓰
며 무엇에 쓰고 있느냐?
30 그러니 그를 다 버리고자 함이니라,
사랑하는 나의 아들딸들아!
31 그러니 그를 버릴 때, 한 알의 알곡식
이라도 구원할 수 있으며 그를 찾아낼
수 있는 것은 너희들이니,
32 내가 다 헤치고 그를 다 쏟아 버렸기
에, 버릴 것은 버리고 지울 것은 지우
며 내가 그와 같은 역사를 시작할 것
이니 그리 알라.

11,320 번째 하나님 말씀

2004년 5월 27일 06시 16분

1 "너는 나 외에는 다른 신들을 네게 있
게 말지니라.
2 너를 위하여 새긴 우상을 만들지 말
고, 또 위로 하늘에 있는 것이나 아래
로 땅에 있는 것이나 땅 아래 물속에
있는 것의 아무 형상이든지 만들지 말
며, 그것들에게 절하지 말며 그것들을
섬기지 말라.
3 너는 너의 하나님 여호와의 이름을 망
령되이 일컫지 말라.
4 안식일을 기억하여 거룩히 지키라.

5 네 부모를 공경하라.
6 살인하지 말지니라.
7 간음하지 말지니라.
8 도적질하지 말지니라.
9 네 이웃에 대하여 거짓 증거하지 말지니라.
10 네 이웃의 집을 탐내지 말지니라.
11 나 여호와가 존재함을 믿는 그 자체가 구원의 길에 들어서는 기본이요 근본이며, 나의 법전을 가슴에 안고 정독하는 자, 반석 위에 서서 하늘에 오르는 찬란한 빛을 보게 되는 영광을 얻게 됨이니라."
12 사랑하는 나의 아들아!
13 "네, 아버님! 말씀하옵소서."
14 내가 오늘 이 아침에 유독 너에게 십계명을 암송하도록 함이니, 너는 정녕 그 의미를 아는가?
15 "네, 아버님! 그렇사옵나이다.
16 아버님께서 저에게 십계명을 암송하여 기록하게 하시는 것은, 모든 백성들이 십계명을 한 번 더 읽고 깨우쳐 그 의미를 다스리도록 그리하라 하셨으나,
17 오늘 유독 저에게 내리시는 뜻은, 저에게 한 번 뒤돌아보라 하여 십계명을 암송하여 아버님의 그 새로운 성경에 기록하도록 하시는 그 뜻을 알고 있사옵나이다.
18 정녕 십계명을 다 지키며 그대로 한 점의 부끄러움이 없이 사는 저인가, 그것을 한번 보도록 하시기 위해 오늘 아침에 십계명을 암송하도록 하셨으며,
19 그리고 더 이상은 이를 위배할 때 용서치 아니하신다는 무서운 뜻으로써 저는 오늘 이 십계명을 암송하라고 하시는 것을 알고 있사옵나이다.
20 그러니 오늘 제가 이를 암송하며 이를 그대로 지키지 못할 때, 저 자신이 무너지는 것은 더 말할 것도 없으며,
21 이 160권의 새로운 성경이 세상에 나가지 못하며 빛을 보지 못하도록 하시겠다는 아버님의 그 무서운 결의를 저는 알고 있으며 그를 보았사옵나이다."
22 네가 정녕 내 뜻을 보았는가?
23 "네, 아버님! 보았사옵나이다.
24 제가 이제 그리 가지 못할 때 어떠한 체벌을 내리시며 어떠한 방법으로써 모두를 다스리시는지,
25 그리고 160권 아니라 1,600권이라도 하루아침에 모두 다 물거품이 되며,
26 그가 세상에 나가 만백성을 구하는 것으로써 역사하지 못하도록 하시겠다는 아버님의 그 뜻을 저는 뼈저리게 알고 있사옵나이다."
27 사랑하는 나의 아들아!
28 과연 네가 나의 아들로서 만백성을 구하는 새로운 성경을 세상에 전함이니, 네가 60이 되는 지금까지 살아온 그 인생의 삶을 내가 탓하지 않는다 하지 않았더냐?
29 그러나 나의 새로운 성경을 접하여 나의 성령을 받고 기록하는 그와 같은 때부터는 네가 한 점의 부끄러움이 있는 그와 같은 삶을 살아서는 절대 안 된다 하였음이니,
30 그것이 되지 아니할 때, 나는 모두를 다 물거품으로 떼어 버리며 분산시킬

것이라는 것을 알고 있다면,
31 이제는 네가 바로 서지 아니하면 아니
됨을 알아야 될 것이니라.
32 나의 아들 예수가 그 어렵고 힘든 고
행의 길을 왔듯이, 그리고 그는 묵묵
히 지키고 살아왔듯이,
33 그보다도 더 네가 지금서부터 바르고
곱고 한 점의 부끄러움이 없는 그와
같은 나의 아들로서 살아가지 아니하
면 절대 용서치 아니할 것이니,
34 나는 두 번 다시 말하지 아니할 것이
니라.
35 그러니 네가 나로부터 모든 것을 보았
으며 들은 것을 안다면, 그대로 행하
도록 그리하라.
36 그렇지 않으면 나는 모두를 다 용서치
아니할 것이니라.
37 이제는 네가 갈 수 있으며 네가 역사
할 수 있으며 이룰 수 있음이니라.
38 그러니 네가 그를 가지 못했을 때는
이를 절대 용서할 수 없음이니라.
39 "아버님! 저는 보았사옵나이다.
40 어떻게 체벌을 하시며 어떻게 제가 무
너지며, 아버님의 새로운 160권의 성
경이 모두가 어찌 물거품이 되어 다
흘러가 버리는지,
41 그리고 휴짓조각이 되어 버리며, 만백
성을 구하는 새로운 성경으로서 그
역사를 하지 못하는 것을 저는 최종적
으로 보았사옵나이다.
42 여기에 아버님께서 보여 주신 그림을
기록할 수는 없으며 그를 전할 수는
없으나,
43 어쨌든 저는 완벽하게 가겠다는 것,
가지 아니하면 안 된다는 것, 그리고
용서치 아니한다는 것만을 오늘 여기
에 아버님의 뜻을 전하오며,
44 모든 제자들에게도 저와 같은 각오를
갖도록 그리 전하겠사옵나이다."
45 사랑하는 나의 아들아!
46 절대 용서치 아니함이니라.
47 절대 내가 더 이상 덮어 두지 아니함
이니라.
48 그리고 더 이상 내가 너의 실수를 용
서치 않을 것이니라.
49 그러니 하나하나 생각해서 행동하라.
50 네가 말을 할 때 밤송이를 문 자와 같
이 말을 하라고 했으니, 네 행동 또한
그와 같이 바늘방석에 서 있어서 네가
걸어갈 때마다 네 육신을, 네 발바닥
을 찌르는 바늘방석을 네가 지금 걸어
가는 자라 하여, 네가 행동을 조심하
며, 그리고 완벽한 행동으로써 역사하
도록 하라.
51 네가 쉽게 걸어 다니며 쉽게 뛰어다니
지 말라.
52 네가 신발을 신었으며 지금 걷는 데
편하다 하여 그저 아무렇게나 걸어가
며,
53 네가 입이 열렸다 해도 밤송이를 물고
있는 것처럼 말을 삼가라 했거늘, 말
을 함부로 하는 그와 같은 나의 아들
이 되어서는 아니 될 것이니,
54 이 두 가지를 지키지 못할 때 내가 너
를 또한 엄히 다스릴 것이니라.
55 이를 명심하도록 해서 행하도록 하라.
56 너는 밤송이를 입에 문 자요, 그리고
너는 바늘방석을 걸어가는 자라는 걸
명심하라.

11,321 번째 하나님 말씀

2004년 5월 27일 06시 28분

1 사랑하는 나의 아들아!
2 "네, 아버님! 말씀하옵소서."
3 나의 아들 예수가 이 세상에 왔을 때,
뭐라 하였느냐?
4 죄 있는 자 부르러 왔으며, 죄 있는 자
안내하러 왔으며, 죄 있는 자 데리러
왔다 하지 않더냐?
5 나의 아들 예수는 죄 없는 자요, 의인
을 데리러 왔다 하지 않았으며, 그들
을 인도하기 위하여 왔다 하지 아니하
였느니라.
6 그러니 지금 수천 년 동안 믿음의 길
을 가는 백성, 너희들이 뭐라 말하느
냐?
7 너희들은 구원을 받은 자들이요, 나에
게 오를 수 있는 모든 자격을 갖춘 자
들이라 그리함이니라.
8 내가 너희들에게 일찍이 말하기를, 하
늘나라에는 천사가 사니, 천사와 같은
자가 아니고는 결코 하늘나라에 오를
수 없다 하였음이니라.
9 그러니 지금 구원을 받았다고 말하는
자, 구원을 받을 자격이 다 갖춰진 자
라 하는 자, 너희들이 삶을 살다 그저
운명하는 것, 그것만을 기다린다는 너
희들,
10 그러니 나 여호와는 그와 같은 백성을
부르려 나의 아들 예수를 세상에 내려
보내지 아니하였으니 어찌한단 말이
더냐?
11 그러니 너희는 나의 아들 예수의 뜻을
따라 그 길을 가려 할 필요도 없으며,
그와 같은 어렵고 힘든 길도 갈 필요
가 없으며, 예수가 역사했던 그 모두
를 따르려 할 필요도 없다는 편안한
백성들이 아니더냐?
12 모두가 다 죄가 없어 구원을 받았음이
니, 너희들을 부르러 온 것이 나의 아
들 예수가 아님이니라.
13 그러니 너희들이 어떠한 길을 가든 어
찌하든 간에 나의 아들 예수와 너희들
과는 이미 관계없는 사이가 되었음을
너희들이 스스로 자처함이니라.
14 나의 아들이 너희들을 부르러 간 것이
아니요, 너희들을 인도하러 간 것이
아니거늘, 너희들이 어찌하여 울고불
고 지금도 그리 보혈로써 은혜를 받았
다 말하는가?
15 나의 아들 예수는 죄 없는 너희들을
데리러 간 것이 아니요, 너희들을 지
금도 인도하지 않으며 안내하는 것이
아니니라.
16 죄 많은 자 깨달아서 바로 사는 삶을
살며, 죄 많은 자 회개할 줄 알며, 죄
많은 자 그 죄가 두렵고 무서워 그를
열 배로 갚고자 하는 노력하는 백성,
17 그리고 너희들이 죄를 지었음이니, 선
한 일을 많이 하고자 하는 백성, 그와
같은 백성들을 인도하고 안내하기 위
하여 나의 아들 예수가 존재했느니라.
18 또한 지금 새로운 성경이 내려가는 것
도 무엇인 줄 알겠느냐?
19 지금 새로운 성경이 내려가는 것도 지
금 나의 백성들이 죄 있다 생각하는
자, 제가 죄인이라 생각하는 자, 그리
고 가슴 아파하는 자,
20 그리고 깨달음이요, 진리의 길을 가며

제가 바로 살기 위해서 몸부림치는 백
성, 그 백성들을 위하여 그들이 깨우
쳐 하늘에 오르는 길을 보도록 하고
자 내가 160권의 새로운 성경을 내려
보냄이니라.
21 그러니 죄가 없어 구원을 받았다는
자, 하늘에 오를 수 있도록 모두 완벽
하다는 너희들은 이를 봐도 깨우치지
못할 것이며, 깨우치지도 못하는 나의
새로운 성경을 볼 필요도 없음이니라.
22 그러니 너희들은 이는 사탄이요, 이단
의 것이라 함부로 말하며 너희들이 태
워 버리고 찢어 버리며, 나의 아들을
세상에 존재치 못하게 함이니,
23 그것이 너희들이 가장 무서운 성령의
죄를 짓는다는 것을 어찌 모른단 말이
더냐?
24 내가 너희들을 위하여 나의 아들을
통하여 강론함도 아니요, 내가 너희들
을 위하여 나의 새로운 성경을 내려
보내는 것도 아니라면, 너희들은 과연
어찌하겠는가?
25 이제 너희들이 지금 죄인이 아니요,
제가 죄가 없다 생각하여 구원을 받았
다는 그 생각을 돌리라.
26 '나는 죄인이요, 하늘을 향하여 고개
를 들 수 없는 자요, 그리고 그 죄를
씻는 방법도 모르며 용서받는 방법이
요, 용서받는 길을 모르고 있으니, 저
에게 깨우치는 지혜를 주옵소서.' 기
도하고 경배하는 마음으로써 너희들
이 애절히 원할 때,
27 너희들 스스로 나의 새로운 성경을 접
하게 될 것이며, 그 성경을 열 때 너희
들의 귀와 눈이 열릴 것이니라.
28 그렇지 아니하며 지금까지 오만방자
하고 교만한 백성, 너희들은 결코 이
를 봐도 알지 못하며,
29 너희들은 알지 못하는 그 삶에서 어찌
너희들이 나에게 오르며 구원의 길을
볼 수 있다 생각하는가?
30 너희들은 이를 보지 아니하고 읽지
않으니 구원의 길을 볼 수가 없으며,
이미 너희들은 나와 관계없는 백성으
로 되어 있다는 것을 알아야 될 것이
니라.

11,322 번째 하나님 말씀

2004년 5월 27일 06시 36분

1 사랑하는 나의 아들아!
2 "네, 아버님! 말씀하옵소서."
3 높은 자의 자세로 살지 말며, 너희들
이 높은 자세로써 그와 같은 자리를
바라보며 그를 위하여 사는 삶이요,
그를 부러워하며 그를 목적으로 하는
인간의 육의 삶을 살지 말라 하였음이
니라.
4 나의 아들을 따르는 제자 너희들은 세
상 사람들이 더 부귀영화의 높은 것을
원한다 해도, 너희들은 낮은 자세요,
낮은 자세의 마음으로써 살라 하였음
이니라.
5 그러니 너희들은 낮은 자의 마음과 높
은 자의 마음이요, 그 행동과 차이가
무엇인 줄 알겠느냐?
6 너희들은 알아야 될 것이니라.
7 가장 낮은 자세의 마음으로 사는 그
백성은 너희들이 인간 세상에 살아가
면서 작은 베풂을 얻었을 때,

8 너희들은 그를 진심으로 감사할 줄 알
며, 감사하는 마음을 진정으로 표현
하고 전할 수 있는 그와 같은 아름다
운 마음을 가지고 사는 백성들이니라.
9 그러니 작은 능력이 없는 자, 그리고
아무런 능력이 없는 자, 남들로부터
소외당하고 남들이 쳐다보지 않는 자,
10 그와 같은 자를 사랑하며 그를 너희
형제들처럼 바라볼 수 있는 그와 같은
위대한 마음을 그 마음속에 간직하고
있는 것이 작은 것이요, 낮은 자세의
마음을 가지고 사는 백성들이니라.
11 더욱이 얽히고설키며 살아가는 세상
속에서 남들이 작은 일의 아름다움이
요, 그리고 작은 일, 그리 아름다운 일
을 행했을 때, 너희들은 그들을 칭찬
하기를 아끼지 아니하며, 시기와 질투
하지 아니함이니라.
12 남들이 아무리 작은 일을 하고 휴지
하나 주워 버리는 것을 봐도, 너희들
은 칭찬을 아끼지 아니하며 그를 아
끼는 마음으로 반드시 전하는 것이 작
은 마음이요, 낮은 자세를 가지고 사
는 백성이라는 것을 너희들은 알아야
될 것이니라.
13 낮은 자세의 마음을 가지고 사는 백성
은 너희들이 얻은 명예요, 영광의 그
모두도, 아무리 작고 큰 것도,
14 너희들의 노력이요, 너희 스스로 이룬
것이 아니요, 나 여호와로부터 받은
것이요, 나로부터 상을 받은 것이라
하여 모두를 나 여호와에게 영광과 축
복을 돌리는 것이 낮은 자세로 사는
백성들이니라.
15 작은 은혜도 나 여호와에게 모두를
돌리며, 축복과 모든 것도 다 스스로
너희들 것이라 하지 아니하며,
16 진실된 마음으로 진실된 행동으로써
나에게 모두를 돌리는 것이 낮은 백성
임을 너희들은 알아야 될 것이니라.
17 나에게 아무리 작은 것이요, 아무리
약한 것이라 해도, 미약한 것이라 해
도 너희들이 달라 울고불고하지 아니
하며,
18 아무리 힘들고 어렵다 해도 너희들이
나를 당혹게 하는 이루어 달라, 구원
해 달라, 그리고 역사할 수 있게 해 달
라, 너희들이 그 고통에서 벗어나게
해 달라며 울고불고 그와 같은 기도
를 하지 아니하는 것이 가장 낮은 자
세의 마음이요,
19 그와 같은 마음으로 살아가는 것이 가
장 낮은 자세의 백성이 하는 일이요,
그들이 생각하는 것이니라.
20 그러니 여기서 너희들이 높은 자들의
생각은 과연 무엇이더냐?
21 높은 자는 작은 자의 그 정반대의 생
각을 하고 있으며, 그리고 너희들이
지금 구원을 받았다 하는 자, 그리고
구원을 받을 자격이 있다는 자, 너희
들이 얼마나 높은 자요, 높은 자리에
있다 하는 백성들이더냐?
22 그러니 구원을 받은 자보다 더 높은
자요, 더 위대한 자가 없으며 축복받
은 자가 없다 하지 않느냐?
23 그보다 더 무엇을 원하며 그보다 더
무엇을 갖기 위하여 노력할 필요가 없
지 않더냐?
24 그러니 높은 자는 어떠한 자들이냐?
25 저희들이 권력을, 그리고 재물을 남보

다 더 많이 가지고 마음대로 휘두를
수 있는 것, 그리고 누구라도 바로 저
희들 앞에서 고개를 숙이기 원하며,
제 앞에 고개를 빳빳이 세우는 자를
보지 못하며 참지 못하는 자들이 그들
이 아니더냐?
26 그러니 작은 것에서 감사할 줄 모르는
자들이요, 작은 것에 감사할 줄 모르
니 남들이 작은 일에 칭찬을 받을 만
한 그런 일을 한다 해도, 그들은 칭찬
이 인색한 자들이요, 칭찬하지 아니함
이니라.
27 남이 잘하는 것은 짓밟아 버리며, 오
로지 제 이름이요, 제 공명만을 위해
서 혈안이 된 자, 그와 같은 것이 높은
자요, 높은 자의 자세와 마음을 가지
고 사는 백성들이니라.
28 그러니 그들은 어떠한 명예와 영광을
얻는 것도 모두가 다 나 여호와에게
감사하며 나에게 돌리는 것이 아니라,
29 다 그들은 나에게 돌리며 나에게 기도
한다 해도 형식적이요, 진실이 없음이
니라.
30 본마음은 저희들에게 돌리며 제 능력
으로써 모두를 이루었다 그들은 장담
하느니라.
31 더 큰 것을, 더 위대한 것을 더 갖고
자, 더 높고자 울고불고 매달리며 기
도하고 소원하니,
32 그들은 내가 필요할 때만 기도하는 자
요, 내가 필요할 때만 찾는 자요, 나를
써먹을 데가 있으며 나를 필요로 할
때 찾는 자요, 계산된 백성들이요, 계
산된 삶을 사는 어리석은 백성들의 행
위이니라.
33 그것이 낮은 자의 마음과 높은 자의
마음을 가지고 사는 백성들의 차이이
니, 이를 만백성에게 전하도록 하라,
사랑하는 나의 아들아!

11,323 번째 하나님 말씀

2004년 5월 27일 06시 48분

1 사랑하는 나의 아들아!
2 "네, 아버님! 말씀하옵소서."
3 너를 따르는 나약하고 미약한 그 제자
들을 내가 왜 선택하여 모두를 역사하
는지를 정녕 모르는가?
4 그 누구도 역사할 수 없으며 그 기회
를 얻을 수 없는 것, 그 명을 받을 수
없는 나의 새로운 성경을 만들어 세상
에 전하여 만백성을 구하는 그 대명의
역사를,
5 어찌하여 너의 제자들이요, 그리고 가
진 것이 없으며 내놓을 것이 없는 그
와 같은 나약한 백성들로 하여금 모두
를 역사하며 이루는 것인지, 너는 정
녕 나 여호와의 뜻을 모른단 말이더냐?
6 "네, 아버님! 저는 대략은 알고 있사
옵나이다.
7 아버님께서 저에게 또한 깨달음을 주
시며, 아버님의 그 말씀이요, 아버님
의 그 뜻이 무엇인가는 저는 깊이는
잘 모르나 대략 그와 같이 알고 있사
옵나이다.
8 만일 이 세상에 높은 자로 하여금 불
러 쓴다면 그들이 제 뜻을 따르지 아
니할 것이며, 아버님께서 저에게 명하
는 것을 그들은 순종치 아니할 것이며
그대로 행하지 아니할 것이라 저는 그

리 생각되옵나이다.
9 자기들의 지식이요, 자기들의 상식이
요, 그들이 가지고 있는 모든 것을 다
동원해 볼 때, 저보다는 열배 백배 천
배가 더 나은 자들이요,
10 그러니 아버님께서 주시는 그 말씀이
요, 그리고 전하고자 하는 그 뜻을 그
대로 그들은 소화시키지 아니하며 받
아들이지 못할 것이라 그리 생각되옵
니다.
11 두 번째는, 높은 자 그들을 불러 써 모
두를 역사한다면, 스스로 저희들이 가
지고 있는 상식이요, 저희들이 가지고
있는 지식이요, 그와 같은 것으로써
저희들이 지금 세상에 살아가면서도
저보다 더 위대한 자요, 똑똑한 자가
없다고 저희 스스로 으스대고 사는
자들이기에,
12 더욱이 아버님의 성령이요, 아버님의
그 뜻을 받아서 쓸 수 있는 능력과 영
광을 준다면, 그들은 낮은 자가 아니
요, 높은 자 중에서 더 높은 자며, 오
만방자한 그와 같은 행동은 차마 볼
수 없을 것이옵나이다.
13 그리하여 저 자신을 자랑하는 것, 제
이름의 공명을 얻기 위하여 모두를 쓸
것이며 그를 이용할 것이니, 그들은
바로 가지 못할 자라 하여 아버님께서
쓰시지 않는 것이라 생각되옵나이다.
14 저의 제자들은 제사를 드리니, 그저
그 제사를 드리는 데에만 온갖 정성
을 다하며, 저희들이 제사 지내는 데
아버님의 마음의 기쁨을 위하여 모두
를 다 바치나,
15 그들은 제사를 지내되 그와 같은 것에
정성을 다하는 것이 아니요, 그저 잿
밥에만 관심이 있는 그와 같은 백성들
의 그 차이 때문에,
16 아버님께서 나약하고 미약한, 저를 따
르는 그 제자들이요, 오늘의 그 모두
를 선택하여 쓰시는 것이요, 잿밥에만
관심 있는 그와 같은 백성들이기에 높
고 높은 자를 쓰지 아니하는 것이라
두 번째 생각하옵나이다.
17 또한, 세 번째 제가 느끼는 것은, 아버
님께서는 그들이 가지고 있는 인간의
상식이요, 능력이라는 것이 아무것도
아니기 때문에, 그것은 관계없는 것이
요,
18 아버님의 뜻이 역사하는 것은 지금처
럼 나약하고 부족한 저희들로 하여금
저희의 힘이요, 능력으로 모두를 이
룰 수 없으나, 아버님께서 역사하고자
하시면 모두를 다 역사하시기 때문에,
19 아버님께서 보시고 그와 같은 쓰시고
선택하는 것은 인간 상식이 뛰어나며
재물이 있는 자요, 권력이 있는 자요,
저희들이 어떤 것을 가지고 있든 그것
이 다 부질없는 것이기 때문에,
20 아버님께서 저를 따르는 제자들이요,
나약하고 미약하며 가진 것이 없으며
높지 못한 자, 그리고 높고자 하지 아
니하는 그 백성들을 아버님께서 쓰시
는 것이라 그리 생각되옵나이다."
21 사랑하는 나의 아들아! 그러하니라.
22 가진 자, 명예 있는 자, 그들이 나의
성령을 받들어 모두를 역사한다면, 그
들의 오만방자함을 다 어찌 다스리겠
느냐?
23 그리하여 내가 그들에게 주지 아니하

며, 또한 그들이 가지고 있는 것이 다
백사장에 모래알만큼도 못하거늘,
24 낮은 자세로서 너희들이 나에게 제사
를 지낸다 해도 몸단장 곱게 하며 온
갖 정성을 다하여 눈물로써 감사하는
기도를 드리는 너희들이면 됐지,
25 오만방자한 자, 잿밥에만 관심 있는
자, 말로써만 청산유수요, 말로써만
모두를 다스리는 자, 그리고 어렵고
힘든 행동은 하지 않는 자,
26 배고픈 자가 배고픔을 참는다 그리하
지 아니하였더냐?
27 그러니 배고파 보지 아니하여 인내할
줄 모르는 자, 그와 같은 자들을 내가
쓰지 아니함을 네가 알았으면,
28 너의 제자들에게 희망과 용기를 가지
며 머지않아 너희들이 이 세상에 어떤
자들이요, 어떠한 백성이라는 것을 만
백성이 보고 감사할 날이 머지않았음
이니, 그때까지 참고 견디며 인내하는
데 주저하지 말라 그리 전하라.
29 사랑하는 나의 아들아!
30 "네, 아버님! 말씀하옵소서."
31 이제 네가 행동하는 것, 네가 말하는
것, 그 모두를 알았다면, 너의 제자들
에게도 그리 가르쳐 주라.
32 모든 제자들이 너희들이 밤송이를 입
에 문 것처럼, 그리고 한 발짝 한 발짝
걸을 때 너희들이 가시방석을 걷는 그
와 같은 마음으로 걸으라는 것,
33 그러니 너희들이 행동과 행함에 있어
서 얼마나 심사숙고하며 조심해야 될
것이며, 생각하고 생각해서 해야 되는
것인가, 그를 가슴에 심고 살도록 그
리 전하거라.

11,324 번째 하나님 말씀

2004년 5월 27일 06시 54분

1 사랑하는 나의 아들아!
2 "네, 아버님! 말씀하옵소서."
3 너희들이 높고자 한다면 육의 세상의
삶을 따라가며 육의 삶에 얽매이게 되
는 것이니라.
4 그러니 너희들이 육의 삶에 얽매이면
또 무엇이더냐?
5 너희들이 높고자 하는 것이요, 더 이
루고자 하는 것이요, 더 갖고자 하는
그 소망을 버리지 못하는 것이 나의
사랑하는 아들딸 너희들의 마음이니
라.
6 그러니 내가 너희들에게 높은 자가 되
고자 하지 말라는 것이 아니더냐?
7 낮은 자의 자세는 과연 무엇이더냐?
8 너희들이 인간 세상에 살아가는 데 물
욕이요, 모든 것에 욕심을 부리지 아
니하며, 너희들이 남들 앞에 나서서
남들보다 더 낫고자 하는 것을 하지
아니함이니라.
9 그러니 바로 낮은 자가 얼마나 현명한
백성들이더냐?
10 그러니 낮은 백성은 또한 어떠하더냐?
11 너희들이 오늘의 육의 세상의 삶을 생
각하는 것이 아니요, 영원히 존재하는
다음의 세상을 위하여 모두를 조용히
준비하며 그를 들여다보며 그 세상에
맞춰 살아가는 현명함을 얻는 백성들
이니라.
12 그러하기에 오만하지 아니하며 교만
하지 아니함이니라.
13 내가 나의 아들딸 너희들이 살아가는

인생을 어찌 구분하라 했느냐?
14 육이 존재하는 너희들이 백 년도 안
되는 이 삶은 너희들이 본 경기를 하
기 위해서 운동선수가 몸을 푸는 그와
같은 과정이라 하였음이니라.
15 그러니 그다음에 너희들이 정녕 운동
선수로서 시합할 때처럼 너희들이 본
인생의 삶은 다음 세상에 이루어진다
하지 아니하였더냐?
16 그러니 너희들이 몸을 푸는 인간 세상
에서 너희들이 있는 힘 없는 힘, 가지
고 있는 능력, 그 모두를 다 발휘하고
지쳐 버린다면,
17 과연 너희들이 다음 세상에 살 수 있
는 본 경기에 가 너희들이 경기를 할
수 있는 그와 같은 능력과 힘이 있겠
느냐?
18 현명한 자는 연습 세상에 너희들이 몸
을 간단히 풀 것이며, 그리고 조용히
너희 자신의 모든 몸의 자세를 다스릴
것이니라.
19 그리하여 너희들은 본 경기에 들어가
서 맹수가 먹이를 채듯이 무서운 힘으
로써 그 모두를 발휘하니, 그가 현명
한 자요, 그가 바로 너희들이 사는 인
생에 실패하지 아니하는 자이니라.
20 그러니 지금 너희들이 인간 육에 대한
것을 욕심을 내며 거기에서 공명이요,
모두를 얻고자 한다면,
21 그것은 너희들이 시합을 하기 위하여
연습으로 몸을 푸는 자가 모두를 다
남용하며 과용하여, 막상 본 경기에
들어가서는 힘이 없어 상대방에게 끌
려가는 처참한 패자가 되는 것이니,
22 그와 같은 것이 너희들이 높고자 하는
자와 낮은 자의 그 차이점이니라.
23 그러니 나의 아들을 따르는 제자들이
요, 나의 새로운 성경을 읽고 깨우친
백성 너희들은 연습인 인생에서 모든
힘을 다 낭비하지 말라.
24 사후의 세상에 살아가는 그 삶을 위하
여 그에 대비하여 가장 낮은 자요, 현
명한 자로서 처신하도록 하며, 너희들
이 그와 같은 마음을 가지고 살라.
25 그러면 육의 세상의 삶에 너희들이 부
귀와 영화를 누리는 것이 얼마나 부질
없는 것이며, 얼마나 너희들이 쓸 수
없는 것인가를 알게 될 것이며, 그것
에 너희들이 욕심을 내고 사는 것이
얼마나 잘못된 삶인가를 알아야 될 것
이니라.
26 사랑하는 나의 아들딸들아!
27 너희들은 모두에 다 감사하라 하였음
이니라.
28 그러니 너희들이 감사하는 것이, 모두
의 감사가 무엇이더냐?
29 무엇을 얻은 것, 이룬 것, 그때마다 너
희들이 감사하는 것이 아니라, 너희들
이 이 세상에 나와서 단 몇 시간을 살
다 가도 그것이 감사하는 마음이요,
30 너희들이 10년, 20년이요, 사는 것 또
한 감사하는 마음으로 살아야 될 것
이니라.
31 60이요, 70이요, 80이요, 그와 같은
세월을 사는 자, 너희들이 오래 살았
다 생각하지 아니하며, 나에게 감사하
다는 마음을 갖지 아니하지 않는가?
32 그리고 부질없는 세상 속에서 너희들
이 많은 세월 속에서 무엇을 깨우치며
무엇을 역사했는가 한번 생각해 보라.

33 너희들이 나로부터 받은 은혜가 큰
것이거늘, 그 은혜를 너희들이 어찌
쓰고 어찌 생활했는가?
34 그러니 너희들이 단 몇 시간을 살고
며칠을 살고 간다 해도 그것이 나로부
터 감사의 은혜요, 감사를 드릴 수 있
는 것이니,
35 그러니 그 기본에서부터, 세상에 태어
난 것에서부터 너희들이 감사하는 그
와 같은 마음으로 살라.
36 범사에 감사하는 마음은 거기서부터
시작해야 됨이니 그리 알라.
37 얻고 이루는 것, 철이 들어서 너희들
이 남들보다 더 차지하는 것, 그리고
더 높아지는 것, 부귀와 영화를 누리
는 삶을 사는 것,
38 그리고 너희들이 무엇인가 욕망을 이
루었을 때, 욕구가 채워졌을 때, 그때
만 감사하고 울고불고하는 그 감사는
아무것도 아니며 감사의 뜻이 아니니
라.
39 세상에 태어난 그 자체에 모두를 너
희들이 감사의 기도를 드리는 것이
범사에 감사하는 뜻임을 알라, 사랑하
는 나의 아들딸들아!

11,325 번째 하나님 말씀

2004년 5월 27일 07시 05분

1 사랑하는 나의 아들아!
2 "네, 아버님! 말씀하옵소서."
3 너를 따르는 제자들이요, 너희들이 잘
깨우쳐 만백성 그들을 인도해야 될 것
이니라.
4 사탄들이 나의 백성들을 무너트리며
지옥으로 이끌어 가는 방법이 어떠하
더냐?
5 모든 사람이요, 인간을 통함이니라.
6 너희들 주변의 형제를 통하여, 그리고
가까운 사람을 통하여, 때로는 먼 사
람을 통하여, 때로는 원수지간인 사람
을 선택하여,
7 그리고 착한 일, 악한 일로써 모든 수
단과 방법을 가리지 아니하고 너희들
에게 접근함이니라.
8 그리하여 너희들을 무너트리는 것이
사탄의 수법이라는 것을 잊지 말라.
9 온갖 방법과 수단을 다하여 너희들을
무너트리고자 하는 사탄들이니, 너희
들 주변의 인간을 통하여, 또는 형제
를 통하여, 이웃을 통하여, 때로는 부
모를 통하여,
10 그와 같이 착하고 또 선한 사람을 선
택하여 너희들에게 수단과 방법을 가
리지 아니하고 접근하여 너희들을 무
너트리는 것이 사탄들의 수법임을 알
아야 될 것이니라.
11 그들이 얼마나 잔혹하며 얼마나 무서
운 방법으로써 너희들을 쓰러트리는
지, 너희들이 여기서 지탱하고 살아가
기가 그리하여 힘들고 어렵다 하였음
이니라.
12 그리하여 내가 너희들에게 새로운 성
경을 내려보내, 이를 기준으로 하며
거기서 벗어나지 말라 함이니라.
13 너희들이 지금 구약과 신약의 그 성서
의 틀을 벗어나지 아니하며 거기에 기
록하여 전한 대로 그대로 읽고 깨우치
면 너희들이 아무런 탈이 없었을 것이
니라.

14 그러나 너희들이 이를 고쳐 썼으며 변
질시켰으며, 또 너희들에게 유리한 쪽
으로 변질하여 가르침이니,
15 그게 다 사탄의 장난이요, 사탄들이
역사한 것이라는 것을 너희들은 알아
야 될 것이니라.
16 너희들이 행함에 따라 심판을 받는다
는 것, 너희들이 또한 그와 같은 행함
으로 인하여 모두가 심판을 받으며 모
두가 역사한다는 것, 그것을 내가 너
희들에게 이미 일찍이 깨우쳐 주었음
이니라.
17 내가 너희를 임의로 구원하는 것이 아
니요, 너희들에게 모든 자유의사를 다
주어, 너희들이 자유의사에 의해 모두
를 결정하도록 되어 있다는 것을 너희
들은 잘 알고 있을 것이니라.
18 나는 모두를 다 준비하여, 다 준비한
것을 너희들에게 내려 주었을 뿐이니,
19 나 여호와가 준비해 준 그 세상에서
너희들이 어찌 살아가느냐 하는 것은
너희들의 책임이며, 너희들의 모두가
네 뜻에 의하여 역사한다는 것을 너희
들은 알아야 될 것이니라.
20 그러니 너희들이 죄를 짓고 사는 것,
선한 일을 하고 사는 것, 그 모두가 다
너희들의 자유의사에 의해 결정하도
록 나는 맡기며 그와 같이 하도록 되
어 있으며, 그것이 하늘의 법도니라.
21 너희들이 나로부터 등을 돌리고 멀어
지는 것, 그리고 나에게 따라오는 것,
나에게 오는 어렵고 협착한 길을 달려
오는 것, 그 모두도 다 너희들의 자유
의사니라.
22 나의 뜻에 순종치 아니하는 것, 그리
고 내 뜻에 절대 순종하는 것, 그것도
너희들의 의지에 달렸다는 것을 너희
들은 알아야 될 것이니라.
23 참진리의 길을 버려두고 너희들이 그
비진리의 길을 가는 것, 그리고 천사
들의 가르침을 듣지 아니하며 그를 따
르지 아니하고 너희들이 사탄을 따르
는 것, 악한 자를 따르고 그리 끌려가
는 것, 그 모두가 다 너희들에게 달렸
음이니라.
24 그러니 나로부터 무엇인가를 역사하
고 결정하는 것이 아니요, 너희들이
나의 뜻에 따라서 행하고 안 하는 것,
모두가 다 너희들의 뜻에 달렸느니라.
25 내가 지금 내리는 새로운 성경이 나
여호와의 뜻이요, 이를 가지고 너희들
이 구원의 길을 보지 아니하면 아니
된다 내가 알려 주었음이니,
26 이를 선택하여 너희들이 깨우치고 깨
우치지 않는 것은 또한 너희들의 자유
의사요, 너희들의 선택에 달렸느니라.
27 부정한 짓을 하는 것, 너희들이 추한
짓을 하는 것, 너희들이 정의롭게 살
아가고자 노력하는 것, 그 모두가 다
너희들의 자유의사에 달렸다는 것을
명심하도록 그리하라.
28 내가 너희들을 그리 다스려 주지 아니
함이니 그리 알라 전하라.
29 너희들이 귀가 막히며 눈이 막힌 것,
그리고 그와 같은 것으로써 너희들이
그 귀가 트이고 눈이 열리는 것, 그리
고 나의 새로운 성경을 보고 너희들이
지옥과 천국의 길을 구분하는 것, 그
모두가 다 너희들에게 달렸음이니라.
30 그러니 이제 지옥으로 가는 길을 사탄

을 따라 달려가든, 너희들이 천사를 따라서 하늘에 오르는 길을 달려가든, 악한 일을 너희들이 불 보듯이 하며 선한 일은 너희들이 꿀을 보듯이 하는 것, 그 모두가 다 너희들의 의지요, 너희들에게 달렸음이니,

31 그리하여 너희들 스스로 역사한 것에 의하여, 너희들이 살아온 것에 의하여 너희들이 심판의 대상이 되며, 그 모두가 심판의 대상에서 벗어나지 못하며,

32 너희들이 거기에 따라 심판의 결과에 따라 움직여진다는 것을 절대 잊지 말라.

33 모두는 너희들의 의지에 달렸음이니라.

11,326 번째 하나님 말씀

2004년 5월 27일 07시 09분

1 사랑하는 나의 아들아!

2 "네, 아버님! 말씀하옵소서."

3 너를 따르며 너를 위하여 모두를 다 바치는 너의 제자 '김윤수' 그에게 말하라.

4 그가 살아가기 힘들며 역사하기 힘들며 그리고 고통스러울 때마다, 두 손을 모아 '하나님! 저의 죄를 용서하여 주옵소서.' 진심으로 나에게 기도하라 그리하라.

5 그러면 제 마음이 다스려질 것이며, 제 인생의 삶이 다스려질 것이며, 그리고 그 깨달음을 얻을 것이라 그리 말하라.

6 내가 너를 따르는 그 제자에게 특별히 명함이니, 그가 힘들고 어렵고 마음이 흔들릴 때 두 무릎 꿇고 두 손을 모아 나에게 기도하라 그리하라.

7 '아버님! 저의 죄를 용서하여 주옵소서, 하나님! 저의 죄를 용서하여 주옵소서.' 아무 말 하지 말며 저의 죄를 용서해 달라 그리 기도하고 기도하도록 그리하라 전하라.

8 그리하면 제 마음을 다스릴 것이며 저를 다스릴 것이며,

9 제가 배움이 무엇이며 제가 깨우침이 무엇이며 그 모두를 다 알 것이며,

10 세상이 다 부질없는 욕심이요, 부질없는 욕심으로 다 무너진다는 것, 그리고 진심으로 너희들이 본 게임을 위한 운동선수로서 오늘에 연습한다는 것을 알게 될 것이니라.

11 연습이라는 것이 너희들이 그저 편하게 몸을 푸는 것이더냐?

12 그 시합을 하기 전까지 너희들이 많은 노력이요, 많은 역경을 견디며 피땀을 흘리고 이루어지는 것이 아니더냐?

13 그러니 네가 오늘의 가는 길이 몸을 푸는 선수로서 평소에 너희들이 연습하는 그 기간으로서, 과연 네가 얼마나 땀을 흘리며 연습하는가?

14 네가 오늘의 살아감이 네가 다음 세상의 삶을 위하여 훈련하는 것이요, 그리고 네가 연습하는 것이라는 것을 그에게 전해 주라.

15 네가 피보다도 진한 땀을 흘리는 그 연습을 하지 아니하고 어찌 시합에 나가는 그와 같은 선수의 자리에 설 수 있더냐?

16 그러니 그에게 전하라.
17 지금은 네가 훈련 중이니라.
18 훈련은 고달프고 힘든 것이니라.
19 고달프고 힘든 그 훈련을 포기한다면,
너희들은 선수로서 포기하는 것이며,
모두를 다 포기하는 것이 아니더냐?
20 그러니 내가 그에게 상을 내림이니,
두 손 모아 나에게 기도하라 그리 전
하라.
21 '아버님! 저의 죄를 용서하여 주옵소
서, 하나님! 저의 죄를 용서하여 주옵
소서.' 네 입에서 나를 아버지라 부르
는 말이 편하게 나올 것이며, 그리고
네가 나를 하나님이라 부르는 마음이
편할 것이니라.
22 '아버님! 저의 죄를 용서하여 주옵소
서, 하나님! 저의 죄를 용서하여 주옵
소서.'
23 그리고 너는 들으라.
24 나의 아들이 너와 더불어 가며 너를
귀히 여기며 너를 쓰고 있으니,
25 너희들이 훈련에서 감독이 선수를 버
리지 않는 것보다도 몇천 배 더 감사
하는 마음으로 너는 그리 가라.
26 내가 너에게 특별히 상을 내리니, '아
버님! 저의 죄를 용서하여 주옵소서,
저의 죄를 용서하여 주옵소서.' 네가
항상 시간이 날 때마다 기도하라.
27 그러면 네가 나를 알게 될 것이며, 이
제는 믿음이요, 하늘의 뜻이요, 깨달
음을 얻게 될 것이니,
28 이 아침 내가 너에게 큰 상을 줌이니,
이는 나의 아들을 사랑하기 때문이니
라.

11,327 번째 하나님 말씀

2004년 5월 27일 07시 14분

1 사랑하는 나의 아들아!
2 "네, 아버님! 말씀하옵소서."
3 이 세상에 살아가는 모든 백성 그들에
게 너희들은 전해 주어야 할 것이니라.
4 지금의 믿음의 길을 가는 그 종교 집
단들이요, 그리고 저희들이 모든 우상
을 섬기며 우상 앞에 절하는 그와 같
은 백성들, 그들이 과연 알고서 그리
하는가?
5 그들이 알면서 그리하는 것은 아닐 것
이니라.
6 그리고 너희들이 이방인이라 하여 아
무것도 모르는 그와 같은 백성들, 그
리고 너를 따르는 제자들이요, 나의
새로운 성경을 읽고 깨우친 그 모든
백성들에게 그리 전하라.
7 내가 너희들을 세상에 내려보낼 때는
악하게 살며 너희들이 사악하게 사는
삶을 살라 하여 내가 내려보낸 것이
아니라는 것,
8 나의 백성 너희들을 내가 세상에 내려
보낸 것은 천사가 되어 나에게 오르는
그와 같은 삶을 살라 하여 내가 사랑
하는 나의 아들딸을 세상에 내려보냈
음이니라.
9 육의 세상에 너희들이 삶을 살다가 죄
짓지 않는 자, 그리고 죄짓지 않고 사
는 것이 무엇인 줄 알겠는가?
10 지금까지 너희들이 모두를 다 벗어날
수 있는 것이요, 그것이 너희들에게
기회를 준 것이라는 것, 그리하여 죄
짓지 않는 삶을 사는 것으로써 너희들

이 나와의 모든 인연이 이루어지는 것
이며,
11 내가 너희들에게 단 한 번의 기회를
더 주어 세상에 사람으로 살아갈 수
있도록 내가 큰 은혜를 내린 것, 그 모
든 범사에 감사하며 진심으로 나에게
감사한다면,
12 죄짓지 않는 마음으로 살아가는 것이
너희들이 내 뜻을 따르는 것이요, 내
뜻에 순종하는 백성들이니라.
13 그러니 천사가 되어 나에게 오르라 단
한 번의 기회를 더 준 백성들이 너희
들이니라.
14 그러나 내가 그와 같은 기회를 주어
천사가 되라는 나의 백성들이 어찌하
여 사탄이 되어 사악한 행위를 하며
나를 능멸하는 그와 같은 행위를 거침
없이 하느냐?
15 그리고 모든 종교 집단이요, 그 많은
백성들이 울고불고 구원을 받았다 하
면서도 그들이 나의 성경에 기록된 내
용을 그대로 실천하고 행하더냐?
16 저희들이 변조시켜서 기록했으며, 또
저희들이 가르치는 데 또 변질되고 변
질되도록 하여 가르침이니,
17 저희들이 나를 얼마나 능멸하고 욕된
짓을 하는지 알겠느냐?
18 나의 아들을 따르는 제자 너희들이 나
의 새로운 성경을 읽었다면, 이제 너
희들이 성서를 읽어 보면 알 것이니라.
19 거기에 얼마나 자상하게 얼마나 상세
하게 너희들이 행할 것, 역사할 것이
기록되어 있는가?
20 그대로 가르치고 그대로 행하면 될 것
을, 그 모두를 너희들이 재물을 거둬
들이는 것, 제 공명심을 채우는 것, 제
명예를 채우는 것, 여기에 모두 살을
붙여 뼈를 그리 붙여 너희들이 가르치
고 쓰기 때문에,
21 엉망진창이 되어 있으며, 그저 지금
볼 수 없으며, 풀 수 없는 실타래와 같
이 되어 있는 것이 너희들의 모습이라
는 것을 알아야 할 것이니라.
22 날짐승이 기름이라는 것에 날개가 젖
어 날지 못하며 펴지 못하며 날지 못
해 그저 죽어 가는 그와 같은 형국이
바로 너희들임을 알아야 될 것이니라.
23 모든 동료가 훨훨 날아가나, 그 기름
에 찌들며 폐유에 찌들어 몸부림치다
그저 죽어 가는 그 날짐승과 같은 것
이 오늘의 종교요, 그 믿음의 길을 가
는 백성들의 형국이라는 것을 가르쳐
주라.
24 아니라 하나 너희들은 그러한 것을 알
게 될 것이니라.
25 그러니 내가 너희를 이 세상에 보냈
거늘, 어찌하여 나를 능멸하는 행위를
하는가?
26 내가 그리하여 너희들이 나의 나라에
온 자가 없다 하였음을 알아야 될 것
이니라.
27 너무나 너희들이 무너져 있고 썩어져
있으며 사악함이 하늘을 치솟고 있는
것이 오늘의 나의 백성들이니, 그들이
어찌하여 거기서 구원을 받으며 나에
게 오를 수 있단 말이더냐?
28 그러니 너희들이 거듭나는 삶을 살기
위해서는 그 고통 어린 희생이 반드시
따르며, 너희들은 그를 인내하지 아니
하면 아니 될 것이니라.

29 그러니 내가 160권의 새로운 성경으
로써 모두를 풀어 거기에 답을 전함
이니, 이를 읽고 깨우치는 고통과 시
련을 너희들이 겪지 아니하고는 너희
들이 절대 하늘에 오르는 길이요, 구
원을 받을 수 없으며 하늘의 이치를
알 수 없다는 것을 알라.
30 나의 160권의 새로운 성경을 정독하
는 데 최선을 다하라.
31 그 고통도 너희들이 투자하지 아니하
며 그 희생도 투자하지 아니하고, 너
희들이 무엇을 얻으며 구원을 받으며
하늘에 오르려는 생각을 지우라 그리
전하라.

11,328 번째 하나님 말씀

2004년 5월 27일 07시 19분

1 사랑하는 나의 아들아!
2 "네, 아버님! 말씀하옵소서."
3 너희들의 그 육의 삶이 무엇이라 내가
말하였느냐?
4 하늘의 뜻을 내가 너희들에게 상세히
기록하여 전했느니라.
5 너희들이 오늘의 육의 삶은 본 삶을
위한 연습이요, 훈련 과정이라 내가
그리 말하지 아니하였더냐?
6 그러니 너희들이 그와 같은 삶을 살면
서, 운동선수로 말할 것 같으면 본 경
기를 위하여 평소에 훈련을 얼마나 열
심히 했느냐에 따라서 그 어떤 것도
얻고 잃는 것이 아니더냐?
7 그리하여 너희들은 승자요, 패자가 되
는 것이 아니더냐?
8 그리하여 연습을 얼마나 충실히 했으
며 충실히 그와 같은 훈련에 임했느냐,
9 그것이 바로 너희들이 본 경기에서 좋
은 성적을 거둘 수 있으며, 승자냐 패
자냐 하는 그 두 갈래 길에서 너희들
이 둘 중의 하나는 반드시 선택하게
됨이니,
10 평소에 너희들이 연습을 충실히 한 자
는 승자라는 그 면류관을 쓸 것이요,
그렇지 않은 자는 패자라 하여 무릎을
꿇는 그와 같은 것이라 하였음이니라.
11 그러나 본 경기에서는 너희들이 무릎
꿇고 패자가 된다 해도 다음에 도전할
수가 있으며 더 연습하여 다음의 기회
가 있음이니라.
12 그러나 여기서 너희들이 인생의 삶의
본 삶과 연습의 삶이라는 차이는 무엇
인 줄 알겠느냐?
13 너희들의 인생은 두 번 다시 그 기회
가 없으며, 다시 연습하여 재기할 수
있는 기회가 없는 것이 나의 사랑하는
백성 너희들의 운명이라는 것을 알아
야 될 것이니라.
14 단 한 번의 본선의 경기에서 너희들이
승자가 되지 못하면 패자가 되는 것이
며,
15 두 번 다시 그와 같은 기회가 없으며
너희들이 패배의 그 설욕을 만회할 수
도 없는 것이 인생의 삶이라는 것을
알라.
16 그러니 너희들이 지금의 훈련의 삶을
사는 인생도 최선을 다하여 훈련에 임
해야 될 것이니라.
17 그 기회도 또한 두 번 다시 없기 때문
이니라.
18 최선을 다하여 너희들이 본 경기요,

본 삶에 돌입하는 것, 그 삶은 너희들
에게 두 번 다시 기회가 없으니,
19 오로지 그 한 번의 기회에서 승자가
되지 아니하면 아니 됨을 너희들은 알
아야 될 것이니라.
20 나 여호와가 너희들에게 뭐라 말하였
느냐?
21 너희들이 천사와 같은 삶을 살며, 내
가 베풀어 준 그 모두를 소유하고 관
리하여 너희들이 먹고 쓰고 살면서,
22 너희들이 나로부터 생명을 받아 가지
고 떠나간 그 고향, 하늘나라로 돌아
오는 것, 그리고 너희가 와야 된다는
것, 반드시 오지 아니하면 아니 되는
곳, 그래서 그곳에 오라 내가 너희들
에게 명하지 아니하였느냐?
23 그리하여 내가 모든 것을 다 너희들에
게 내려 주었으며, 구약과 신약의 역
사가 이루어졌으며, 제3의 시대도 이
루어지는 것이 무엇이더냐?
24 천사와 같은 삶을 살아 너희들의 고향
인 하늘나라에 돌아오라는 것이 나 여
호와의 뜻이니,
25 이와 같이 돌아올 수 있는 것은 너희
들이 육의 세상에 연습의 삶에 최선을
다하여 훈련을 하며,
26 그리하여 본 경기에서 본 삶에서 승자
가 되지 아니하면 결코 너희들은 네
고향에 돌아올 수 있는 영광을 얻을
수 없다는 것을 전하라, 사랑하는 나
의 아들아!

11,329 번째 하나님 말씀

2004년 5월 27일 07시 27분

1 사랑하는 나의 아들아!
2 "네, 아버님! 말씀하옵소서."
3 나 여호와가 뭐라 말하였느냐?
4 구약과 신약과 그리고 지금 제3의 시
대의 새로운 성경 그 모두가 왜 존재
한다 하였느냐?
5 나의 사랑하는 백성 너희들이 그 길을
따라 나에게 걸어오는 길이요, 그 길
을 따라 너희들이 나에게 와야 되는
것이니라.
6 그리하여 너희들이 나에게 올 수 있는
그 길을 안내해 주는 것이라 내가 너
희들에게 명하였으니,
7 다 똑같이 나의 백성들을 나에게 오를
수 있는 그 길을 안내해 주는 그 역할
을 하는 것이 구약과 신약이요, 그리
고 제3의 시대의 새로운 성경이니라.
8 그러나 모든 종교 집단 지도자요, 그
리고 울고불고하는 자들, 그리고 구원
을 받았다는 맹종 맹신하는 그 성도
요, 신도들, 너희들은 들어야 될 것이
니라.
9 구약의 그 모두가 하늘에 오르는 길을
인도하는 것은 신약과 제3의 시대와
똑같으니라.
10 그러나 구약의 시대는 그 길을 인도하
는 것, 그 구약의 시대가 인도하는 그
길까지요, 그리고 거기서부터 신약이
인도하는 그 길 안내를 담당하는 것,
신약의 시대를 넘어올 수가 없음이니
라.
11 그리고 신약의 시대가 인도하는 그 길

을 구약의 시대가 인도할 수 없다는
것을 너희들은 알아야 될 것이며, 이
것이 엄연한 하늘의 법도라는 것을 알
아야 될 것이니라.
12 신약이 또 길을 안내함이니, 신약이
인도하는 것, 신약의 시대가 인도하는
것도 너희들이 바로 무엇인 줄 알겠느
냐?
13 제3의 시대를 그들이 넘을 수 없으며
그 제3의 시대에서 역사할 수 없는 것
이니라.
14 그러니 바로 너희들이 구약도 안내하
는 것이 한계가 있으며, 신약이 안내
하는 그 길도 한계가 있음이니라.
15 그러니 그 모두가 다 넘을 수 없는 선
이 있으며 정해져 있음이니, 그러니
중간 주자가 마지막 주자의 그 역사함
을 대신할 수 없으며 그 길 안내의 역
할을 할 수 없음이니라.
16 다만, 너희들을 하늘에 오르는 길이
요, 너희들이 마지막 주자요, 마지막
길 안내를 할 수 있는 것은,
17 내가 나의 아들을 통하여 내리는 160
권의 새로운 성경이요, 제3의 시대의
성령이 너희들을 안내하는 것이며, 그
것으로 모두를 역사한다는 것,
18 그러니 이와 같은 이치요, 이와 같은
흐름을 너희들은 알아야 될 것이니라.
19 그러니 너희들이 새로운 시대에 마지
막 구원을 받고 못 받는 그 길의 안내
는 새로운 성경만이 인도할 수 있으며
새로운 성경만이 역사할 수 있음이니,
20 이것을 모르고 너희들이 지금 구약과
신약에 얽매어 구원이요, 하늘에 오르
는 길이요, 너희들이 몸부림치다 중간
에서 그저 중단하는 자요, 마지막 결
실을 거둬들이지 못하는 그와 같은 불
행한 백성들이니,
21 마지막 제3의 시대에 너희들이 결실
을 맺어 내가 거둬들일 수 있는 백성
은 이 새로운 성경을 정독하지 아니하
고 깨우치지 아니하면 이루어질 수 없
다는 것을 알라, 사랑하는 나의 아들
딸들아!

11,330 번째 하나님 말씀

2004년 5월 27일 08시 23분

1 사랑하는 나의 아들아!
2 "네, 아버님! 말씀하옵소서."
3 내가 너에게 뭐라 말하여 너의 제자
들에게 가르치라 했느냐?
4 너희들이 도둑질하여 어려운 자를 돕
는다 하며 선행을 한다 하는 것, 과연
그것이 선행이라 말할 수 있으며 그것
이 만백성이 인정하며 칭송을 받을 수
있는 길이라 하였느냐?
5 그는 결코 인정받지 못할 것이며 그는
도둑은 도둑이니라.
6 그러니 그것은 잘못된 것이라 내가 너
에게 깨우쳐 주지 않았느냐?
7 그러니 지금의 종교 집단의 지도자들
이 과연 어찌하는가?
8 그들이 바로 그와 같은 형국이라 하였
음이니라.
9 그러니 너희들이 남의 것을 도둑질하
여 어려운 자를 돕는다는 그와 같은
믿음이 지금의 종교 집단이요, 그들이
가고 있는 행위요, 그들의 신앙이라
하였음이니,

10 그게 바로 그들이 나로부터 인정을 받
을 수 있으며, 그리고 내가 그들에게
나의 아들딸이라 말할 수 있으며, 그
들이 하는 짓에 내가 상을 내릴 수 있
는가?
11 그를 또한 따르는 자, 그를 옳다 부르
짖는 자, 그와 같은 백성 그들은 내가
모른다 함이 여기 있음을 알라, 사랑
하는 나의 아들딸들아!
12 너희들이 베푸는 것은 어떠한 것으로
써 베풀어야 되겠느냐?
13 제가 피나는 노력으로써 제가 이룬 것
으로, 당당한 제 것으로써 그를 베푸
는 것이 너희들이 베풀고 어려운 자를
돕는 것이 아니더냐?
14 제가 힘들고 어렵게 벌어 너희들이 쌓
은 그 모두를 가지고 어렵고 불쌍한
자를 돕는 것이 돕는 것이요, 정당한
방법인 것이니라.
15 그러니 그와 같은 방법이 아니요, 남
의 것을 거짓 하는 것, 사기 치는 것,
도둑질하는 것, 그와 같은 행위로 너
희들 마음에 양심이 찔리니, 남을 돕
는다 하나,
16 그것이 돕는 것이 아니요, 그건 사랑
이 아니요, 그것은 잘못되며 남들로부
터 지탄받는 행위라는 것을 안다면,
17 오늘의 종교 집단의 지도자 너희들이
그와 같은 행위를 하며 그와 같은 믿
음으로 가니, 우리 부자의 이름을 팔
아 너희들이 세상 것을 다 누리며 세
상에서 해서는 안 될 온갖 짓을 다 하
는 것이니,
18 바로 그게 도둑질하여 어려운 백성을
도와주는 것처럼, 우리 부자의 이름을
팔아 너희들이 그 사악한 짓을 하는
짓이 바로 너희들이라는 것을 잊지 말
라.
19 그러니 그것이 참진리의 길이요, 하늘
에 오르는 길이 아니니라.
20 그러니 그것은 믿음이요, 신앙의 길이
아니요, 그와 같은 길을 가는 것, 너희
들은 제 스스로 도둑질을 하는 자요,
너희 스스로 지금 지옥의 무덤을 파는
자들이라는 걸 알아야 될 것이니라.
21 그러기에 너희들이 나와 아무런 관계
도 없으며, 내가 너희들을 알 수 없다
말한다는 것, 이 의미를 너희들은 새
겨들어야 될 것이니라.
22 사랑하는 나의 아들딸들아!
23 너희들이 노력하여 얻은 것, 너희들이
그 대가로 받은 것, 그와 같은 것을 가
지고 당당하게 어렵고 힘든 자와 가난
한 자를 돕는 것이 너희들이 사랑이
요, 베푼 것이요, 선행이니라.
24 도둑질하여, 거짓 하여, 사기 친 것으
로써 그와 같은 행위를 하는 자, 그것
은 결코 정당한 길이 아니며 너희들이
선행이 아니라는 걸 알도록 그리하라.
25 우리 부자의 이름을 팔아 장사하는
것, 거둬들이는 것, 사기극을 벌이는
것, 그것이 진정한 믿음이요, 진정한
신앙이 아니라,
26 나의 피조물 만백성 모두를 지옥으로
던지는 그와 같은 행위를 하고 있다는
것을 알라.
27 그러니 이제 모든 백성 너희들은 들으
라.
28 그리고 너희들이 믿음에 빠져 있으며
맹종 맹신하는, 그리고 저 자신을 구

분하지 못하며 제가 어찌 가는지도
알지 못하는 백성, 내가 너희들에게
전함이니, 도둑질하여 베푸는 것은 사
랑이 아님이니라.
29 우리 부자의 이름을 팔아서 사기극을
벌이는 것은 지도자가 아니요, 내 뜻
에 의해 역사하는 백성이 아니라 하
는 것을 내가 나의 새로운 성경에 기
록하여 너희들에게 전함이니, 이건 하
늘의 뜻이라는 걸 잊지 말라.
30 이를 거역하고 나서 너희들이 나를 원
망하지 말며, 이를 행하지 아니하고
나를 욕하지 말며, 이를 행하지 아니
하여 너희들이 나에게 왔을 때 그 무
서운 심판이요, 그 죄의 대가를 치르
는 것에 울고불고 통곡하지 말라.

11,331 번째 하나님 말씀

2004년 5월 28일 05시 15분

1 사랑하는 나의 아들아!
2 "네, 아버님! 말씀하옵소서."
3 모든 것은 내가 너에게 뭐라 했느냐?
4 그리고 또한 내가 너에게 어떠한 것으
로써 상을 내리며 또 내가 벌을 내리
며 내가 너희들을 다스려 나가는 것이
더냐?
5 너는 정녕 나 여호와의 뜻을 모르는가?
6 "네, 아버님! 저는 감히 아버님께서
역사하심을 깊이는 알지 못하오며, 그
뜻은 제가 알 수는 없사옵나이다.
7 그러나 아버님께서 명하시는 말씀이,
그 뜻이 무엇인가를 오늘에야 그것을
깨달았사옵나이다."
8 네가 깨닫고 깨달은 것이 과연 무엇이
더냐?
9 "네, 아버님! 아버님께서 은혜를 주시
며 상을 내리시는 것, 그리고 기억해
주시는 것, 그 모두는 저희들이 악습
을 버렸을 때, 아버님께서 왜 버려야
되는지 그 상을 주시는 것을, 저는 그
것을 미처 깊이 깨닫지를 못하였으며
그 의미를 몰랐사옵나이다.
10 아버님께서 저희들에게 악습을 버리
라 바라시면, 악습을 버리기 전까지는
왜 악습을 버려야 되며 무엇 때문에
그 악습을 버리지 아니하면 안 되는
것인가를 말씀을 주시지 아니하며 그
를 깨우쳐 주지 아니하시옵나이다.
11 스스로 노력하여 그 악습을 버렸을
때, 그 악습을 버리지 아니함으로 저
희들이 또한 어떠한 문제가 생기며 무
엇이 잘못되었는가 하는 것을 말씀하
시는 그 의미를,
12 제가 지금까지 저의 제자들과 모든
사람들과 살아가면서 제가 먼저 아버
님의 뜻이라, 아버님의 말씀이라, 그
리고 아버님께서 명하시는 것이라 항
상 먼저 그를 앞세워 말한 것, 그것이
제가 얼마나 어리석음이요, 얼마나 잘
못된 것인가를,
13 제자들에게 무엇을 가르쳐 주되, 너는
무엇을 이리이리 할 것이라 그리 이야
기하면서 이는 아버님의 뜻이요, 하늘
의 뜻이라는 말을 하지 말고 그에게
고치고 다스리라 해서,
14 그가 다스렸을 때, 그에게 그것이 아
버님께서 명한 것이요, 하늘의 뜻이라
는 것을 말해 주면 될 것을,
15 먼저 그와 같이 아버님의 뜻이라 말

하며 그를 행하라 그리함이니, 그가
두 번 죽는 그와 같은 행위를 하고 있
었사옵나이다.
16 그가 아버님의 뜻에 따라서 행하지 아
니하여 또 한 번 실패함이요, 그리고
더욱이 아버님께서 명한 것이라 해도
그를 따르지 아니하니 또 아버님께 욕
된 행위를 하는 것이요, 그와 같은 무
서운 의미가 있는 것을 몰랐사옵나이
다.
17 다만, 제가 아버님께서 바라시고 원하
신 것을 알면, 그 사람에게 이와 같은
것을 고쳐 이리 바로 서야 될 것이라
그것까지만 말을 하며, 이는 아버님의
뜻이라 말하지 아니하고,
18 그가 따라서 그를 행했을 때, 이는 창
조주 아버님의 뜻이라 제가 그리 말
하면 되는 것을,
19 미리 아버님의 뜻이라 그리 말하여 그
가 아버님의 뜻을 행하지 않는 죄를
짓게 하며,
20 그와 같이 제가 아버님 뜻이라 미리
이야기하면 아버님 뜻을 지키지 아니
한 그 무서운 죄를 그는 감당해야 된
다는 것, 그리고 또 스스로 제가 악습
을 버리지 못한 것을 감당해야 된다는
것, 이와 같은 이치가 있음을, 그것을
몰랐으며 그 의미를 몰랐사옵나이다.
21 제가 지금까지 그와 같은 것을 모르기
에 말을 먼저 앞세웠으며, 아버님의
뜻이요, 아버님의 생각이라 그리 명하
신 거라 제가 그리 이야기하니,
22 그게 이루어지지 아니하였을 때는 어
떠한 문제가 생기는가 하는 것도 또한
몰랐사옵나이다.
23 그 본인은 본인대로 아버님의 말씀이
라는 것을 듣지 아니하여 그 죄를 범
함이요, 그리고 명하심을 순종하지 아
니함이요,
24 또한 그리하여 절대 아버님께서 그 뜻
을 들어주시지 아니하며, 제가 먼저
말을 하며 먼저 행동을 함으로써 그걸
들어주시지 아니하니, 그것이 또한 저
희들이 모두가 다 실패하는 것이요,
무너지는 것이니,
25 아버님의 뜻이요, 아버님의 말씀이라
미리 말하여, 그것이 이루어지지 않았
을 때 아버님의 뜻이 이루어지지 아니
하며 아버님의 역사가 이루어지지 아
니한다는 것을,
26 그 무서운 사실을 저는 모르고 먼저
제가 그와 같은 말을 했으며 그와 같
은 행동을 한 것,
27 아버님께서 악습을 고쳐야만 그 상을
주시는 그와 같은 아버님의 깊은 뜻이
요, 행하심을 어찌하여 제가 그리도
깨닫지 못했으며 그리 알아듣지를 못
했는가,
28 오늘의 저의 그 미련함에 죄스럽게
그리 생각하옵나이다, 아버님!"
29 아들아! 알았으면 되었느니라.
30 그리하라, 그것이 네가 가야 할 길이
고 네가 행해야 할 길이니라.
31 그러니 이제 알았다면 너는 두 번 다
시 그러한 일이 없도록 명심하고 내가
명함이니, 그리 행하도록 하라.
32 그리하여 내가 너에게 뭐라 하였느냐?
33 신중하고 또 신중하며, 말을 앞세우지
말라 함이 여기 있음이니라.

11,332 번째 하나님 말씀

2004년 5월 28일 05시 19분

1 사랑하는 나의 아들아!
2 "네, 아버님! 말씀하옵소서."
3 이제 너를 따르는 제자들이요, 나의 새로운 성경을 읽고 깨우쳤다는 그 백성, 그 모두는 다 나의 뜻대로 나의 새로운 성경대로 너희들이 지키고 살아가는 것만이 가장 중요하며, 그 길만이 남았다 함을 너는 깊이 심어 줘야 될 것이니라.
4 모든 사람들이 설마 하느니라.
5 그리고 너희들은 지금도 아직도 그 믿음이 흔들림이니라.
6 그러니 그와 같은 흔들리는 믿음으로써는 너희들이 수천 년 동안 믿음의 길을 왔던 그 백성들이 내 뜻이 아니요, 다른 길을 왔다 하지 않았더냐?
7 그러니 지금 나의 아들을 따르는 제자들이요, 나의 새로운 성경을 읽고 깨우친 만백성 너희들은 이제 알아야 될 것이니라.
8 나 여호와의 뜻에 의하여 내 뜻이 무엇인가를 너희들이 깨달아 그대로 행하고 살아야 될 것이며,
9 그리하여 새로운 성경에 기록되어 있는 것, 내가 거기에 명한 것, 이를 지키고 살아가는 것이 가장 중요함을 알라.
10 그것 외에는 너희들이 어떠한 길도 나에게 오를 수 없으며, 그리고 너희들이 거듭나는 은혜와 영광을 얻을 수 없기 때문이니라, 사랑하는 나의 아들 딸들아!
11 모든 나의 백성들이요, 사람의 심리가 그러하니라.
12 너희들이 부딪치고 어려울 때, 너희들이 정말 고통스러울 때는 나를 찾으며,
13 너희들이 아무리 뭐라 해도, 내가 존재한다 존재하지 아니한다 하는 자들이라 해도, 너희들이 정녕 견디지 못하며 죽음의 순간에는 나를 찾고 울부짖음이니,
14 내가 너희들에게 미리 말해 주는 그와 같은 것이 그와 같은 현실을 벗어나는 것을 잊지 말라 그리 전하라.
15 너희들이 죽음 직전에 그 고통스러움 속에서 나를 찾고 몸부림치는 것은 다 부질없는 것이지 않더냐?
16 그러니 지금 너희들에게 나의 뜻을 따라 행하는 것, 그것이 너희들이 그 때 몸부림치고 나를 찾지 않는 그와 같은 길을 내가 너희들에게 깨우쳐 줌이니라.
17 그러니 너희들은 내가 나의 아들을 통하여 내리는 새로운 성경을 읽고 깨우쳐 지키고 살아가는 것이 하늘에 오르는 길이라 했으니, 이를 너희들이 믿고 따르면 모두가 될 것이니라.
18 그러나 이를 믿지 아니하고 이를 따르지 아니하는 백성은 결코 나를 만날 수 없으며 거듭날 수 있는 은혜가 없음이니, 명심하고 또 명심하도록 그리 전하라.
19 나의 뜻에 따라 행하는 것, 새로운 성경대로 지키고 살아가는 것, 나의 계명대로 너희들이 지키고 살아가는 것,
20 그것이 너희들이 나에게 올 수 있는 길이라는 것, 그것 외에는 어떠한 길

도 없다는 것, 이를 너희들 가슴속에
깊이 심으라 전하라.

11,333 번째 하나님 말씀

2004년 5월 28일 05시 24분

1 사랑하는 나의 아들아!
2 "네, 아버님! 말씀하옵소서."
3 나의 백성 너희들은 살아가면서 어떠
한 명성을 얻고 어떠한 부귀영화를 누
렸으며, 그리고 공명을 얻었느냐 하는
것, 그것이 중요한 것이 아니니라.
4 너희들에게 가장 중요한 것은 무엇이
던가?
5 인간으로서 인간 세상에 살면서 얼마
나 청결하게 살았으며 얼마나 깨끗하
게 살았는가,
6 그리고 너희들이 만백성을 얼마나 사
랑하며, 어려운 자에게 도움을 주저
없이 얼마나 베풀고 그와 같은 삶을
살았느냐, 인간 세상에서 너희들의 그
삶도 모두가 다 중요하니라.
7 그러나 너희들에게 그보다 더 귀하고
소중한 것이 있음이니, 그것이 무엇인
줄 알겠느냐?
8 너희들은 하늘을 향하여 한 점의 부끄
러움이 없는 것, 그리고 나 여호와의
뜻에 의하여 삶을 살았느냐 하는 것,
그것이 얼마나 중요한 것인가를 알겠
는가?
9 그것이 너희들에게 가장 중하고 귀한
것이라는 것을 잊지 말라.
10 이제 나의 아들을 따르는 백성 너희들
은 이 세상의 부귀영화요, 공명을 위
해 사는 것, 그 목적을 달성하는 것,
그것도 인간 세상의 삶에 나름대로 중
요할 것이니라.
11 그러나 그것보다는 너희들이 얼마나
청결하고 깨끗하게 살았느냐 하는 것
이 더 중요하며,
12 그보다 더 중요하고 귀한 것은 너희들
이 하늘을 향하여 한 점의 부끄러움이
없이 사는 것, 그리고 얼마나 나 여호
와의 뜻에 의해 살았느냐 하는 것, 그
것이 너희들에게 가장 귀하고 소중한
것이며,
13 그와 같은 삶을 살도록 하는 것이 너
희들이 삶의 목적이며, 너희들이 세상
에 존재하는 이유요, 오늘에 살아가는
의미가 거기 있음을 알라 너희들은 그
리 전하라.
14 너희들이 육의 세상에 어떠한 것을 이
루고 역사했다 해도, 너희들이 나 여
호와가 존재함을 믿지 아니하며 그리
고 하늘을 향하여 한 점의 부끄러움이
없는 그와 같은 삶을 살지 아니한다면,
15 너희들은 어떠한 것도 이룰 수 없으
며, 영원히 사는 세상이요, 거듭나는
그 세상에서 너희들을 찾을 수가 없다
는 것을 알아야 될 것이며, 네 이름이
요, 네 명패가 없음을 너희들은 알아
야 될 것이니라.
16 이제 모든 백성 너희들은 들으라.
17 이제는 너희들이 아름답게 살고자 하
는 백성들도 있음이니라.
18 그리고 너희들이 믿음이라는 어떠한
종파에 속해 있지 않은 그 백성들도
더 아름답고 곱게 살아가는 자들도 있
음이니라.
19 그러니 너희들은 이제 나 여호와가 존

재하며 나로부터 심판을 받는 인간이 요, 그리고 너희들이 그를 벗어날 수 없다는 것,
20 그리고 너희들이 생명을 받아 세상에 나온 것이 나 여호와의 뜻이라는 것, 그리하여 나에게 감사하는 마음을 가지며 나 여호와가 존재함을 믿는 것,
21 그러면서 너희들이 하늘을 향하여 한 점의 부끄러움이 없는 그와 같은 삶을 살고자 이제는 그 길을 가는 것이 나에게 오를 수 있는 길이요, 가장 영광된 삶이요,
22 그 삶을 위하여 너희들이 모두를 바치고 살아가는 백성이 되어야 한다는 걸 잊지 말라 그리 전하라.

11,334 번째 하나님 말씀

2004년 5월 28일 05시 29분

1 사랑하는 나의 아들아!
2 "네, 아버님! 말씀하옵소서."
3 가장 어리석은 나의 백성들이 누구인 줄 알겠느냐?
4 너희들이 나를 속이려 하는 백성들임을 알라.
5 나를 속이며 살아가도 된다고 생각하는 그 백성, 너희들이 얼마나 어리석은 백성인가를 알게 될 것이니라.
6 인간 세상에 너희들이 인간을 속이는 것도 내가 그를 하나도 놓치지 아니하며, 그 대가를 너희들이 치르며 그것으로 심판을 받는다 그리하였거늘,
7 나 여호와를 속이려는 그 백성, 그와 같은 자가 가장 어리석은 백성임을 너희들은 알라.
8 오늘의 육의 삶을 중요시하며, 오늘의 육의 삶이 제 일 번이며, 오늘의 육의 삶에 부귀영화요, 너희들이 남에게 지지 않는 그와 같은 삶을 사는 것, 그것이 가장 중요하다 생각하는 그 백성이 가장 어리석고 미련한 백성이니라.
9 부귀영화요, 명성을 얻지 아니해도 너희들이 나로부터 생명을 보낸 이가 있으니, 그 아버지의 뜻을 따라 그 아버지의 기쁨을 위하여 살아가겠다는 그와 같은 생각을 하는 자,
10 오늘의 너희들이 부귀영화를 누리며 권세를 누리지 못한다 해도, 그 백성이야말로 가장 현명한 백성이요, 축복된 속에 살아가는 백성이라는 것을 알라.
11 그러나 모든 백성들이 나를 믿는다 하는 자, 믿지 않는다 하는 자도 오늘의 육의 세상의 삶이 가장 중요하며,
12 너희들이 내일의 삶이요, 그리고 너희들이 거듭나는 역사요, 너희들이 어찌 사는가, 영원히 변하지 않는 세상에서 거듭나는 은혜를 입는 것인가, 그리고 너희들이 지은 죄만큼 지옥에 가 그 대가를 치르고 사는가,
13 다음의 세상은 다음의 세상이요, 그것은 있고 없고 간에, 너희들은 말로는 있다 말하면서 마음속에는 있고 없고 간에 너희들이 그는 관계치 아니하며,
14 너희들이 죽어 갔을 때, 부닥쳤을 때 부닥치는 대로 너희들이 대처하면 되며, 그때 가서는 그때 문제라 생각하는 백성들이 얼마나 어리석고 불쌍한 백성인가?
15 가장 어리석은 백성이니라.

16 오늘의 삶에 그저 너희들이 부귀영화
를 누리며 다음의 세상은 있고 없고
간에 너희들이 그때 부닥쳤을 때 거
기에 대해서 대처하며,
17 남들이 가는 길이요, 남들도 잘못 살
며 남들도 어리석은 삶을 사는 자들
이 있느니, 제가 그들에게 뒤지지 않
는 삶을 산다면, 결코 저는 그와 같은
자들보다 나을 것이라 생각하는 자,
18 그것이 너희들이 가장 어리석고 불쌍
한 백성이라는 것을 알아야 될 것이
니라.
19 너희들이 어떻게 살든 남과 비교할
것이 없으며, 남에게 너희들이 관여할
필요도 없음이니라.
20 너희들이 어찌 살았느냐 하는 것이 네
문제요, 그는 남과 아무런 관계도 없
다는 것, 그러니 너희들이 어떠한 마
음으로 살아가야 될 것인가는 스스로
너희들이 깨우쳐야 될 것이니라.
21 너희들이 현명한 백성이라면, 다음에
부닥쳤을 때 부닥치는 대로 해결하겠
다는 그 생각, 그가 가장 어리석은 백
성이니라.
22 그러니 너희들은 그때 부닥치고 부닥
치는 것은 너희들이 해결할 수 없으
며, 단 1초보다도 더 짧은 시간으로써
너희들이 대처할 방법이 없으며, 용서
를 빌 수 없으며, 너희들이 지은 죄 모
두를 다 너희들이 만회할 수 있는 그
와 같은 한 번의 그 기회도 절대 너희
들에게 주어지는 것이 아니니,
23 너희들이 다음 세상에 부닥쳤을 때는
부닥쳤을 때 해결하며, '남들도 가는
길, 난들 가지 못하겠는가?' 하며, '내
가 남들보다 좀 더 나은 사람이요, 좀
더 내가 아름다운 삶을 산다.' 생각하
고 오만하는 자,
24 너희들이야말로 가장 어리석고 불쌍
한 백성들이라는 것을 너희들이 죽어
나에게 왔을 때 알 것이니,
25 그를 대비하는 백성, 그와 같은 오만
한 생각을 너희들은 버려야 될 것이며,
26 오늘의 삶을 위하여 모두를 다 바치
며, 다음의 세상일 때는 부닥치고 부
닥쳤을 때 거기에 대한 해결 방법을
찾으면 될 것이라고 생각하며 오늘에
마음대로 마구잡이로 살아가는 그 백
성처럼 불쌍한 백성이요, 가련한 백성
이 없다는 것을 그들에게 전하라.

11,335 번째 하나님 말씀

2004년 5월 28일 05시 36분

1 사랑하는 나의 아들아!
2 "네, 아버님! 말씀하옵소서."
3 너희들의 기도에 가장 중요한 것이 무
엇이며, 너희들이 가장 잘못된 기도가
무엇인 줄 알겠느냐?
4 너희들이 가장 아름다운 기도요, 그
모두는 너희들이 '저의 죄를 용서하여
주옵소서.' 하는 것이요,
5 그리고 나 여호와의 뜻을 조용히 기다
리는 그와 같은 마음 자세로 하는 기
도, 너희들이 마음으로 드리는 기도이
니라.
6 그러니 너희들이 가장 나에게 해서는
안 되는 그와 같은 기도가 어떠한 것
인 줄 알겠느냐?
7 지금 모든 종교 집단들이 하고 있는

그 기도의 형태임을 너희들은 알아야
될 것이니라.
8 너희들은 기도를 하며 나에게 무엇 무
엇을 이루어 달라 하는 것, 무엇 무엇
을 해 달라 하는 그 조건이라는 것을
하나하나 나열하여 기록해서 그것을
낭독하는 자,
9 그리고 그것을 울부짖는 그와 같은 기
도요, 그것은 내가 듣지 아니함이니,
그것이 너희들이 가장 잘못된 기도임
이니라.
10 그러면서 너희들은 그리하느니라.
11 오늘의 기도가 끝났음이니, '아! 이것
이 빠졌구나.' 그리하여 다음의 기도
는 '내가 이러이러한 조건을 더 넣어
야 되겠구나.'
12 그리고 네가 다음에 기도할 때는 이러
한 것을 더 넣어서 달라 하는 그와 같
은 기도를 하겠다는, 그와 같이 빠진
것, 그리고 더 이루고자 하는 것, 더
역사하고자 하는 것을 너희들이 기도
하고 나서 생각하는 자,
13 그와 같은 자의 기도야말로 나와는 관
계없는 기도요, 가장 사악한 기도임을
알아야 될 것이니라.
14 무슨 조건을 붙이며 무엇을 이루어 달
라 너희들이 적어서 기도하는 자, 그
것도 너희들이 모두를 원하는 것, 그
리고 남들이 무엇을 원하는 것, 남을
위해서 뭘 어떻게 하라는 것, 세상을
뭐해서 어찌하라는 것,
15 너희들이 미리 조건을 제시하여 그걸
하나하나 기록해서 나에게 울고불고
하는 기도, 그것이 가장 나쁜 기도며
가장 잘못된 것이라 함이니,
16 오늘의 종교 집단의 지도자 너희들이
하는 그 기도가 가장 잘못된 기도라는
그 의미를 알겠느냐?
17 그리고 저희들이 경건한 기도를 끝마
치고 난 다음에도 돌아서면서 '이것을
요구하며 이것을 더 넣어야 할 것이거
늘, 이번 기도는 이것이 빠졌구나, 이
러한 것을 다음에는 더 넣어서 기도해
야 되겠구나.' 그와 같이 생각하는 자,
18 그와 같은 너희들이 무엇을 이루고자
욕심을 부리며, 계산된 속에서 하는
기도, 그것이 나에게 가장 욕되게 하
는 짓이요,
19 그리고 그와 같은 기도하는 자는 나에
게 기도하는 것이 아니요, 너희들은
사탄의 자식이 되어 나를 능멸하는 그
와 같은 기도라는 것을 잊지 말라.
20 그러니 너희들이 기도라는 것은 무엇
인 줄 알겠느냐?
21 인간의 생각으로 기도문이라는 것을
작성해서 기도하는 종교 지도자요, 그
리 이끌어 가는 자는 자격이 없음이니
라.
22 그리고 또한 나의 성도라는 백성, 신
앙의 길을 간다는 백성, 너희들도 그
러하니라.
23 너희들이 기도문이라는 것을 손으로
작성해서 울고불고하는 그 기도는 너
희들 마음을 털어놓는 것이요, 네 요
구 조건을 바라는 것이요,
24 그러니 거기는 사랑이 없으며 아름다
움이 없으며 진실한 마음이 없으며,
그보다도 더 무서운 것은 진실된 믿음
이 없는 것이니라.
25 조건부 기도요, 너희들이 조건부에 의

한 그 기도 같은 건 하지 말라.
26 그리하여 너희들이 무엇을 이루고자
미리 기록하여 그를 가지고 울고불고
하는 기도, 그것이 가장 잘못되었음을
알아야 될 것이라 내가 너희들에게 깨
우쳐 줌이니라.
27 기도는 나 여호와가 내리는 것을 받는
것이요, 그리고 너희들이 내가 원하는
뜻이 무엇인가를 아는 자,
28 그리고 너희들은 조용히 '저의 죄를
용서하여 주옵소서.' 기도하는 것, 그
리고 묵묵히 기다림의 삶을 사는 것,
29 이것이 내가 들을 수 있으며 나에게
돌아올 수 있는 기도라는 것을 너희들
은 잊지 말라.
30 그러니 너희들이 모든 종교 지도자요,
그 백성들이 기도의 뜻과 그 중요함을
모르며, 그러니 너희들이 지금 기도할
자격이 없는 자들이며,
31 기도할 자격이 없는 자들이 지금 하늘
을 향하여 개구리 울음소리처럼 울고
불고 너희들이 하는 짓이 바로 그와
같은 것이라는 것이 여기 있음이니라.

11,336 번째 하나님 말씀

2004년 5월 28일 05시 41분

1 사랑하는 나의 아들아!
2 "네, 아버님! 말씀하옵소서."
3 너희들이 하늘을 오염시키는 그러한
기도를 하지 말라 그리하라.
4 너희들은 평소에 살아가면서 나 여호
와가 같이하며, 항상 너희들이 마음속
으로 나를 생각하는 것, 그리고 내 뜻
에 따라서 살아가고자 하는 것, 나의
계명을 지키고 살아가고자 하는 것,
그것이 너희들이 나에게 드리는 가장
위대한 기도이니라.
5 그러니 너희들이 살아가면서 어렵고
힘들 때 그 분위기에 따라서, 그 환경
에 따라서 너희들이 특별 기도라 하여
울고불고하는 그와 같은 기도를 나에
게 드리지 말라 그리 전하라.
6 너희들은 어렵고 힘들 때 특별 기도
를 드리라, 그리고 매달리라 그리 말
하느니라.
7 그러니 너희들이 그와 같이 가르치는
자, 그와 같은 지도자는 자격이 없으
며, 그는 기도의 의미를 모름이니라.
8 평소에 너희들이 나 여호와가 존재하
며 내가 역사하는 것을 알아 너희들이
그대로 따라가고자 하는 겸손한 마음
으로 살아가는 것, 그것이 너희들이
나에게 드리는 가장 중요한 기도요,
9 너희들이 필요에 따라서 어떠한 너희
들의 욕구를 위해서 거기에 따라 드
리는 기도라 하여, 그리고 특별 기도
라 하여 특별히 너희들이 울고불고한
다는 그와 같은 기도 행사에 참여하
지 말라.
10 그리하여 너희들이 재물을 바치며 시
간을 바치는 어리석은 백성들이니, 그
들은 특별 기도를 드리라 하여 그 방
법으로써 또 무엇인가를 갈취하는 행
위를 하고 있으니,
11 그와 같은 그들이 말하는 특별 기도
요, 특수한 기도라는 것을 하지 말도
록 그리하라.
12 그와 같이 가르치는 지도자는 정녕 기
도가 무엇이며, 믿음이 무엇이며, 하

늘의 뜻이 무엇인지를 모르는 자니,
13 너희들이 필요할 때만 나를 찾는 그
와 같은 기도요, 그러한 자 변질될 수
있으며,
14 너희들이 편안할 때는 나에게 기도하
지 아니하고 어렵고 고통스러울 때만
울고불고 너희들이 무엇을 이루어 달
라 하는 것,
15 그것이 그와 같은 자들의 마음이요,
두마음을 가진 자들이니, 그 특별 기
도요, 특수한 기도라 하는 것을 너희
들이 그와 같은 행위를 하지 말라 그
들에게 전하라.
16 필요에 따라서 너희들이 기도한다는
것은 무엇이더냐?
17 너희들이 나에게 무엇을 요구하고자
급할 때는 너희들이 그 정성이 깊으
며, 그렇지 아니할 때는 너희들이 정
성이 없는 그와 같은 형식적인 기도를
드릴 수 있는 자들이요, 그와 같은 믿
음으로 가는 것이 너희들이니,
18 그러니 특별 기도라는 것이 어디 있으
며 특수 기도가 어디 있는가?
19 너희들이 그와 같은 기도의 생활을 하
지 말며 그와 같은 것에 현혹되지 말
라 그리 전하라.
20 그와 같은 행위를 하는 자, 진정한 나
여호와의 뜻에 흘러가는 지도자가 아
님을 알라.
21 무엇 때문에 너희들이 특별한 기도를
해야 되는가?
22 평소에 너희들이 나에게 기도하며, 나
를 믿고 나 여호와가 존재함을 믿는
마음으로써 아름답게 살아가면, 그보
다 더 정성스런 기도가 없다는 것을
너희들은 알라.
23 그러니 기분에 따라서, 환경에 따라
서, 고통에 따라서 그 특별 기도요, 특
수 기도를 한다는 자들은 어렵고 힘든
것이 강할 때는 나에게 울고불고하는
나를 찾는 강도가 깊으며, 그렇지 아
니할 때는 그 강도가 약한 자요, 그와
같은 행위를 하는 것이 아니더냐?
24 그러니 너희들이 정성에 따라서 그 너
희들의 믿음이 흔들리는 자요, 필요에
따라서 너희들이 정성이 달라지는 자,
그와 같은 어리석은 행위를 하지 말라.
25 다 쓸데없는 짓이요, 그와 같은 행위
는 나에게 기도요, 상달됨이 없음이니
그리 알라 전하라.

11,337 번째 하나님 말씀

2004년 5월 28일 05시 47분

1 사랑하는 나의 아들아!
2 "네, 아버님! 말씀하옵소서."
3 너희들의 믿음은 무엇이더냐?
4 '하나님은 너희들에게 도움을 주신다,
그리고 원하고 울고불고 몸부림치라,
그러면 하나님께서 은혜를 주시며 반
드시 도움을 주신다.' 하며,
5 그리고 분명히 너희들을 도와주는 나
여호와다, 그러니 너희들은 소원이 이
루어질 수 있는 자들이요, 그리고 소
원을 성취할 수 있는 것이 믿음의 길
을 가는 백성들의 자세라 그리 말하느
니라.
6 그리하여 너희들이 또한 그것이 이루
어지지 아니하고 더 힘들 때는 특별
기도요, 그리고 작정 기도요, 며칠 기

도요, 너희들이 그와 같은 방법으로
하여 나의 사랑하는 백성들에게 그리
유도하는 것이 종교 지도자들이 아니
더냐?
7 그러니 그와 같은 기도를 하지 말라
하였으며 그와 같은 행위를 하지 말라
하였음이니라.
8 더욱이 종교 지도자요, 나 여호와의
뜻에 의하여 성경을 가지고 만백성을
이끌어 간다는 자들이 단상에 서서
뭐라 하느냐?
9 모든 백성들을 저희들의 교회로 끌어
오라, 저희들의 교회로 인도하지 아니
하면 모든 백성들이 구원을 받지 못함
이니,
10 그러니 뇌물을 주든, 무엇을 바치든
간에, 너희들이 반강제든 어찌하든 간
에 너희들이 그 모든 백성을 끌어오는
데 최선을 다하라,
11 그저 교회에 끌어와 그 이름을 기록
해 놓는 것, 그것으로써 너희들은 축
복을 받는 것이며 은혜를 받는 것이
라 지금 가르치고 있으니,
12 이것이 오늘의 믿음이요, 너희들이 오
늘의 신앙의 길을 가는 것이 아니더냐?
13 그러니 그와 같은 짓으로써 너희들이
과연 나의 피조물 만백성을 구하며
그를 바로 세우기 위하여 하는가?
14 너희들은 어떠한 경제적인 것이요, 재
물을 거둬 모으는 것, 모든 나의 백성
들을 너희들은 그저 물건으로 보는 그
와 같은 행위에서 저지르는 것이니,
이와 같은 신앙을 너희들이 버려야 될
것이니라.
15 이와 같은 신앙에서 너희들이 벗어나
거듭나는 그와 같은 믿음의 길을 가라.
16 그러니 너희들이 내가 새로 내리는
160권의 성경을 읽으라 함이니라.
17 그러면 너희들의 오늘의 믿음이 얼마
나 부끄러운 것이며 너희들의 오늘의
삶이 얼마나 잘못된 것인지 알며, 너
희들이 하늘을 향하여 부끄러워 고개
를 들지 못할 것이거늘,
18 어찌하여 이를 보지 아니하며 이를
보고 깨우치려 하지 않는단 말이더냐?
19 이제 너희들이 가는 그 신앙이요, 믿
음의 모두를 다 버리라.
20 너희들이 그 모두를 다 던져 버려야
될 것이니라.
21 그리고 너희들이 새로운 길이요, 새로
운 믿음이요, 새로운 시대가 열어지는
내가 내리는 새로운 성경을 보고 너희
들이 바로 깨우쳐 거듭나는 길을 얻지
아니하면 아니 되느니라.
22 다만, 나 여호와가 존재하며 너희들이
나와 같이하고 있으며, 그리고 너희들
이 경건한 마음이요, 청결한 마음이
요, 그리고 천사와 같은 마음으로 살
아가겠다는 것,
23 그리고 그 삶을 위하여 너희들의 모두
를 다 바치는 것, 그리고 말과 행동이
일치하는 것,
24 그러니 너희들이 모두를 천사와 같은
마음으로써 행동하고 살아가는 그 훈
련부터 하나하나 쌓아야 될 것이니라.
25 지금 오늘의 믿음의 그 단계가 아니
라, 너희들은 하나하나 아름다운 모습
으로 살아가고 행동으로 실천하는 것,
그와 같은 것을 하나하나 다져 나가며,
26 그것을 하나하나 너희들이 지금 다시

훈련을 하여 다시 깨우쳐 가지 아니하면 아니 될 것이니 그리 알라.

11,338 번째 하나님 말씀

2004년 5월 28일 05시 53분

1 사랑하는 나의 아들아!
2 "네, 아버님! 말씀하옵소서."
3 나의 피조물 만백성, 그리고 너를 따
르는 제자들은, 특히 나의 아들 예수
의 삶이 무엇이었으며, 그 삶이 어떠
한 것인가를 깊이 보고 따르지 아니하
면 아니 된다 그를 가르쳐 주라.
4 바로 나의 아들 예수의 삶이 위대한
것이 무엇이었더냐?
5 인간으로서 나의 아들 예수는 그 삶에
있어서 도덕적으로 부끄러움이 없는
그와 같은 삶을 산 것이 나의 아들 예
수의 삶이 아니더냐?
6 그러기에 지금도 너희들이 그를 찾으
며, 그 삶을 보고 너희들이 바로 살라
내가 함이 여기 있음이니라.
7 그리하여 내가 너희들에게 나에게 오
르고자 하는 백성이요, 너희들이 나로
부터 거듭나는 영광의 은혜를 얻는다
면,
8 너희들이 어떠한 것보다도 말로써 믿
음이요, 말로써 하는 것보다도, 너희
들이 예수와 같은 삶을 꼭 살아야 되
며, 그 길을 가지 아니하면 그 길을 따
라오지 아니하면 아니 된다 내가 강조
하고 또 강조함을 알아야 될 것이니라.
9 그러니 모든 백성들이 그와 같은 삶을
살아야 하느니라.
10 너희들이 그러한 삶을 살아야 나를 볼
수 있고, 그리 갈구하는 천국이요, 나
의 나라에 올 수 있으며, 나를 볼 수
있으며 나로부터 은혜와 영광을 얻을
수 있다는 것이니라.
11 그리고 내가 내리는 모든 사랑의 은혜
를 받을 수 있다는 것을 너희들은 잊
어서는 아니 될 것이니라.
12 그러니 이제 나의 아들을 따르는 제자
들이요, 나의 새로운 성경을 읽고 깨
우친 백성, 그리고 지금의 믿음에서
암흑 속에서 허덕이는 그 백성들, 그
리고 나를 찾지 아니하고 살아가는 백
성, 너희들이 알아야 될 것이니라.
13 누가 뭐라 해도 너희들이 어떠한 종파
요, 어떠한 믿음의 길을 가고 안 가는
것을 말하기 전에, 너희가 가장 완전
한 완벽한 삶을 살도록 그리 노력하라.
14 인간으로서 너희들이 완전한 삶이요,
완벽한 삶을 살 수 있는 그와 같은 너
희들이 되지 아니하면 절대 아니 됨이
니라.
15 그와 같은 삶을 사는 자만이 나를 볼
수 있다 하지 않았느냐?
16 그리고 너희들이 나에게 오를 수 있다
하지 아니했느냐?
17 그러니 너희들이 그와 같은 삶을 살아
야 될 것이니라.
18 그와 같은 삶을 사는 것은 너희들이
어렵고 힘들며, 협착하고 좁은 길이니
라.
19 그러니 너희들이 육의 삶을 소홀히 해
서는 절대 아니 된다는 것이 여기 있
음이니라.
20 너희들이 어찌 완벽하게 이 세상에 살
면서 도덕적으로 다스려지며 인간으

로서 부끄럽지 아니하는 삶을 사느냐
하는 것이 너희들이 나에게 오르고 못
오르는 가장 중요한 관건이니라.
21 그리하여 내가 나의 아들을 통하여 말
하니, 나의 아들 예수가 도덕적으로
부끄럽지 않은 삶을 산 것이 얼마나
위대하고 소중한 것인가를, 너희들이
어찌하여 그를 들여다보지 못하며,
22 그리하여 너희들이 그 이름으로 구원
을 받았으며, 그 모두로써 구원을 받
는다 말하는 자들이, 어찌하여 그가
살아온 그 삶을 소홀히 하며, 그와 같
은 삶을 따라서 살고자 하는 것을 너
희들이 소홀히 하는가?
23 더욱이 인간 세상의 삶은 너희들이 아
무것도 아니요, 너희들이 짓는 죄는
별 죄가 아니요,
24 성령으로써 너희들이 죄짓는 것은 용
서받지 못함이요,
25 그리고 나를 기쁘게 함으로 너희들이
인간 세상에 모든 것은 다 용서받을
수 있다 그리 가르침이니,
26 이것이 바로 나의 피조물 만백성을 지
옥으로 가게 하는 것이라는 것을 내가
몇 번이나 너희들에게 전하고 전했더
냐?
27 그러니 너희들이 육의 삶을 소홀히 하
고 살아온 그 백성, 너희들 스스로 한
점의 부끄러움이 없는 그와 같은 삶을
사는 데 모두를 다 바치라.
28 그것이 가장 중요함을 잊지 말라 그들
에게 전하라.
29 모든 백성이 예수와 같은 삶을 살 수
있도록, 그 삶의 길을 따라오는 것이
너희들에게 가장 중요하며, 자신에게
도 가장 귀하고 소중한 삶이라는 것,
30 그 모두를 가지고 너희들이 나에게 오
르고 못 오름의 결정이 거기서 나기
때문이라는 걸 다시 한 번 깊이 심어
주도록 그리하라.

11,339 번째 하나님 말씀

2004년 5월 28일 05시 58분

1 사랑하는 나의 아들아!
2 "네, 아버님! 말씀하옵소서."
3 나의 아들을 따르는 제자들이요, 그리
고 나의 새로운 성경을 읽고 깨우친
만백성, 너희들은 알아야 될 것이니라.
4 내가 너희들을 선택하여 새로운 성경
을 갖고 너희들이 모두를 역사하도록
내려보낸 것이 무엇인 줄 알겠느냐?
5 모든 나의 사랑하는 백성들이 인간으
로서 한 점의 부끄러움이 없는, 그리
고 도덕적으로 하늘의 뜻에 따라 부끄
러움이 없는 그와 같은 완전한 백성이
요, 완전한 인간으로서 그들을 가르치
고 깨우치기 위하여 너희들이 지금 존
재한다는 것을 알아야 될 것이니라.
6 이제 나의 아들을 따르는 제자들이요,
그리고 하늘의 선생으로서 내 명을 받
아 역사할 제자, 너희들은 반드시 이
를 명심해야 될 것이니라.
7 내 새로운 성경의 그 가르침이 하늘을
향하여 한 점의 부끄러움이 없는 그와
같은 삶이요,
8 인간 세상에 너희들이 나의 아들 예수
처럼 도덕적으로도 부끄러움이 없는
그와 같은 삶을 살아야 될 것이며,
9 하늘의 뜻에 따라 너희들이 완전한 인

간으로서 변화되는 그와 같은 가르침
을, 그리고 그와 같은 깨달음을 그들
에게 전하여, 만백성이 그리될 수 있
도록 너희들이 지도하고 인도하는 것
이 오늘의 너희들의 대명이요, 역사함
이니라.
10 그러니 찌들고 지금 병들어 있는 그
백성들이요, 마음이 찌들어졌으며 마
음의 상처의 깊이를 알 수 없을 정도
로 그와 같이 지금 흔들리고 살아가는
그 백성들,
11 육의 세상에 너희들이 살아가는 것에
모두를 다 바치는 것이요, 다음의 세
상을 생각할 수도 없는 오늘의 삶에
허덕이는 그 백성들,
12 그들을 너희들이 한 점의 부끄러움이
없는 인간으로서 살아가는 그 길을 가
르치며, 하늘을 향하여 한 점의 부끄
러움이 없는 완전한 인간으로서 너희
들이 인도하고 가르친다는 것,
13 그는 정녕 너희들이 어렵고 힘듦이요,
그것 또한 받아들이기 어려우니라.
14 그러나 너희들의 사명이요, 너희들의
대명이 그러한 것임을 절대 잊지 말라.
15 사랑하는 나의 아들딸들아!
16 "네, 아버님! 말씀하옵소서."
17 하늘의 선생으로서 직분을 다하라 내
가 너희들에게 가르침이 무엇이더냐?
18 하늘의 선생이요, 나 여호와의 뜻에
따라 전사로서 너희들이 모두를 역사
하는 그 대명에서 가장 중요한 중심의
핵에 서 있는 너희들은,
19 한 사람, 두 사람을 구원하기 위하여
내가 너희들이 하늘의 선생이요, 나
여호와의 전사라 명함이 아니니라.
20 하늘의 선생이요, 그리고 내 명을 받
은 전사, 너희들은 온 인류를 구원하
는 길을 가는 자들이요, 온 인류를 구
원하기 위하여 너희들이 인도자로서
나의 명을 받아 나간 너희들이라는 것
을 절대 잊지 말라.
21 너희들의 사명이 그러함을 알아야 될
것이니라.
22 그러니 너희들이 한두 사람을 구원하
기 위하여 몸부림치는 자가 아니요,
모든 인류요, 모든 백성들을 구원의
길로 인도하는 것이 너희들의 사명이
요, 너희들이 해야 할 길이라면, 그 책
무가 얼마나 귀하고 소중한 것인가를
알겠느냐?
23 그러니 모든 백성들을 도덕적으로 하
늘을 향하여 한 점의 부끄러움이 없는
백성으로 인도하며, 하늘에 오름에 있
어서 완전한 백성이요,
24 너희들이 못 오르는 그와 같은 길을
너희들이 오를 수 있도록 만들고 역사
하는 것, 그것이 너희들이 하늘의 선
생이니,
25 그 삶이 또한 얼마나 하늘을 향하여
한 점의 부끄러움이 없는 삶이요, 인
간 세상에서 도덕적으로 한 점의 부끄
러움이 없는 그와 같은 삶을 살아가야
되는 것인가?
26 너희들 자신을 스스로 다스리는 훈련
과 더불어 만백성을 구하는 그 길을
위하여 모두를 다 바치도록 그리하지
아니하면 아니 되는 것이 너희들이라
는 걸 잊지 말라.

11,340 번째 하나님 말씀

2004년 5월 28일 06시 04분

1 사랑하는 나의 아들아!
2 "네, 아버님! 말씀하옵소서."
3 내가 너희들에게 뭐라 말하였느냐?
4 나의 새로운 성경을 접하며 나의 아들
을 따라 이 길을 가는 백성, 너희들은
운명이 없다 하였음이니라.
5 그러니 내가 너희들에게 운명이 없다
는 그것이 얼마나 큰 상이요, 내가 너
희에게 내려 준 은혜인 줄 과연 깊이
생각해 보았는가?
6 내가 너희들은 운명이 없다 하였음이
니라.
7 그렇거늘 너희들이 어찌하여 그 운명
이 없다 하였거늘,
8 너희들이 바른길이요, 바른 삶을 사는
그와 같은 역사를 남기는 그와 같은
삶을 살지 아니하고, 모든 백성들과
같은 삶에서 벗어나지 못하는 그와 같
은 삶을 살고자 한단 말이더냐?
9 너희들은 내가 운명이 없는 백성이라
했음을 깊이 깨달으라.
10 이는 무엇이더냐?
11 하늘의 선생이요, 하늘의 역사를 하여
만백성을 구하는 전사들이기 때문에,
너희들이 얼마만큼 많은 나의 백성을
구하며 그들을 구하기 위하여 너희들
이 얼마만큼 노력하느냐 여기에 따라
서 너희들이 이 세상에 존재하며,
12 모든 백성을 구하고 못 구하는 그 역
사에 따라서 너희들이 육의 세상에서
더 존재하고 못 하는 그와 같은 은혜
를 받은 것이라 하지 아니하였더냐?
13 모든 백성들은 주어진 운명으로써 그
들이 살아간다 하였느니라.
14 그리고 그와 같은 백성들과 너희들의
차별화가 무엇이더냐?
15 너희들이 어찌하여 만백성을 구하는
역사를 하느냐?
16 그리고 만백성을 구하기 위하여 너희
들이 얼마나 노력하느냐?
17 그리고 너희들이 진정으로 만백성을
얼마나 구하느냐에 따라서 너희들은
운명이 없는 백성이요, 그 모두가 바
뀔 수 있다 하지 아니하였더냐?
18 그와 같이 내가 너희들에게 축복이요,
은혜가 있음을 말하고 전했거늘, 과연
너희들이 너희 자신의 운명을 바꾸기
위한 삶을 얼마나 사는가?
19 나의 법전을 만드는 가장 가까이 있는
그 제자들의 삶은 과연 너희들이 운명
을 바꿀 수 있을 만큼 열과 성의를 다
하는가?
20 그리고 이를 읽고 깨우쳐 이를 전하는
그들 또한, 네 운명을 바꿀 수 있을 만
큼 열과 성의를 다하는 삶을 사는가?
21 그러니 내가 그와 같은 은혜요, 축복
을 너희들에게 특별히 내렸거늘, 어찌
하여 너희들이 그와 같은 삶을 살지
아니하고 변하지 않는가?
22 바로 모든 백성 너희들도 또한 그러
하니라.
23 나의 새로운 성경을 읽고 접하여 마
음이 변하며 천사와 같은 마음으로써
변하는 그 백성, 너희들을 보고 만백
성을 구하는 그 길을 갈 수 있는 자들
이니, 그들 또한 나에게 받은 은혜요,
상이 또 있음을 그들에게 내가 전함이

니라.
24 그러니 나의 아들을 따르는 제자들이
요, 그리고 나의 새로운 성경을 읽고
깨우친 백성, 너희들은 내가 특별한
은혜요, 특별한 영광을 내렸음이니,
25 그러니 여기서 모든 선택은 너희들에
게 달렸음이니라.
26 나의 사랑하는 백성을 구하는 그 길을
가며, 그 길을 위해서 너희들이 모두
를 다 바친다면, 나는 너희들을 더 쓰
고자 하며, 이 세상에 존재하여 만백
성을 더 구할 수 있는 선생이요, 전사
로서 내가 남게 함이니라.
27 그러니 이것이 너희들이 운명이 없다
는 그 은혜에 따라서 운명을 바꿀 수
있는 그와 같은 삶을 살지 않는다면,
28 그렇다면 너희들이 말하는 다른 백성
들과의 차별화가 없을 것이며, 나는
그들을 불러 쓸 것이라 하는 것을 잊
지 말라, 사랑하는 나의 아들딸들아!

11,341 번째 하나님 말씀

2004년 5월 28일 06시 09분

1 사랑하는 나의 아들아!
2 **"네, 아버님! 말씀하옵소서."**
3 지금의 믿음의 길을 가는 백성의 방법
으로써는 너희들이 하늘의 뜻을 알 수
없으며 나에게 오를 수 없다 내가 그
리하였느니라.
4 그게 바로 무엇인 줄 알겠느냐?
5 지금의 믿음의 길을 가는 백성들이 인
간 세상에 스승이 제자를 가르치며 학
문을 가르치는 것처럼 주입식 방법으
로 인간의 방법으로써 너희들이 오늘
까지 이끌고 온 것이 종교 집단의 지
도자들의 교육 방법이니라.
6 그러니 너희들이 인간의 주입식 방법
으로써는 하늘의 뜻을 알 수 없으며
나 여호와가 원하는 것을 알 수 없는
것이니,
7 그리하여 너희들이 믿음의 길이요, 신
앙의 길이요, 나 여호와의 뜻에 의하
여 만백성을 구한다는 종교 집단, 그
리고 맹종 맹신하는 너희들의 오늘의
그 교육 방법이요, 신앙생활로써는 나
의 피조물 만백성을 구할 수 없으며
저 자신도 구할 수 없다는 것을 알라.
8 모든 종교 집단 지도자들이 그저 주입
식이요, 더욱이 너희들이 인간 교육보
다 한 단계 더 차원 높은 짓으로써 무
슨 짓을 하고 있는 자냐?
9 너희들이 모두를 만들어 그들에게 가
르치며 너희들 뜻대로 가르치며, 그저
따르지 아니하면 지옥이요, 너희들을
따르면 하늘에 오르는 길이라 하여,
10 너희들이 주입식보다도 더 무서운 방
법으로 세뇌시키는 방법으로 지금 믿
음이요, 너희들이 신앙의 생활을 하고
있는 것이니,
11 거기에는 나 여호와의 뜻을 알 수 없
으며 내가 역사하고자 하는 것을 알
수 없는 것이니라.
12 그러니 너희들이 그와 같은 방법으로
써는 아니 됨이니라.
13 그리하여 하늘의 뜻을 모르는 자가 되
어 있음이니, 이제는 너희들이 스스로
깨우치며 스스로 역사하는 것, 그리고
너희들이 스스로 읽고 깨우쳐 깨달을
수 있는 그와 같은 방법이요,

14 자유의사에 의해 너희들이 판단할 수
있는 그와 같은 믿음으로써 가야 될
것이며, 그와 같은 것으로써 너희들이
공부하고 가야 된다는 걸 잊지 말라.
15 만백성이 하늘에 오르는 길이 무엇인
가, 하늘에 오르고자 하면 어떠한 길
을 선택해야 되는가, 그 모두를 사랑
하는 나의 아들딸이요, 그들에게 하늘
에 오르는 길을 알려 주는 그와 같은
것으로써 나의 피조물 만백성 모두를
깨우쳐야 될 것이며,
16 하늘의 지혜를 얻을 수 있도록, 그리
고 하늘의 지혜를 그들이 깨우칠 수
있도록, 그와 같은 안내해 주는 방법
으로써 너희들이 가야 됨이니라.
17 너희들이 구원을 해 준다, 구원을 역
사할 수 있다는 세뇌시키는 방법으로
써는 절대 아니 됨이니라.
18 인간의 주입식 방법보다 더 사악한 방
법으로써 나의 피조물 만백성을 이끌
어 가는 오늘의 종교 집단의 지도자
요, 그리고 맹종 맹신하며 울고불고
구원을 받았다는 너희들이 세뇌시키
는 방법으로써는 절대 하늘의 뜻을 알
지 못하며 나에게 올 수 없으며 거듭
나는 영광을 얻을 수 없음이니라.
19 스스로가 그 길을 보도록, 그 길을 찾
을 수 있도록 너희들이 인도해 주고
안내하는 것, 그리고 하늘의 지혜를
얻을 수 있도록 인도해 주는 그것이
너희들이 가장 중요한 교육의 방법이
요, 믿음의 길을 볼 수 있는 방법이라
는 것을 알라 그리 전하라.

11,342 번째 하나님 말씀

2004년 5월 28일 06시 13분

1 사랑하는 나의 아들아!
2 "네, 아버님! 말씀하옵소서."
3 지금의 잘못된 그들의 가르침과 깨우
침을, 이제는 너희가 진정한 믿음이
요, 하늘의 뜻을 아는 그와 같은 것으
로써 너희들의 교육 방법이요, 가르치
는 모두를 다 바꿔야 할 것이며,
4 새로운 시대에 새로운 방법으로써 너
희가 나의 피조물 만백성을 이끌어 가
도록 최선의 노력을 다해야 할 것이니
라.
5 그리하여 너희가 새로운 시대에 새로
운 교육 방법으로써 이끌어 갈 수 있
도록, 나 여호와가 160권이라는 새로
운 교재를 만들어 완벽한 것을 너희에
게 세상에 내려보내 주지 아니하더냐?
6 그러니 이를 가지고 나의 선택된 백성
너희는 모든 백성을 깨우치고 인도하
는 데, 너희가 새로운 방법이요, 새로
운 교육 방법으로써 모두를 역사해야
됨을 알라.
7 너희는 나 여호와의 교육을 담당하는
은혜를 입은 자들이 아니더냐?
8 너희는 모든 백성을 이끄는 자요, 선
생이요, 전사로서 내가 너희를 명한
자요, 선택된 자라 하였으니,
9 너희가 한두 사람의 생명을 구하며 거
듭남을 위한 것이 아니라, 만백성의
온 인류를 상대로 교육해야 하며 그
모두를 담당하는 자들이라 하지 아니
하였더냐?
10 그와 같은 축복된 은혜를 입은 백성,

너희가 과연 어떻게 하며 어찌 가야
하는가는 너희 스스로 깨우치고 연구
해야 할 것이니라.
11 너희가 행동은 어찌해야 하며, 너희
자세는 어떠해야 하며, 너희의 말은
어떠해야 할 것인가, 우선 너희 자신
부터 거듭나는 훈련에 훈련을 거듭하
도록 그리해야 할 것이며,
12 그리하여 너희가 그들을 가르치고 깨
우치는 방법이요, 교육 방법은 스스로
각자 연구하여 새로운 시대에 내가 역
사하는 것에 어긋나지 않게 그와 같은
모두를 개발하여 너희 것으로 만들어
만백성을 깨우치도록 그리하라.
13 나 여호와는 교재를 다 주었으며 그
모두를 주었으니, 그를 가지고 너희가
어찌 가르치고 역사하는지는 각자 너
희의 특성이요, 너희의 능력에 달렸음
을 알라.
14 그러니 너희가 얼마만큼 능력을 발휘
하여 나의 모든 백성을 구하는 데 역
사하느냐, 그리고 그 중심에 설 수 있
는 백성이냐, 그 모두는 너희 스스로
자신에게 달렸다는 것을 절대 잊지 말
라 그리 전하라.

11,343 번째 하나님 말씀

2004년 5월 28일 06시 50분

1 사랑하는 나의 아들아!
2 "네, 아버님! 말씀하옵소서."
3 진정한 나 여호와의 뜻을 갖고 너희들
이 살아가며 만백성을 깨우치기 위한
하늘의 선생이요, 전사라면, 그리고
너희들이 교육하고 지금 가르치고 간
다 하면, 너희들이 정녕 나 여호와의
바른 선생이라 한다면,
4 160권의 법전을 만들어 세상에 전하
며 나의 아들을 따르는 선택된 제자,
그리고 나의 새로운 성경을 읽고 깨우
친 만백성, 너희들은 비평과 비판과
그리고 너희들에게 쏟아지는 그 질문
에 대하여 두려워하지 말며,
5 너희들은 그 모두를 답해 줄 수 있는
그와 같은 지도자가 되지 아니하면 아
니 됨이니라.
6 그러기에 내가 나의 새로운 성경을 읽
고 또 읽어 노력하고 노력하여 그 깨
우침을 너희 것으로 완전히 소화하라
함이니라.
7 이것이 너희들이 오늘에 해야 할 일이
며, 너희들 자신을 다스리는 길이니라.
8 완벽한 길로 너희들을 다스리는 것은
나의 새로운 성경을 읽고 또 읽어 정
독하여 너희들이 그 뜻을 너희들의 머
릿속에 심는 것 그것밖에 없음이니라.
9 그리 너희들이 완벽한 공부를 했으며
완벽한 깨달음이요, 나의 새로운 성경
의 내용을 안다면,
10 누가 비평을 하든, 너희들에게 핍박을
하든, 너희들에게 어떠한 질문을 해
오든, 너희들은 그를 두려워하지 아니
하며 피하지 아니해도 될 것이니라.
11 그러나 너희들이 아는 것이 없으며 제
말을 할 것이 없으며 제가 이야기할
수 없는 사람이 남의 말을 하며 남의
것을 가지고 시시비비를 한다고 했듯
이, 제대로 공부하지 아니하는 자 너
희들은 피하려 하며 두려워하게 되어
있음이니라.

12 그러니 너희들이 공부하지 아니한 증
거이니, 그를 가지고 너희들이 만백성
을 가르치는 선생이라 말할 수 있겠는
가?
13 또한, 너희들은 그와 같이 핍박과 비
평과 질문과 그와 같은 과정을 겪고
겪는 속에서 너희들이 몰랐던 것, 깨
닫지 못했던 것,
14 그리고 진실이 무엇이며 참진리의 길
이 무엇이며 참진리의 길을 가는 것이
어떠한 것이라는 것을 너희들이 그 답
을 찾아볼 수 있으며 그를 깨달을 수
있으며, 그와 같이 너희들이 같이 성
장하여 갈 수 있음이니,
15 너희들은 질문이요, 비평이요, 불만
을, 그리고 비판하는 것을 두려워하는
그와 같은 자가 되어서는 아니 됨이니
라.
16 그러니 과연 너희들이 불안하고 두려
운 마음을 갖지 아니하는 나의 하늘의
선생이요, 전사라면,
17 너희들이 나의 새로운 성경을 얼마만
큼 정독하여 너희들 것으로 만들어야
되는 줄 알겠느냐?
18 단 한 권이라도 너희들이 읽고 또 읽
어 그것을 완벽하게 너희 것으로 만드
는 그와 같은 노력부터 시작하지 아니
하면 아니 됨이니라.
19 그러니 질문과 연구와 비판 속에서 너
희들이 스스로 옥석을 가리는 능력을
얻게 되며, 그리고 너희들이 그와 같
은 깨달음에 도달할 수 있기 때문에,
너희들의 훈련이요, 너희들의 공부이
니라.
20 그리하여 너희들이 그와 같이 그들과
더불어 가며 서로 너희들이 하나의 뜻
으로 일치될 수 있으며 생각이 같아질
수 있으며,
21 그래서 모든 백성들이 옥석을 가릴 수
있는 그와 같은 능력을 갖게 됨이니,
22 그 깨우침이야말로 너희들이 진정한
모든 백성을 구하는 가장 위대한 가르
침이요, 공부라 함이라 그리 전함이니
라.

11,344 번째 하나님 말씀

2004년 5월 28일 06시 55분

1 사랑하는 나의 아들아!
2 "네, 아버님! 말씀하옵소서."
3 지금의 믿음과 종교 집단과 그 신도들
이 잘못 가고 있는 것이 무엇인 줄 알
겠느냐?
4 내가 나의 아들 예수를 통하여 전하고
자, 그리고 너희들을 깨우치고자 했던
그 모든 부분이 다 다르게 기록되어
있으며 다르게 전해졌으며, 그를 너희
들이 잘못 받아들이는 데 그 문제가
있으며,
5 또한 그 제자들이 그 복음서를 기록하
여 만들었음이니, 이를 만들어 성경이
라 하여 세상에 나올 때까지 수천 년
세월이 흐르면서 너희들이 인간의 생
각이 다르고 그 뜻이 다른 자들이 또
제 뜻을 서로 거기에 집어넣었음이니,
6 그리하여 그 뜻을 가지고 지금 가르치
고 역사하는 종교 집단이요, 또한 지
도자는 지도자대로 제 생각과 제 뜻대
로 그리하니 이리 다르고 저리 다른
그와 같은 형국이 되었음이니라.

7 그러니 오늘의 종교 집단이요, 너희들
이 하고 있는 형국이 무엇인 줄 아느
냐?
8 하나의 완전한 기계를 너희들이 완전
히 분해해 놓고 그 부속을 헤쳐 놓는
그와 같은 형국이 된 것이 오늘의 너
희들이 믿음의 길을 가는 그와 같은
형국이 되었으며, 오늘의 신앙의 근본
이요, 형상이니라.
9 그러니 너희들이 그 하나의 부속이요,
하나가 모여 둘이 모여 완전한 기계로
서 있을 때, 그 성능을 발휘할 수 있고
그 능력을 발휘할 수 있거늘,
10 완전히 이를 해체해 놓고 너희들이 그
성능이 어떻다 저떻다 서로 부속들이
제가 최고다 그리하며, 이 기계의 성
능은 이렇다 저렇다 지금 서로 시시
비비하고 있는 것이니,
11 과연 그 부속이 무엇을 할 수 있겠는
가?
12 해체된 그 부속이 무엇을 할 수 있기
에 제가 주장을 하며, 제가 어떻게 이
전체를 어찌 움직이며 그 능력이 무
엇이라고 그리하는가?
13 그러면서 이제는 세월이 지나고 지나
해체된 그 부속이 각자가 흩어진 것
이 세월이 오래됨이니, 그 부속이 이
제는 모여도 쓸 수가 없음이니라.
14 녹슬고 부식되었으니, 제 자체의 기능
을 할 수 없는 그와 같은 부속들이, 그
것이 몸체요, 전체라고 지금 저희들이
주장하고 있으며, 그 성능을 안다 주
장하고 있는 이와 같은 현실이 오늘
의 종교 집단이요, 믿음이요, 너희들
이 하고 있는 짓이라는 것을 알라.
15 그러니 그 모두 쓸모없는 부속이요,
부패된 그 모두를 다 내가 쓸어버리
며, 이제는 처음부터 다시 시작하여
내가 쓸 수 있는 완벽한 기계를 만들
며,
16 그 기계를 만들어 내가 그대로 모두를
유지할 수 있으며 내가 그것을 가지고
모두를 사용할 수 있도록 완제품의 기
계를 다시 만드는 것이 지금 새로운
시대요, 제3의 시대가 열어짐을 알라.
17 내가 만든 그 만능의 기계, 그가 제자
리를 지키는 부속이요, 저희들이 하나
도 낙오되고 빠진 자가 없는 완벽한
기계를 만들어 그 기능을 수행하고자
하는 그 역사를 이루는 것이니,
18 지금 새로운 성경 160권을 세상에 내
려보내어, 나의 아들과 그를 따르는
제자들로 하여금 이 새로운 성경이 세
상을 덮어 만백성을 깨우치는 그 역사
가 이루어진다는 것을 알라.
19 지금의 모든 종교 집단이요, 너희들이
그 몸체에서 다 분해되어 흩어진 자
요, 그리고 이제는 부식되고 썩어서
그 부속으로서 가치가 없어, 모두를
다 쓸어버리고 버리며 다시 시작하는
것이 나 여호와의 뜻이라는 그 의미를
너희들이 깨닫도록 그리하라.

11,345 번째 하나님 말씀

2004년 5월 28일 06시 58분

1 사랑하는 나의 아들아!
2 "네, 아버님! 말씀하옵소서."
3 너의 제자들이요, 나의 백성 선택된
너희들은 알아야 될 것이니라.

4 구약과 신약의 그 길고 긴 시대에 역
사한 것들을 너희가 지금 생활에 얼마
나 영향을 받아 그 영향을 중요시하는
것이요, 그를 가지고 너희들이 무엇을
어찌 역사하느냐, 그것이 너희들에게
중요한 것이 아님이니라.
5 지금의 너희들이 생활 속에서 구약과
신약의 그 역사함을 어떻게 인식하며
가느냐, 그것이 더 중요함을 알아야
될 것이며 그 의미를 깨우쳐야 되는
것이 중요하다는 것을 알라.
6 지금 내가 새로운 성경을 내려보냄이
니, 너희들이 또한 이것을 어찌 인식
하며 어찌 받아들이느냐가 가장 중요
함이니라.
7 이것으로써 너희들의 그 생활이 변화
요, 너희들이 변화되는 그 모습이 어
찌 이루어지는가, 그리 변화되고 역사
하는 것이 가장 중요한 것이니라.
8 그 뜻이 중요하며 그것이 귀중하다 너
희들이 그리 말하고 그를 생활에 적용
하지 아니한다면 아무런 의미가 없는
것이니라.
9 그러니 성경에 인봉된 것을 모르는 백
성들에게 내가 다시 한 번 기회를 주
어 너희들에게 어떻게 인식하느냐를
깨우쳐 주며,
10 너희들이 어찌 이를 적용하여 어찌 이
를 이해하고 가는 것이냐 하는 것, 그
리고 그 깊이를 아느냐 하는 것,
11 그 모두를 내가 지금 나의 아들을 통
하여 새로운 시대를 열면서 새로운 성
경에 그 모두를 풀어 너희들에게 전해
주고 있음이니, 너희들은 여기에서 그
모두를 알지 아니하면 아니 됨이니라.
12 모두를 알려 주는 것이 나의 새로운
성경이요, 이 모든 역사를 하는 것은
내가 너희들을 사랑하기 때문이니라.
13 그러니 너희들이 살아가면서 지금 나
의 새로운 성경이요, 이를 적용하지
아니하며 이를 가지고 너희 것으로써
만드는 거듭나는 역사를 이루지 아니
하면, 아무것도 얻고 이룰 수 없다는
것을 알라 그리 전함이니라.

11,346 번째 하나님 말씀

2004년 5월 28일 09시 39분

1 사랑하는 나의 아들아!
2 "네, 아버님! 말씀하옵소서."
3 인간 세상에서 너희들이 자식과 부모
의 인연을 갖고 삶이니, 그 부모가 숨
을 거둘 때 자식에게 무엇을 남기는가?
4 너희들은 유언을 남기며, 또한 그 모
두를 정리하여 그 아들을 깨우치고자
함이니라.
5 그러나 그 유언을 받은 아들이 평소에
어찌 살아왔든, 그가 그 부모가 마지
막 숨을 거두면서 남긴 간곡한 그 유
언을 지키지 못하고 그리 행하지 못할
때, 너희들은 뭐라 말하느냐?
6 '내가 죽어서 부모를 어찌 보며, 내가
그 부모의 애절한 유언 하나를 지키지
아니하였으니, 그를 행하지 아니하였
으니, 내가 죽어 무슨 면목으로 부모
를 볼 수 있는가!' 너희들이 탄식하는
백성들을 많이 보았을 것이니라.
7 이제 사랑하는 나의 아들을 따르는 제
자들과 나의 새로운 성경을 접한 백
성, 그리고 지금까지 믿음의 길을 가

든, 믿지 않든, 어떠한 다른 신을 받들
든, 이제 모든 백성, 너희들은 들어야
될 것이니라.
8 지금 내가 나의 아들을 통하여 160권
의 새로운 성경이요, '하나님! 말씀하
옵소서.', '하늘에 오르는 길'이라 하여
이를 내려보내니,
9 이게 160권의 책이요, 나의 성령으로
써 모두가 기록되었다 함이니, 이는
곧 너희들이 어떠한 마음으로 접해야
되는가?
10 하늘에 계신 전지전능한 아버지요, 만
물을 창조한 너희들의 아버지인 내가
너희들에게 지금 유언장을 남기며 그
유언을 내리는 것이라 너희들은 그리
생각하며 받아들이도록 그리하라.
11 너희들이 인간 세상에서 부모가 전한
그 유언을 지키지 못하고 죽어 그 부
모요, 조상을 어찌 보겠느냐며 탄식하
는 것처럼,
12 나 여호와가 마지막 너희들에게 내리
는 그 유언장을 읽고 그대로 행하지
아니한다면, 너희들은 나를 어찌 보며
나에게 어찌 올 수 있단 말이더냐?
13 그러니 나의 아들을 따르는 제자들이
요, 그리고 만백성, 너희들은 160권의
새로운 성경을 나 여호와의 유언장이
라 생각하라.
14 부모의 유언을 받들려면 그를 읽고 깨
우쳐 그 뜻을 알아야 너희들이 행할
것이며 그리 역사할 것이 아니더냐?
15 그러니 나의 새로운 성경을 가슴에 안
고 정독하고 읽어, 나 여호와가 유언
으로 남기는 뜻이 무엇이며, 내가 너
희들에게 마지막 전하는 것이 무엇인
가를 깨닫는 그와 같은 백성이 되라.
16 그리하여 내가 너희들에게 그 깨우침
의 기초요, 그 귀를 열어 주고 눈을 띄
어 주기 위하여 나의 새로운 성경에
십계명을 수없이 기록하여 전하니,
17 이를 읽는 자, 이를 보고 깨우치는 자,
그를 보고 변하는 백성이 있을 것이
며, 그를 보고 또한 나의 뜻을 따라 새
로운 전사로서, 새로운 하늘의 선생으
로서 그와 같이 그 길을 가는 백성이
늘어날 것이니 그리 알라.

11,347 번째 하나님 말씀

2004년 5월 28일 09시 42분

1 사랑하는 나의 아들아!
2 "네, 아버님! 말씀하옵소서."
3 세상 백성들이 어찌 살아가든, 나의
아들을 따르는 제자들, 그리고 나의
새로운 성경을 읽은 백성, 너희들은
절대 남의 것을 탐하는 그와 같은 마
음을 가지고 살지 말라.
4 남의 것을 탐하며 불의한 것을 취하고
자 한다면, 너희들은 그 마음이 불행
함이요, 스스로 너희들이 불행을 안고
사는 백성들이기 때문이니라.
5 인간 세상에 살면서 너희들이 마음을
어찌 가지며 어찌 생각하느냐에 따라
서 행복과 불행은 거기에 다 있는 것
이니라.
6 그러니 너희들이 어떠한 것을 탐하며
욕심내지 아니하는 그와 같은 마음을
갖지 않는다면, 너희들은 행복한 삶을
살 수 있음이니라.
7 그러나 남의 것을 탐하는 그와 같은

마음은 결코 행복할 수 없으며, 스스
로 고통의 길을 가는 자이니 그리 알
라.
8 절대 자기는 손해 보려 하지 않는 그
와 같은 삶을 사는 자, 그리고 남에게
손해 보지 아니하고 살겠다며 약은
자, 그리고 똑똑한 자처럼 사나, 그 백
성의 고통과 괴로움은 그들만이 알 것
이니라.
9 그것이 얼마나 불행한 백성의 삶인 줄
알겠느냐, 사랑하는 나의 아들딸들아!
10 너희들이 살면서 남에게 손해 보지 아
니하며, 이해관계에 있어서 이익만을
챙기려는 자, 그는 고통된 삶일 뿐 아
니라, 사랑을 행할 수 없으며 사랑을
실천할 수 없는 백성이니라.
11 그러니 나에게 오를 수 있는 것, 나에
게 상을 받을 수 있는 것은 너희들이
사랑을 행함이라 했으니,
12 사랑의 행함을 모르는 그 백성들이
어찌하여 나에게 상을 받을 것이 있으
며 나에게 올 수 있단 말이더냐?
13 그러니 계산된 마음으로 그것 또한 너
희들이 가까이할 수 없는 백성들이요,
계산적으로 모두를 하는 자, 그리고
항상 제가 남에게 손해 보지 아니하려
는 자, 제 앞에 이익을 취하려는 자,
14 그와 같은 자는 충돌하게 되며, 화합
하지 못하며, 원성이 있으며, 그리고
그들과 영원히 등을 돌리고 그와 같은
삶을 살 수 있는 인간관계니라.
15 그러니 너희들이 그러한 자 조심하며,
그러한 자 접근을 금하며, 그러한 자
를 알았거든 경계하여 살아가야 될
것이니라.
16 그와 같은 마음 자세요, 그 모든 오물
이 너희들에게 튀고 안 튀는 것은 너
희들이 처신함에 달렸음이니라.
17 그러니 너희들이 남의 것을 탐하는
자, 그리고 무엇을 더 이루고자 하는
자, 그리고 남에게 절대 손해를 보지
아니하려는 계산속을 마음에 깔고 가
는 자, 그리고 그를 항상 기억하고 계
산 속에 사는 자,
18 그는 웃음도 허식이요, 친절도 다 허
식이요, 그리고 너희들이 사랑하는 것
도 그와 같은 것도 모두가 다 허례허
식이니라.
19 이익이 없을 때는 등 돌리는 자요, 이
익을 놓고는 그를 저희들이 충족되지
않을 때는 그들은 칼을 들이댈 수 있
는 그와 같은 마음을 가진 자가, 바로
너희들이 무엇인 줄 알겠느냐?
20 남에게 피해를 보지 아니하려는 자,
피해를 보지 않겠다는 그와 같은 생활
의 신조를 가지고 살아가는 백성 그들
이니라.
21 노력한 대가만을 받기 위해 살아가는
백성이 아니라, 항상 거래하고 상대하
되 겉으로는 웃으면서 속마음은 계산
하며,
22 그리하여 손해 가는 짓은 절대 하지
않는 그와 같은 사악한 백성, 그들이
바로 나에게 오를 수 없는 백성이요,
그들이 갈 자리가 지옥이라는 것을 알
라 그리 전하라.

11,348 번째 하나님 말씀

2004년 5월 28일 09시 46분

1 사랑하는 나의 아들아!
2 "네, 아버님! 말씀하옵소서."
3 160권의 새로운 성경이 나의 성경이
요, 위대한 참진리요, 만백성을 구하
는 것이라 해도, 아무리 이를 들여다
봐도 읽고 읽어도 깨우치지 못하는 백
성이 있는가 하면,
4 한 줄을 읽어도 깨우치는 백성이 있으
며 나의 뜻을 알 수 있는 백성이 있다
하였음이니라.
5 그러니 너희들이 알지 못하는 백성은
무엇인 줄 알겠느냐?
6 육의 세상에 살면서 육의 세상에 사는
그 생각이요, 그 욕심을 가지고 있는
자, 그 마음을 버리지 못하고 읽는 그
와 같은 백성, 그는 결코 알 수가 없음
이니라.
7 육의 소유욕과 욕심을 버리지 못하고
나의 새로운 성경을 읽는다면, 너희들
이 아무것도 얻을 수 없음이니라.
8 세속의 삶에 집착하며 세속의 삶에 애
착을 버리지 못하고 읽는 자, 그리고
이해관계의 계산을 따지는 자,
9 그와 같은 백성은 아무리 읽고 읽어도
그를 알 수가 없으며 받아들이지 아니
하며 받아들일 수 없는 것이니라.
10 그러니 나의 새로운 성경을 접하고 읽
는 백성은 너희들의 마음이 아름다우
며 청결한 마음이요, 그와 같은 마음
을 가지고 나의 새로운 성경을 접할
때, 너희들은 그 모두를 알 수 있으며
한 장을 읽어도 깨우침을 얻을 수 있
음이니, 그리 알라, 사랑하는 나의 아
들딸들아!
11 지금의 모든 종파요, 종교 지도자들이
구약과 신약을 공부했다는 것이니라.
12 그리고 저희들보다 더 유능한 자가 없
으며 더 아는 자가 없다 그리하느니라.
13 그러나 모든 종교 집단의 지도자들이
육의 소유욕과 육의 욕망이요, 그리고
육적으로 무엇을 이루겠다는 거기에
혈안이 되어,
14 너희들이 지금 의미도 모르며 성서의
감춰진 비밀을 알지 못하며 그 뜻을
모르는 것이니라.
15 아무리 공부를 하고 연구해도 그를 알
지 못함이니, 마음을 비우지 아니하면
결코 알 수 없는 것이 오늘의 종교 집
단의 지도자 그들이 이끌어 온 것이니
라.
16 이러한 생각 속에서 너희들이 성경을
읽고 공부했기에, 지금 숨겨진 비밀을
알 수 없으며 찾을 수도 없으며, 그리
고 너희들은 변화된 삶을 살 수 없는
것이니라.
17 그저 너희들이 제자리를 빙빙 도는 그
와 같은 삶을 살아, 너희들이 나에게
와 심판을 받을 때 울고불고 매달리나,
18 그는 들어주지 아니하며 이루어질 수
없으며, 바로 그것이 너희들의 오늘의
현주소요, 너희들의 모습이니,
19 여기서 바로 서지 아니하고 바로 깨우
치지 아니하면 아니 됨이니라.
20 지금 내가 나의 아들을 통하여 내리는
새로운 성경을 읽고 너희들의 마음을
다스리며 하늘의 뜻을 깨닫는 그와 같
은 피나는 노력으로써 공부하고 깨우

친다면,
21 결국 너희들은 육의 생각을 버릴 수
있으며, 육의 욕망을 버릴 수 있으며,
육의 세상에서 너희들이 소유하는 것
그 모두를 다 버릴 수 있으며, 인간 세
상에 집착하고 애착을 갖는 그 마음도
다스릴 수 있음이니라.
22 그럴 때 너희들은 하늘에 오르는 길을
볼 수 있으며 영광된 거듭나는 은혜를
입게 된다는 걸 절대 잊지 말라.

11,349 번째 하나님 말씀

2004년 5월 28일 09시 50분

1 사랑하는 나의 아들아!
2 "네, 아버님! 말씀하옵소서."
3 오늘의 교회가 지금의 종교 집단이요,
그리고 너희들이 나의 백성들로 하여
금 지금 구원의 길이라는 교회로 끌어
들이는 그와 같은 짓을 하며, 그들을
끌어넣기 위하여 너희들이 수단과 방
법을 가리지 않으니,
4 나의 아들딸들을 너희들이 그리 정성
을 들여 온갖 수단과 방법을 다 가리
지 아니하고 끌어들이느니라.
5 그러나 그들이 그 속에서 견디지 못하
고 등 돌려 나오는 이유가 무엇이더냐?
6 남아 있는 백성보다 들어갔다 나온 백
성들이 얼마나 많더냐?
7 그러니 그와 같은 이유가 어디 있는가?
8 사랑하는 나의 아들딸들이 감언이설
에 속아 너희들이 그 집단 속에 들어
가 보니,
9 너희들이 밖에서 듣는 그와 같은 것이
요, 너희들이 생각했던 것과, 세상에
서 생각하고 너희들이 바라보는 그와
같은 집단이 아니요,
10 전혀 상상할 수 없는 그와 같은 집단
이 되었기 때문에, 그들이 거기서 견
디지 못하고 거기서 나옴을 너희들은
알겠느냐?
11 그리하여 너희들이 그곳에 있다는 것,
그리고 그것은 바로 천국에 가는 길이
아니요, 저희 말대로 하늘에 오르는
길이요, 천국의 길이라 하여 너희들이
그저 따라갔던 그 백성들,
12 바로 그곳에 가 그 실체를 들여다보
니, '지옥으로 가는 것이구나!' 하여
그들이 거기서 깨닫고 두려워 떠나는
백성이 되어 버리며, 그들이 수없이
떠나는 것을 너희들은 알겠느냐?
13 그 교회가 성령으로 역사하는 것이요,
나 여호와의 뜻으로써 모두를 행하는
것이 아니라,
14 세상사에 인간적인 삶에서 너희들이
인간적인 그 종교 집단이요, 그 속에
서 젖어 있기 때문에,
15 나의 피조물 만백성이 그곳에 갔다 등
돌리고 나오며 떠나오는 것을 너희들
은 알겠느냐?
16 그러니 천국이라 알고 갔던 것이 지옥
이라는 것을 알고 그들이 두려워 떠나
는 것이 오늘의 나의 백성들이요, 그
리고 그곳에 가 너희들이 등 돌리고
나오는 자,
17 누가 뭐라 하며 참진리요, 아름다움이
있다 너희들에게 전하고 전해도, 그들
은 두 번 다시 믿지 않느니라.
18 그러니 너희들이 인간 세상에 사업장
으로 변해 버리고 그와 같이 천국이

아니요, 지옥으로 이끄는 그와 같은
그 인간의 욕구를 채우는 그 집단에
저희들이 노예가 되는 것이며, 저희들
이 바보가 되는 것을 깨닫는 자,
19 그들은 절대 어떠한 종파요, 어디에도
몸담지 못함이니, 그 불쌍한 백성들을
너희들이 깨우치는 데 최선을 다해야
될 것이니라.
20 그들은 일찍이 체험을 했느니라.
21 지금의 그 종교 집단이요, 지도자요,
밖에서 보는 그 위대하고 화려한 그와
같은 너희들이 지금 지옥행 열차를 타
고 가는 그와 같은 백성이 되어 버렸
기에,
22 그들이 지금 두 번 다시 구원의 길을
얻지 못하며 참진리요, 새로운 성경이
세상에 나가도 그들이 그 길을 찾지
못하는 가련한 신세가 되었음이니라.
23 사랑하는 나의 아들딸들아!
24 그 모두를 다 버리고 너희들이 그 인
연을 끊고 나오는 백성들이 두 번 다
시 새로운 길을 가지 아니하며 새로운
삶을 살지 못하는 것은,
25 첫 번째 발을 잘못 들여놨을 때, 한 번
들어간 곳의 그 추하고 더러운 모습을
너무나 그들은 깊이 뼈저리게 보았기
때문에 그 마음을 돌릴 수 없으니,
26 불쌍하고 가련한 그 백성들을 너희들
이 인도하는 데 최선을 다하며, 소리
없이 너희들이 나의 새로운 성경을 전
해 주어 읽고 느끼고 깨닫도록 그리하
라, 사랑하는 나의 아들딸들아!

11,350 번째 하나님 말씀

2004년 5월 28일 21시 35분

1 사랑하는 나의 아들아!
2 "네, 아버님! 말씀하옵소서."
3 모두가 살아가는 것은 법도가 있으며
기준이 있으며, 그리고 근본이 있으며
질서가 있는 것이니라.
4 그러니 너희들이 그 질서의 기본이요,
근본이요, 그 모두를 접어 두며, 인간
의 생각이요, 너희들 마음대로 무엇을
이룬다면, 이 세상은 질서가 유지될
수 없음이니라.
5 그리고 너희들이 기본과 질서를 무시
하고 가는 자가 정녕 앞에 가는 자요,
빨리 가는 것이라 그리 생각하나,
6 결국은 질서와 그 모두를 지키고 가는
자, 정도의 길을 가는 자를 따라갈 수
없는 것이 이 세상의 법도임을 너희들
은 알아야 될 것이니라.
7 지금의 모든 종교 집단의 지도자 그들
이 가는 것이 무엇이더냐?
8 나 여호와의 참사랑이요, 나 여호와가
역사하는 그 기본의 틀을 모르며, 내
가 나의 아들 예수를 보내어 세상에
너희들에게 전하고자 했던 그 뜻이요,
기본을 무시해 버리며,
9 너희들은 기초와 기본 모두를 다 무시
하며, 인간의 교리요, 인간의 생각으
로써 지금 하늘의 뜻이라 하며, 감히
너희들이 하늘의 뜻이요, 하늘의 역사
하는 것이요, 나 여호와가 이루고자
하는 뜻이라 하며,
10 나로부터 명받은 자라 너희들이 지금
나의 피조물 만백성을 그리 혼란케 하

고 있음이니,
11 너희들의 그 죄가 얼마나 무서운 것이
며, 그것이 얼마나 두려운 것인 줄 어
찌하여 모른단 말이더냐?
12 너희들이 내가 역사했던 기본이요, 근
본이요, 그 모두를 다 흩트려 놓으며,
그 질서 속에서 역사하는 것이 아니
요, 그를 흩트려 놓은 속에서 역사하
고자 함이니,
13 그리하여 너희들이 오늘같이 험악한
세상이 되었느니라.
14 인간 세상에 2천 년이라는 그 길고도
긴 세월을 왔을 때, 너희들이 곱게 다
듬어졌으며, 진실로 나 여호와의 뜻이
요, 내가 역사하고자 하는 그 길을 왔
다면,
15 이 세상은 그 뜻으로 모두가 다 덮어
졌을 것이며, 만백성은 이를 보고 깨
우치는 그와 같은 천사와 같은 백성이
사는 세상이 되었을 것이니라.
16 그러나 너희들이 질서를 무시하며 기
본을 모르며 근본을 모르고 날뛰는 그
와 같은 종교 집단의 지도자 때문에,
17 너희들이 지금 수습할 수 없으며 엉클
어진 실타래처럼 모두가 뒤죽박죽이
된 그와 같은 형국이니라.
18 그러니 너희들이 그를 어찌 다스린단
말이더냐?
19 이제 너희들은 들어야 될 것이니라.
20 너희들이 몇천 년 동안 흘러오면서 지
금까지 이 험악한 세상이요, 그리고
너희들이 뒤죽박죽이 된 것이요, 질서
가 없는 이와 같은 혼란한 세상을,
21 나 여호와가 지금 나의 아들을 통하여
10년이라는 그 세월 속에 모두를 통
일하며 모두를 역사하고 다스려 가는
그 역사를 이룰 것이니,
22 너희들이 10년 안에 모두가 이루어지
며 질서가 잡히는 그 세월을 보고도,
2천 년 동안 너희들이 흘러오면서 하
나가 되지 못하며 다스리지 못한 것,
23 지금 너희처럼 기본과 질서를 흔들어
놓고 너희들이 그를 무시했기 때문에
너희들이 나 여호와의 뜻을 역사하지
못하는 그 거역하는 길만을 온 그 모
습을 스스로 너희들이 보게 될 것이니
라.
24 나의 아들을 통하여 세상의 모든 인류
요, 모든 백성이 하나가 되며, 나의 새
로운 성경을 읽고 깨우치는 그와 같은
대역사를 이루는 것을 너희들이 보게
될 것이니라.
25 2천 년 동안 너희들이 온 것이 수천,
수만, 수억 개의 갈래로 찢어지고 부
서진 종교 집단이요, 지도자가 세상에
있음이니, 이는 근본이요, 뿌리가 없
기 때문에 그러니라.
26 너희들이 근본과 뿌리가 제대로 되어
있다면, 그 근본과 뿌리에서 모두가
역사함이니, 이는 하나로써 모두가 이
루어지는 것임을 알라.
27 그렇지 못하며 뿌리가 없고 근본이 없
기 때문에 수천수만 가지가 뿌리를 내
리고 있으며 너희들이 가지를 치고 있
는 그와 같은 형국이라는 것을 잊지
말라 그리 전하라.
28 이제 너희들이 세월이 머지않았음이
니라.
29 너희들이 얼마나 무서운 변화요, 얼마
나 무서운 역사로써 이루어지는 것인

가, 이제 너희들이 똑똑히 볼 날이 머
지아니하였음을 알라 그리 전하라.

11,351 번째 하나님 말씀

2004년 5월 28일 21시 39분

1 사랑하는 나의 아들아!
2 "네, 아버님! 말씀하옵소서."
3 너희들이 정도요, 아름다운 길로 살아
가면 너희들이 머리를 쓸 일이 없으
며, 너희들 말대로 머리를 굴리고 또
굴려 잔수를 부리지 아니하여도 편안
하게 살아갈 수 있는 것이 이 세상이
니라.
4 거짓 하지 아니하는 자, 사기하지 않
는 자, 그와 같은 자는 바로 어떤 것이
더냐?
5 편하게 살아갈 수 있는 그와 같은 삶
을 사는 백성들임을 어찌 너희들이 모
른단 말이더냐?
6 그러니 너희들이 사기라는 것을 치며
남을 속이는 것이 얼마나 머리를 써야
되며, 머리가 좋은 자만이 할 수 있는
짓인 줄 알겠느냐?
7 그러니 머리가 좋은 자, 머리를 써야
만 너희들이 사기를 치며, 남의 것을
도둑질하는 것, 그와 같은 걸 하기 위
하여 너희들이 그 좋은 머리를 어찌하
여 그곳에 쓰며, 너희들이 그 머리를
쓰는 것을 그곳에만 연구한단 말이더
냐?
8 너희들이 남을 속이고 거짓 하는 것은
너희들이 남을 속여야 됨이니, 오늘에
한 말을 너희들이 기억해야 되며, 모
레 한 말을 또한 기억해야 되며, 너희
들이 몇 달 전에 한 이야기도 기억해
야 하는 것이 거짓된 자요, 사기 친 자
가 하는 것이 아니냐?
9 그러니 그와 같은 것을 생각하고 연구
하지 아니하면 아니 됨이니, 그 복잡
한 삶을 어찌하여 살아가고자 하며 그
길을 선택하는가?
10 너희들이 사기 치는 자 좋은 머리요,
거짓 하는 자 좋은 머리요, 그리고 수
없는 머리를 쓰지 아니하면 아니 되는
것이 남을 속이는 자가 하는 행위가
아니더냐?
11 그러니 그와 같은 좋은 머리요, 그 머
리를 쓰는 것을 좋은 일에 쓰며 아름
다운 일에 써도 너희들이 살아갈 수
있는 그 모두가 다 이루어지고 다 되
도록 되어 있거늘,
12 어찌하여 인간 너희들은 그와 같이 사
악한 생각으로 살아가느냐?
13 이제 사랑하는 나의 아들 너는 알겠느
냐?
14 내가 너에게 모두를 기억하지 못하게
하며 네 모두를 지워 버리니, 너는 그
리하여 바로 살라 함이니라.
15 네 머리에 남는 것이 없으며 네 머리
의 모두가 지워짐이니, 너는 거짓 하
려 하지 아니하며 사기 치려 하지 아
니하는 것으로 네 삶의 생각이 그리
변화됐지 않더냐?
16 그리하여 내가 네 머릿속에 있는 생각
이요, 기억 모두를 다 그때그때 지워
버리며 내가 생각하지 못하게 함이니
라.
17 네가 생각을 잘하며 네가 기억을 잘한
다면, 너 또한 너의 그와 같은 것으로

써 남을 속일 수 있으며 남을 속이는
것이 자신이 있음이니, 그와 같은 행
위를 할 수 있을 것이니라.
18 그러나 내가 너는 아예 그와 같은 짓
을 하지 못하도록 너를 다스린 것이
네 생각을 지워 버리며 네가 생각지
못하도록 하며 기억하지 못하도록 한
것이 나 여호와의 뜻이니, 이제 그 뜻
을 알았느냐?
19 그러니 너를 따르는 제자들이요, 나의
새로운 성경을 읽고 깨우친 백성, 너
희들은 나로부터 받은 머리요, 그 지
혜가 얼마나 위대하던가?
20 그것을 좋은 쪽으로 쓰는 그와 같은
것으로 쓰도록 그리하라.
21 어찌하여 나의 피조물 만백성들이 좋
은 머리요, 그 노력하는 것을 거짓된
것이요, 사기 치며 남을 울리는 그와
같은 곳에 쓰는지,
22 나 여호와 자신도 그 심리를 알 수 없
으며 그 심보를 알 수 없는 것이 인간
너희들임을 알아야 될 것이니 그리 전
하라.

11,352 번째 하나님 말씀

2004년 5월 28일 21시 42분

1 사랑하는 나의 아들아!
2 "네, 아버님! 말씀하옵소서."
3 나의 피조물 만백성 너희들이 살아가
면서 축복된 땅이요, 그리고 축복된
지역이요, 그리고 너희들이 어느 땅은
축복된 곳이요, 어느 땅은 축복되지
아니한 곳이라는 그와 같은 말로써 이
세상의 모든 땅을 너희들이 그리 평하
지 말며 지역을 평가하지 말라.
4 너희들은 이 세상에 지구가 존재하며
이 땅덩어리가 존재하는 것, 그 모두
가 나의 축복 속에서 이루어지며 축복
속에 역사하지 아니한 것이 없으며,
모두가 축복을 받아 그들이 존재하고
이루어졌음을 너희들은 알아야 될 것
이니라.
5 다만, 내가 너희들을 통하여 어느 곳
에서 그 역사를 시작하느냐 그곳이 근
본이 되는 것뿐이요,
6 그 근본이 되는 곳, 그 시작하는 곳이
선택된 땅이요, 선택된 곳이라 너희들
은 그리 말하지 말라.
7 내가 동양의 이 작은 나라의 민족이
선택됐다 함은 무엇이더냐?
8 이 지구는 다 똑같이 나로부터 선택되
어 이루어진 것이니라.
9 다만, 내가 여기서 내 뜻을 이루며 내
가 모든 것을 시작함이니, 그리하여
내가 너희들에게 그 시작하는 장소라
하는 의미니라.
10 그러니 내가 전하는 가르치는 그 말의
의미를 잘 깨닫고 너희들이 행해야 될
것이니라.
11 지금 모든 백성 너희들이 선택된 백성
이요, 그리고 선택된 땅이라는 이 개
념을 버리지 못하며 이 생각을 버리지
못하기 때문에 우월주의에 빠진 자요,
12 너희들이 그와 같이 엇갈리고 헷갈리
며 서로 시시비비하며 그와 같이 전쟁
의 불씨가 그치지 않는 형국이 됨이니,
13 너희들은 '우리만이 축복된 땅이요,
우리만이 축복된 백성이라' 그와 같은
생각을 하지 말라.

14 너희들이 모두가 다 축복되지 아니하
여 세상에 나온 자가 없으며, 축복되
지 아니하여 이루어진 땅이 없느니라.
15 그러나 다만, 내가 너희들에게 축복되
었다 함은 무엇인 줄 알겠느냐?
16 내가 그곳을 거점으로 하여 시작하며,
거기서부터 너희들이 근본이 되어 모
든 역사가 이루어지는 것이니 그 의미
니라.
17 근본적으로 모두가 다 축복된 땅이요,
모두가 축복된 백성이라는 것을 잊지
말라 그리 전하며, 그 이치를 깨우치
라 그리 전하라.

11,353 번째 하나님 말씀

2004년 5월 28일 21시 47분

1 사랑하는 나의 아들아!
2 "네, 아버님! 말씀하옵소서."
3 오늘의 종교 집단의 지도자 그들이 어
찌하는가?
4 저희들이 지금 종교 지도자에게는 너
희들이 이유를 대지 말며, 그리고 저
희들이 잘못 가는 것을 트집 잡지 말
며 그를 시시비비하지 말며, 저희들이
잘못 가는 것을 말하지 말라 하느니라.
5 그리고 목사요, 종교 지도자를 트집
잡는 자, 그와 같은 자들이 너희들 교
회를 떠나는 그 백성들, 그리고 등지
고 가는 백성들, 그들이 왜 떠나는가
너희들은 그리 생각하느니라.
6 제가 잘못됐기에, 제가 못생겼기 때문
에, 제가 재능이 없다 하여 등을 돌리
고 떠난다 너희들이 그리 말할 것이니
라.
7 그리하여 너희들이 어떠한 이유든 너
희들 때문에 떠나는 것이라 그리 생각
하는 자도 있느니라.
8 그리고 너희들에게 그 트집을 잡았다
생각하느니라.
9 떠나는 자들이 왜 떠나는 줄 모르며,
너희들이 못생겨서, 남처럼 잘나지 않
아서, 그리고 너희들이 특별한 재능이
없기 때문에 그들은 떠난다 그리 말하
며,
10 그 떠나는 백성들을 그리 너희들이 이
유를 대 그들이 떠나는 이유를 그저
무마시키려 하는 것이 오늘의 종교 집
단 지도자들이니라.
11 너희들이 다리를 절면 어떻고 한 눈이
없으면 어떻고 못생겼으면 어떠하더
냐?
12 너희들은 그저 나 여호와의 뜻을 그대
로 전하며 내 뜻을 그대로 강론하며
전하면 그것으로써 너희들은 모두를
다 역사할 것이며, 결코 그들은 너희
들을 떠나지 아니함이니라.
13 너희들이 못나고 잘났기 때문에 떠나
는 자들이 아니니라.
14 너희들은 그와 같은 것을 잘못 가르치
고 잘못 성령을 전하기 때문에 나의
백성들이 너희들의 교회라는 곳을 떠
날 때,
15 너희들은 온갖 방법으로써 그들을 트
집 잡으며 트집 잡고 이유를 대다 대
다 못 하니,
16 네가 못생겨서 종교 지도자가 못나서
너희들이 재능이 없어서, 재주가 없어
서, 돈을 긁어모으는 재주가 없어서,
교회를 부흥시키는 기술이 없어서 그

리하여 너희들에게 욕하고 떠난다 그
들을 그와 같이 욕하지 말라.
17 결국 너희들이 잘나고 못났으며 너희
들이 재물을 걷고 안 걷는 그리고 그
와 같은 것으로써 너희들이 수완이 있
고 없는 것으로써 그 백성들은 떠나지
아니함이니라.
18 그 떠나는 백성들의 가장 큰 원인이
요, 그 아픈 마음이 무엇인 줄 알겠느
냐?
19 못났든 잘났든 나 여호와의 뜻을 그대
로 가르치고 성의를 다하여 그대로 전
하면 되는 것을,
20 변질된 설교요, 변질된 것으로써 그들
을 가르치기 때문에, 바로 서고자 무
엇인가를 깨우치려 했던 그 백성들이
너희들을 떠나는 것이니라.
21 그러니 지도자가 못생기고 잘생기고
재물을 거둬들이는 수완이 있고 없고
그것 때문에 떠난다 그들을 그리 누명
을 씌우지 말라.
22 그리하여 그들이 떠나는 것은 바로 너
희들이 성경이요, 내 뜻을 잘못 가르
치고 잘못 전달하기 때문에 떠나는 것
이니,
23 너희들이 성령을 잘못 가르치며, 나
여호와의 목자로서 자질이 없으며, 너
희들이 자격이 없다는 걸 스스로 시인
하는 종교 지도자들이 되도록 그리하
라.
24 참진리를 찾고자 떠나는 자, 잘못된
비진리에서 그들이 지옥에 감을 두려
워서 떠나는 자, 그들을 이것저것 너
희들이 말도 안 되는 이유를 달아서
떠나는 그들이라 너희들이 함부로 그
리 욕되게 다루지 말라.
25 그들이 너희들보다 백배 천배 위대한
백성이요, 그들은 나에게 올 수 있는
기회가 있는 백성이라는 걸 내가 너희
들에게 전하니 그 의미를 깨달으라.

11,354 번째 하나님 말씀

2004년 5월 28일 21시 55분

1 사랑하는 나의 아들아!
2 "네, 아버님! 말씀하옵소서."
3 진정한 믿음이요, 참진리의 길을 가는
백성들, 그리고 너희들 스스로 나 여
호와의 뜻에 따라 살아가고자 하는 그
와 같은 백성이라면,
4 종교 지도자들의 형태요, 그들이 과연
나로부터 선택된 종교 지도자인가 아
닌가, 너희들이 그 모두를 구분할 수
있으며, 충분히 알 수 있거늘,
5 너희들이 진정한 믿음의 길을 가지 못
하는 신도들이기에, 정녕 나 여호와의
뜻에 의하여 역사하는 종교 지도자인
가 아닌가, 그를 알지 못하는 것이 오
늘의 형국이니라.
6 그들은 뭐라 말하느냐?
7 첫째는 말씀을 믿으라 그리 말하느니
라.
8 그다음에 저희들이 뭐라 하는가?
9 말씀을 믿으며 그다음에 교회를 믿으
라 그리 말하느니라.
10 그리고 그들은 또 뭐라 하더냐?
11 종교 지도자를 믿으라, 무조건 믿어야
된다 그리 말함이니라.
12 진정한 진리를 가르치는 것이요, 저희
들이 진리를 가르치는 교회라면, 뭐하

러 교회를 믿으라 그리 강조하며, 그
리고 종교 지도자를 믿으라 그와 같
은 말을 할 필요가 있는가?
13 진짜 보석을 가진 자는 설명이 필요
없다 했음이니, 너희들이 창조주 나
여호와의 뜻이요, 나의 성령을 그대로
전하는 자라면, 말씀을 믿어야 된다,
말씀을 첫째 믿으라 그와 같이 말할
필요가 없느니라.
14 나 여호와가 존재함을 믿으면 된다 그
리 말하면 될 것이니라.
15 그러면서 너희들은 말씀을 믿으라 함
이니, 나 여호와의 참진리요, 너희들
이 말하는 창조주 아버님의 말씀이라
는 내 뜻을 전하지 못하고 있으며,
16 인간 교리요, 인간의 생각으로써 네
입으로 나오는 말로써 너희들이 나의
피조물 만백성을 우롱하고 있는 그와
같은 처사이기 때문에 너희들이 그와
같은 말을 부르짖느니라.
17 그리고 교회를 믿으라 그것이 또 무엇
이더냐?
18 너희들이 진정한 나 여호와의 교회요,
나 여호와의 뜻에 의해 역사하는 교회
라면 그를 믿고 말고 할 것이 무엇이
있으며, 또 교회를 믿을 필요가 무엇
이 있느냐?
19 너희들이 나 여호와의 뜻에 나 여호와
가 존재함을 믿으면 되는 것이지,
20 교회가 진짜냐 가짜냐 하는 것을 믿으
라 하는 것은, 너희들이 가짜를 가지
고 있기 때문에 불안하여 교회를 믿으
라 하는 것이 아니더냐?
21 종교 지도자를 무조건 믿으라 함이니,
종교 지도자 저 자신이 바로 가르치고
바로 역사한다면 그를 믿으라 말라 할
것이 무엇이더냐?
22 행동으로 보여 주며 너희들이 모범적
으로 살아가면 되는 것을,
23 그러니 저 자신이 가짜 상표이기 때문
에 종교 지도자가 가는 길은 무조건
믿으라 믿으라 그리 말하느니라.
24 그러면서 너희들이 뭐라 하느냐?
25 목자는 창조주의 종이요, 만백성의 종
이라 너희들이 그리 말하느니라.
26 내가 너희들에게 물어보고자 하느니,
종교 지도자요, 집단에 속한 자들, 과
연 목사라는 자들이 만백성의 종이요,
나 여호와의 종으로서 살아가는가?
27 너희들의 형태를 보라.
28 너희들의 말과 행동이 어찌 되는가?
29 너희들이 살아가는 것을 보라.
30 그러니 깨우친 백성이요, 한 발짝 나
가 생각할 수 있는 백성들은 너희들이
말하는 그 설교를 들으며 나의 성경책
을 가지고 다니나, 그들이 너희들을
믿지 못하며 너희들을 믿지 아니하는
것이니라.
31 다만, 그러면서도 그들이 움직일 수
없으며, 나 여호와가 존재함이 두려워
그들이 나를 떠날 수는 없는 것이라
하여 저희들이 몸담은 그와 같은 교회
요, 지옥 같은 곳을 떠나지 못하는 것
이 그들이니라.
32 너희들은 또 뭐라 말하느냐?
33 모든 교회라는 것을 역사하며 너희들
은 나 여호와의 교회요, 하나님의 교
회라 그리 말하느니라.
34 그러면서 또 뭐라 하느냐?
35 목사와 신도요, '우리는 다 하나님 것

이다, 우리는 하나님 것이라' 너희들
이 그리 말하느니라.
36 그러니 너희들이 하나님 것이라는 그
교회를 가지고 사고파는 그와 같은 장
사의 거래를 하지 않는가?
37 그러니 그 말부터 행동이 틀린 것이
요, 그리고 나의 백성들이 나 여호와
의 것이라 말하며 너희들은 그들에게
무엇을 거둬들이는가?
38 너도 나 여호와의 백성이요, 그들도
나 여호와의 백성이라면, 너희들이 무
엇을 거둬들이고 그들로부터 갈취하
는 그와 같은 행위를 해야 되는가?
39 그러니 너희들이 하나서부터 열까지
다 맞지 않는 짓이요, 거짓된 행위를
하고 있는 자들이니라.
40 내가 너희들에게 묻느니라.
41 너희들의 목사가 나 여호와의 자식이
요, 그리고 신도들이 나 여호와의 자
식이요, 내 것이라 말한다면,
42 너희들은 내가 직접 친필로 써 내린
너희들이 지키고 살아오라는 나의 십
계명을 지켜야 될 것이며,
43 지금 내가 나의 아들을 통하여 내리
는, 바로 유언장인 160권의 나의 새로
운 성경을 너희들이 읽고 깨우쳐 그대
로 행하는 데 모두를 다 바쳐야 되며,
44 그 길을 가는 데 모든 정성을 다하도
록 하며, 네 목숨과 정성을 다하여 이
를 깨우치도록 하여 네 것으로 만드는
데 너희들이 최선을 다하라.
45 그러면 너희들이 나의 아들이요, 나의
것이라 말해도 내가 말하지 아니할 것
이니라.
46 그리고 너희들의 교회라는 것이 하나
님 것이요, 나의 것이라 말한다면, 그
걸 사고파는 장사요, 뒷거래하지 말
라, 사랑하는 나의 아들딸들아!

11,355 번째 하나님 말씀

2004년 5월 28일 22시 01분

1 사랑하는 나의 아들아!
2 "네, 아버님! 말씀하옵소서."
3 지금의 종교 집단의 그 지도자들, 그
리고 구원을 받았다는 그 신도들, 너
희들이 뭐라 말하느냐?
4 '선한 일을 한 자는 무덤에서 생명으
로써 부활을 하며, 그리고 악한 일을
한 자는 심판으로써 부활하여 나온
다.' 그리 말하느니라.
5 그러니 너희들이 이 이치를 잘못 가르
치며 잘못 전하고 있느니라.
6 여기서 너희들이 더욱이 나 여호와의
뜻을 알 수 없으며, 나를 만날 수 없는
그와 같은 행위요, 그 길을 가고 있는
것이 아니더냐?
7 그러니 너희들이 여기서 선하고 악한
자라는 것을 무엇으로 구분하느냐?
8 선한 자는 선한 일을 행하는 자를 말
하며, 악한 자는 악한 짓을 행하는 자
라 너희들이 그리 말하고 깨우치면 될
것을,
9 너희들이 선한 자라는 것은 무엇이더
냐?
10 너희들이 선한 일을 한 자는 무덤에서
도 생명의 부활로 태어나는 것은, 나
여호와를 믿으며 나의 아들 예수를 믿
으며 그저 나를 믿는 것으로써 너희들
이 모두를 선한 것이라 그리 말하지

않느냐?
11 그리고 악한 자는 심판으로써 부활한
다는 것은 너희들이 무엇이더냐? 나
를 믿지 않는다는 그 불신자라는 백성
들을 두고 말하는 것이 아니더냐?
12 어찌하여 선하고 악한 자를 너희들이
믿는 자는 선한 자요, 믿지 않는 자는
악한 자라 하느냐?
13 내가 나를 믿으며 나를 따르는 그 마
음이 너희들 마음속 깊이 갖지 않은
자 없다 했음이니,
14 너희들이 어렵고 무서울 때, 긴박할
때, '앗! 하나님.' 하고 찾는 그 마음
자체가 너희들이 모두가 다 나를 믿고
있는 자이니,
15 너희들이 손으로 지은 죄의 온상에 나
오고 안 나오는 것으로 믿고 안 믿는
것이라는 그 착각에서 벗어나라.
16 모든 백성들이 나를 믿음이니라.
17 그러니 너희들이 나를 믿는다는 것이
선한 일을 한 자요, 믿지 않는 자는 악
한 것으로써 너희들이 극과 극으로써
모두를 결정함이니,
18 이것으로써 모든 백성들을 너희들이
지옥으로 이끌어 가는 그와 같은 행위
를 하고 있는 것임을 알라.
19 선한 일을 한 자는 너희들이 나의 아
들 예수를 믿으며 나를 믿는 자라 그
리하여 무조건 너희들은 선한 일에 축
복받은 자요, 구원을 받은 자라 그리
말하느니라.
20 악한 자는 너희들이 바로 믿지 않는
자요, 그리하여 그와 같은 것으로써
구분하여 너희들이 지금 가고 있으니,
21 믿음의 길을 가는 자는 선한 일을 하
며 착한 일을 하는 백성이요, 믿지 않
는 자는 악한 일만 한다 너희들이 그
리 생각하느니라.
22 그리하여 너희들이 육의 삶이 죄가 되
지 아니하며, 육에서 너희들이 죄를
짓는 것은 관계없다는 식으로 나의 사
랑하는 백성들을 세뇌시켰으며 그들
을 가르쳐,
23 너희들이 그저 믿는 것으로써 선한 자
요, 믿기 때문에 거기에 대한 감사요,
선한 자이기 때문에 은혜를 갚아야 된
다 하여,
24 나의 피조물 만백성에게 온갖 방법과
수단을 가리지 아니하고, 그저 이름만
갖다 붙여 대면서 너희들이 재물을 거
둬들이고 갈취하는 그와 같은 오늘의
이 형국이 되었으니,
25 이것이 얼마나 잘못되었으며 너희들
이 나 여호와의 뜻을 거역하는가?
26 사랑이라는 것이 무엇이더냐?
27 사랑하는 자는 제가 손실을 보는 것이
라 했음이니라.
28 그러니 종교 집단의 지도자 너희들이
나의 사랑을 실천하는 백성이니, 너희
들이 과연 손해를 보며 살아가는 자들
인가?
29 이것이 너희들이 잘못되었다 함이니
라.
30 선한 일, 악한 일을 한 너희들의 육의
삶의 결과로 심판을 받는다는 그 두려
움을 내가 수없이 나의 새로운 성경에
전했음이니, 이는 엄연한 사실임을 알
라.
31 너희들이 정녕 믿지 못한다면 내가 다
시 한 번 강조함이니라.

32 진실로 진실로 내가 너희들에게 말하
니, 육의 세상의 삶의 그 결과를 가지
고 너희들이 심판을 받는 것이요,
33 너희들이 말하는 선한 자와 악한 자를
구분하는 것,
34 선한 자는 무덤에서 생명으로써 부활
한다는 것을 너희들은 믿는 자가 선한
자요, 믿지 않는 자는 지옥으로 가는
자요, 너희들이 그리 판단하지 말며
어리석게 생각하지 말라.
35 그것은 그대로 너희들이 선하게 살고
안 사는 것으로써 심판한다는 뜻이라
는 걸 알라.
36 그와 같은 자, 너희들이 나의 아들 예
수의 음성을 들을 수 있으며, 나의 아
들 예수의 음성을 들을 때 너희들이
구원을 받으며, 나의 아들 예수가 재
림할 때 역사한다 하나,
37 너희들은 그와 같이 믿는 자는 선한
자요, 믿지 않는 자는 악한 자요, 그와
같은 방법으로써 나의 아들을 볼 수도
없으며 나의 아들의 음성을 들을 수도
없을 것이니 그리 알라.
38 새로운 성경이 바로 곧 심판이요, 그
리고 새로운 성경이 새로운 시대에 심
판이 시작되었음을 너희들은 알아야
될 것이니 이를 알라.
39 여기서도 아직 잠을 깨지 못하는 자,
너희들이 결국 그저 귀하고 소중한 세
월을 허송세월하다 나에게 와 심판을
받으니,
40 그때 너희들이 종교 지도자에게 갖다
바친 재물이 얼마나 무서운 죄인가 하
는 것을, 아무리 원망하고 통곡해도
누구도 너희들을 대신할 수 없다는 것
을 알라.

11,356 번째 하나님 말씀

2004년 5월 28일 22시 05분

1 사랑하는 나의 아들아!
2 "네, 아버님! 말씀하옵소서."
3 너희들이 육의 행함이요, 육의 삶이
중요하지 아니하며 그것으로써 너희
들이 심판을 아니 받는다 하면, 내가
왜 구약과 신약이요, 그리고 새로운
성경을 세상에 내려보냈겠느냐?
4 너희들이 그저 나의 아들 예수를 믿기
만 하면, 나를 찾기만 하면, 너희 말대
로 구원받는다 하면, 무슨 이와 같은
성경이 필요하겠는가?
5 바로 구약과 신약이요, 새로운 성경
이게 다 무엇이더냐?
6 바로 곧 지침서이니라.
7 그리고 문서로써 모두를 기록하여 너
희들에게 전함이니, 지침서요, 문서라
는 것이 존재하는 이유는 과연 무엇이
더냐?
8 그는 그것을 기준으로 하여 행하고 지
켜야 하기 때문이니라.
9 그러니 구약과 신약이요, 새로운 성경
이 바로 너희들이 살아가는 삶의 지침
서이니,
10 이와 같은 지침서를 너희들이 따르고
따르지 아니하며, 여기에 따라 살고
살지 아니함으로 너희들이 나에게 구
원을 받고 구원을 받지 아니하는 것이
며,
11 여기서 너희들이 심판을 받지 않는다
면 내가 뭐하러 이 지침서를 내려보내

너희들에게 공부를 하게 하겠느냐?
12 너희들은 믿는 자는 구원을 받으며,
믿지 않는 자는 지옥으로 간다며, 너
희들이 그저 나의 아들 예수를 믿기만
하며 나 여호와가 존재한다는 걸 믿기
만 하면 구원을 받는데,
13 왜 내가 문서로써 너희들이 행하고 지
켜야 하는 그 조항들을 하나하나 너희
들에게 내려보내어 행하고 지키라 하
겠느냐?
14 너희는 손으로 지은 죄의 온상인 교회
에 나가고 안 나가는 것, 그리고 나를
믿고 안 믿는 것이 아니니라.
15 너희들은 잘 들어야 될 것이니라.
16 나의 백성 너희들은 누구를 믿고 안
믿는 것이 아니라, 너희들이 내 뜻 속
에 내가 원하고자 하는 것, 내가 역사
하고자 하는 것을 알아 행하고 살아가
는 것, 그것이 소중하고 귀한 것임을
너희들이 알아야 될 것이니라.
17 그러니 너희들이 행하는 것이 얼마나
중요하고 귀하면 내가 구약이요, 신약
이요, 이 지침서를 내려보내며, 지금
마지막 시대에 내가 새로운 지침서를
너희들에게 내려보낸단 말이더냐?
18 이 지침서라는 것은 너희들이 이를 읽
고 깨우쳐서 행하라는 것이니라.
19 그러니 그것을 행함이 중요하기 때문
에 지침서를 내려보낸 것이요,
20 믿기만 하면 너희들이 나에게 와 구원
을 받을 수 있다면, 내가 뭐하러 지침
서를, 이 어렵고 힘든 것을 내려보내
너희들에게 이를 지키고 살라 하겠느
냐?
21 그저 너희들 말대로 믿으면 되며, 나
여호와가 존재하며 나의 아들 예수가
존재하는 걸 믿으면 구원을 받는다면,
22 너희들에게 그 지침서요, 그리고 너희
들이 행하고 살아야 할 내용이 필요
없으며, 기록된 것을 내려보낼 일이
없느니라.
23 여기서 너희들은 잘 깨닫고 깨우쳐야
될 것이니라.
24 구약과 신약이요, 나의 새로운 성경을
내려보내는 것은 지침서이니라.
25 이를 보고 행하고 지키라 하여 근거를
내려보내는 것이니,
26 그리하여 너희들의 행함이 중요하고
행함으로써 모두가 역사한다는 걸 잊
지 말라.

11,357 번째 하나님 말씀

2004년 5월 28일 22시 10분

1 사랑하는 나의 아들아!
2 "네, 아버님! 말씀하옵소서."
3 나의 새로운 성경에 기록하여 전함이
니라.
4 지금 너희들이 몇천 년 동안 믿어 온
종교 집단의 그 지도자, 그리고 나의
피조물 만백성을 이끌어 가는 그 모두
가 천당의 사기꾼임을 알라.
5 천당이라는 명패 아래 사기극을 벌이
고 있는 자들이라는 것을 그들에게 전
하라.
6 그러니 너희들이 왜 천당의 사기꾼이
더냐?
7 종교 집단의 지도자 저희들이 과연 천
당에 가 본 자 있는가?
8 가 보지도 아니한 자들이 천당을 어찌

안다고 저희들이 구원을 받고 못 받는
것처럼 그리 말하는가?
9 그리고 어떠한 사람이 가는지 가지 않
는지 저희들이 그걸 아는가?
10 그 이치를 아는지 한번 물어보도록 하
라.
11 아무것도 모르는 자들이 구원을 할 수
있다, 구원을 받았다, 천당을 간다 말
함이니,
12 바로 너희들이 아무것도 모르는 거짓
된 자의 행위를 하는 것이 무엇이더냐?
13 남을 속이고 거짓된 행위를 하는 것이
바로 사기꾼의 짓이니, 너희들이 인간
세상의 삶의 사기꾼이 아니라 천당의
사기꾼이요, 사기를 치는 자들이라는
것을 내가 말함이니,
14 모든 종교 집단의 지도자, 단상에 서
서 설교를 하는 자, 너희들이 천당의
사기꾼이며 성령을 위배하는 자요,
15 너희들이 천당을 사기 치니 나를 놓고
너희들이 사기 치는 것이니, 이는 결
코 용서받지 못한다는 것을 알라 그리
전하라.
16 절대 용서할 수 없음이니 그리 전하도
록 하라.
17 그러니 너희들이 믿기만 하면 모두가
다 천당을 가며 구원을 받는다는 것,
바로 그들이 천당의 사기꾼이요,
18 선함과 아름다움의 삶을 살아가며 어
렵고 힘든 길이요, 너희들이 악습의
껍질을 하나하나 벗겨 가는 그 거듭나
는 고통 속에서 사는 자,
19 그와 같이 살지 아니하면 구원을 받을
수 없으며, 너희들이 육의 삶에 의하
여 심판을 받는다는 것, 그것이 바로
기준이 되어 너희들이 나에게 오르고
못 오른다는 그와 같은 가르침을 전하
는 자, 너희들은 그를 따라야 될 것이
니라.
20 그자는 천당의 사기꾼이 아님을 너희
들은 알아야 될 것이니라.
21 그리고 재물을 거둬들이는 자, 그리고
재물을 챙기기 위하여 온갖 수단을 다
동원하는 자, 그것이 바로 천당의 사
기꾼이니,
22 너희들이 그와 같은 이치를 깨닫고 바
른 믿음이요, 바른길을 보도록 그리하
라.
23 내가 그리하여 너희들을 깨우치고자
160권의 새로운 성경을 세상에 내려
보내거늘, 어찌하여 너희들이 이를 가
슴에 안고 정독하여 너희 것으로 만들
지 아니하는가?
24 이를 읽지 않는 자 너희들이 하늘의
뜻을 알 수 없음이니, 내 뜻을 모르는
자가 어찌하여 나에게 오를 수 있으며
나에게 구원받을 수 있는 백성이라 말
한단 말이더냐?
25 너희들이 다 부질없는 사기극에 넘어
가지 말라.
26 더욱이 너희들이 인간 세상에 재물을
사기 치는 것이 아니요, 영원히 거듭
나는 삶을 너희들이 지금 사기당하고
있음을 알라.
27 너희들이 영원히 살 수 있다면, 인간
세상에서 아무것도 너희들이 소유하
지 아니하며 모두를 다 내놓을 것이니
라.
28 그러니 바로 영원히 사는 그와 같은
삶을 위하여 너희들이 어떠한 삶을 살

아가야 되는 것인가를 명심하고 또 명
심하라.
29 사기꾼에게 당하여 너희 자신이 지옥
으로 가는 그와 같은 길과 다시 거듭
나는 길을 선택하는 그것도 모두가 다
너희 자유의사에 달렸으며 너희 자신
에게 달렸다는 걸 그들에게 전하라.

11,358 번째 하나님 말씀

2004년 5월 28일 22시 17분

1 사랑하는 나의 아들아!
2 "네, 아버님! 말씀하옵소서."
3 나의 아들 예수가 감에 그를 슬퍼하는
그 제자들에게 뭐라 하였느냐?
4 나의 아들이 가 너희들이 올 수 있는
너희들의 처소요, 그 모두를 만들어
놓고 그가 다시 와 너희들을 인도하며
깨우친다 그리하지 아니하였더냐?
5 그리고 너희들이 올 수 있는 그 처소
를 예비하고 모두를 이루러 온다 그리
하였으니, 그 구절을 너희들은 믿으며
그를 기다리느니라.
6 그러나 나는 나의 아들을 통하여 뭐라
말했느냐?
7 나의 아들 예수가 처소를 만들어 너희
들에게 가는 것이 아니요, 내 새로운
성령이요, 나 여호와의 뜻이 예수가
역사하던 걸 이루며, 또 그와 같이 내
모두를 역사하는 것이요, 새로운 성경
이 너희들을 인도한다 그리하였느니
라.
8 그러면서 너희들이 지금 한 입 가지고
두말하는 것이 종교 집단의 지도자가
아니더냐?
9 내가 너희들에게 하나를 물어보고자
하느니라.
10 너희들이 한 획도 고치고 빼고 더해
서도 아니 된다는 나의 성경을 가지고
공부하는 너희들이 뭐라 말하느냐?
11 예수가 죽어 갈 때 그 옆에 있는 강도
가 천국에 들어갔다 하느니라.
12 그러니 나의 아들 예수가 와 너희들이
들어갈 수 있는 처소를 만들고 와 너
희들을 인도한다 했거늘, 과연 어찌하
여 강도가 그 천국에 들어갔다 그리
말하는가?
13 그리고 너희들은 그 나사로라는 거지
가 천국에 갔다 그리 말하느니라.
14 게으른 자요, 노력하지 아니하여 남의
것을 얻어먹는 그가 천국에 갔다 그
리하지 않느냐?
15 거지 나사로는 아브라함의 품에 안겨
구원의 천국을 가고, 그에게 먹을 것
을 주었으며 너희들이 어떤 무엇을
주었든 간에 나눠 준 그와 같은 부자
는 무조건 지옥에 갔다 너희들이 그리
말하느니라.
16 그러면서 뭐라 말하느냐?
17 그는 세상에 좋은 것을 다 가지고 그
가 모두를 다 역사했음이니, 지금 그
와 같은 죄를 받는 것이 당연한 것처
럼 너희들이 그리 몰아붙이느니라.
18 그러나 나는 너희들에게 전하기를, 나
의 아들이 하늘에서 너희들의 처소를
미리 만들어 놓고 내려와 인도한다 그
리 말하였거늘,
19 어찌하여 너희들은 그를 만들고 나의
아들이 내려가지도 않았건만 그들이
구원을 받았다 그리 말하며,

20 너희들은 아브라함의 품에 나사로가
있다 하니, 나사로가 구원을 받으면
내 품이며 나의 나라에 오는 것이지,
어찌하여 아브라함의 품에 가서 있단
말이더냐?
21 너희들이 그와 같은 의미요, 그 뜻을
한번 잘 깨우쳐 봐야 될 것이니라.
22 그러니 비유의 뜻이요, 내가 역사하는
뜻을 너희들이 하나도 알지 못하는 자
요, 어리석은 자들이기 때문에 그리
가르치고 있음이니라.
23 나의 아들 예수가 너희들이 올 수 있
는 하늘나라에 처소를 만들고 내려가
서 너희들을 구한다 하였거늘, 어찌하
여 그들은 벌써 구원을 받았다 그리
말한단 말이더냐?
24 그리고 너희들은 비유의 뜻을 잘 들어
야 될 것이니라.
25 남의 것을 얻어먹고 문 앞에 있는 나
사로는 구원을 받았고, 그에게 먹을
것을 나눠 주고 좋은 일을 한 자는 지
옥에 가 있다 함이니, 이와 같은 의미
를 잘 깨우쳐 너희들이 하늘의 지혜를
얻어야 될 것이니라.
26 인간 세상에 너희들이 살아가면서 거
지요, 병든 자가 너희 집 앞에 누워 있
을 때, 지금의 너희들은 과연 그에게
먹을 것을 주는 백성이던가, 그를 쫓
아내는 백성이던가?
27 아마 너희들은 그가 옆에 있는 것도
용서하지 아니할 것이며, 너희 집에
들어가는 자, 너희 집에 오는 손님에
게 누가 된다 하여, 그리고 또한 재물
을 도둑맞을까 하며, 너희들을 염탐하
는 자라 하여 용서치 아니하며 쫓아
버릴 것이니라.
28 이것이 오늘의 믿음의 길을 가는 종교
집단의 지도자요, 구원을 받았다는 백
성, 너희들이 하고 있는 행위일 것이
니라.
29 아니면 내가 한번 너희들에게 당장 시
험을 해 보여 줄 것이라 말해도 되겠
느냐?
30 그러니 너희들이 그 부자는 어떠했느
냐?
31 너희들은 그와 같은 자들을 쫓아내는
것이 오늘의 구원을 받은 종교 집단의
지도자요, 신도라 하면서, 그래도 그
는 그를 쫓아내지 아니하였음이니라.
32 그리고 그는 먹을 것을 계속 그에게
제공해 주지 아니하였던가?
33 그가 천국에 가지 못하고 지옥에 갔다
면, 지금의 너희들 앞에 거지요, 병든
자가 누워 있다면, 너희들은 쫓아내며
몰아내며 도둑이 아닌가 의심할 자들,
과연 너희들은 어찌 되겠는가 생각해
보았느냐?
34 그러니 나의 아들 예수가 너희들의 처
소를 만들어 놓고 인도한다 하였거늘,
아직 너희들의 처소를 만들고 나의 아
들 예수가 내려온 근거가 없거늘,
35 어찌하여 너희들이 그들이 천국을 갔
다 그와 같은 말을 하느냐?
36 너희들이 이 내용을 그저 가르치고 전
하지만 말라.
37 그러니 너희들이 비유의 뜻이요, 내가
가르치고 전하는 의미를 아무것도 알
지 못하는 자들이기 때문이니,
38 이 모두는 비유의 뜻으로써 너희에게
가르치고 전한 의미라는 것을 깊이 깨

우쳐야 될 것이니,
39 너희들은 이 모두를 깨우치려거든 나
의 새로운 성경을 읽고 깨우치라.
40 이 답을 내가 너희들에게 내리지 아니
함은 나의 새로운 성경을 읽고 깨우치
라 하여 너희들에게 임무를 줌이니라.

11,359 번째 하나님 말씀

2004년 5월 28일 22시 29분

1 사랑하는 나의 아들아!
2 "네, 아버님! 말씀하옵소서."
3 나 여호와가 나의 뜻의 모두는 나의
아들 예수를 통하여 비유로써 전하지
아니한 것이 없으며 모두를 비유의 뜻
으로 전했음이니,
4 이는 너희들이 노력하고 깨닫고자 하
는 자만이 그 모두를 알 수 있기 때문
이니라.
5 나 여호와가 나의 뜻을 비유로써 가르
쳤으며 그 모두가 전해졌으니, 너희들
은 그 비밀을 알고자 피나는 노력을
하지 아니하면 결코 알 수 없음이니라.
6 그러니 종교 집단의 지도자 그들이 노
력하지 아니하며 깨우치려 하지 아니
하며 그들의 마음이 비워져 있지 아니
하기 때문이니라.
7 오로지 참진리요, 나 여호와의 뜻을
가르치고자 하는 진정한 지도자를 구
분하고 내가 선별하는 것은,
8 내가 비유의 뜻으로써 내린 성경을 너
희들이 얼마나 깨우치고 그를 듣느냐,
그리고 그를 볼 수 있는 지혜를 얻느
냐 하는 것으로써 내가 모두를 평가하
기 때문이니라.
9 그러니 종교 지도자 너희들이 어찌하
는가?
10 너희들은 노력하지 아니함이니라.
11 인간 세상의 육의 행복이요, 삶을 위
하여 너희들이 그저 거기에 만족하며,
오늘의 너희들이 먹고 자는 삶이 편
안하며 너희들이 그리고 더 풍요로움
을 위하여 모두를 바치는 그와 같은
믿음의 길을 가고 있는 것이 오늘의
썩어져 있는 현실이니라.
12 그리하여 종교 지도자는 노력하지 아
니하고, 비유의 뜻으로써 내가 가르치
는 것도 너희들이 유리하고 그저 너희
들에게 꿀과 같은 것으로써 필요한 것
만을 골라서 가르치고,
13 그를 너희 임의로 네 입맛에 맞도록
설명하여 가르치는 것이 아니더냐?
14 그리고 재물을 모으는 방법으로 모두
를 변질시켜 가르치는 것이 너희들이
니라.
15 그리하여 그대로 받아들이고 가르치
고 너희들이 그리하는 것이 아니기 때
문에 오늘에 이와 같은 험악한 세상
이 되었으며, 나와 관계없는 백성들만
이 세상을 지배하고 있다 하였음이니
라.
16 더욱이 종교 지도자가 가는 길이 어렵
고 힘든 것, 그리고 너희들에게 불리
한 것은 비유의 뜻이라 하여 그저 그
대로 넘어가며,
17 그를 헤쳐 깨우쳐 너희들에게 매질이
되며 너희들을 다스리는 그 쓴 약은
쓰지 아니하고 그저 덮어 둬 버리고
그냥 넘어가느니라.
18 그러니 오로지 너희들에게 유리하고

꿀과 같은 것, 그리고 재물을 갈취할
수 있는 것, 그리고 너희 종교 지도자
를 받들라 하는 것, 이와 같은 것들만
골라서 가르치는 그와 같은 형국이 되
었으니, 이게 얼마나 잘못된 것이더냐?
19 쓴 것은 너희들이 들어 고치고 너희들
이 변하는 그와 같은 노력을 하지 아
니하고 감이니, 오늘의 세상이 이리
썩어졌음이니라.
20 사랑하는 나의 아들을 따르는 제자들
이요, 나의 새로운 성경을 읽고 깨우
친 만백성, 너희들은 들으라.
21 이와 같이 썩어져 있는 이 세상의 믿
음의 종교 집단을 과연 어찌 다스리며
어찌해야 되겠느냐?
22 말로써 전하는 것도 아니 되며 기적의
역사로써도 되지 아니함이니라.
23 모두는 너희들이 비밀을 풀어놓은 나
의 새로운 160권의 법전을 읽고 깨우
치도록 이 새로운 성경을 만백성에게
전하는 그 길밖에 없기에, 너희들이
오늘 이와 같이 어렵고 힘든 길을 감
이니 그리 알라.
24 그러니 너희들은 너희들 자신이 어렵
고 힘든 것으로써 만백성의 영혼을 구
하는 그와 같은 역사를 함이니, 오늘
의 힘들고 어려움을 기쁜 마음으로써
가라 함이 나의 뜻이니라.

11,360 번째 하나님 말씀

2004년 5월 28일 22시 35분

1 사랑하는 나의 아들아!
2 **"네, 아버님! 말씀하옵소서."**
3 성서의 한 구절에 전하기를, 거지 나
사로의 삶이 곧 천국이요, 그리고 너
희들이 부자로 살아온 자는 지옥이라
그리 가르침이니라.
4 이것이 과연 너희들이 생각할 때도 하
늘의 뜻이요, 나 여호와의 뜻이요, 하
늘의 법도라 말하느냐?
5 너희들이 남에게 신세를 지는 거지로
살아온 그 나사로는 천국이요, 그래도
베풀며 살았다는 그 부자는 지옥으로
간다면,
6 이것은 결코 하늘의 법도가 아니니,
내가 너희들에게 가르치고 전한 의미
가 따로 있음을 알아야 될 것이니라.
7 그리하여 성서는 모두 비유의 뜻이라
했음이니, 너희들은 그 비유의 뜻을
깨닫도록 노력하지 아니하면 아니 되
는 것이니라.
8 부자와 거지라는 것, 그 한 가지를 가
지고 너희들이 천국과 지옥이 구분되
며 나에게 오를 수 있고 못 오는 것이
모두가 판결되는 그 간단한 방법이라
면,
9 너희가 오늘에 뭐하러 어렵고 힘들고
그 고통스러운 길을 가 나에게 오르고
자 하는 그 삶을 산단 말이던가?
10 그와 같은 삶이요, 그와 같은 길을 갈
이유가 하나도 없느니라.
11 그저 가난하게 살기만 하며 일하지 않
고 남에게 얻어먹고 살기만 하면 너희
들이 천국에 간다 하면, 뭐하러 일하
고 힘들게 살아가는가?
12 그리고 가난하게 살면 너희들이 그리
갈구하는 영원히 사는 세상에 새 생명
을 얻음이니, 그저 너희들이 거지로
살면 되는 것을, 어찌하여 이리 복잡

하고 힘든 삶을 산단 말이더냐?
13 일하지 아니하고 놀고먹는, 남의 것을
얻어먹는 자는 천국으로 가는 것이요,
14 너희들이 먹다 남는 것이라도 남에게
주는 그와 같은 자는 지옥으로 간다
함이니, 너희들이 어찌한단 말이더냐?
15 그러니 일하지 아니하는 자는 먹지 말
라 하여 내가 가르친 성서의 뜻을 너
희들이 생각한다 해도, 과연 남의 것
을 얻어먹는 일하지 않는 게으른 거지
가 천국에 올 수 있다 그리 말하느냐?
16 이 모두는 너희들을 깨우치기 위한 비
유의 뜻임이니, 그 뜻을 스스로 깨우
치라 함이니라.
17 참진리의 길을 가는 자는 구원이요,
그렇지 못한다면 너희들이 아무리 권
세를 누리고 영광을 찾는다 해도 너희
들은 결국 나에게 올 수 없으며 하늘
에 오를 수 없다는 그와 같은 이치의
깨달음이 또한 여기에 있음이니,
18 너희들은 그와 같은 것을 깨달으며,
내가 정녕 원하는 것이 무엇이며 너희
들에게 전하고자 하는 뜻이 무엇인가
를 더 깊이 깨우쳐 너희 것으로 만들
도록 그리하라.
19 너희들이 아무리 권세를 누린다 해도
구원받지 못함이니,
20 나의 새로운 성경을 접하는 자 구원의
길을 볼 것이요, 그렇지 못한 자는 지
옥이요, 그러니 너희들이 이와 같은
의미가 여기 있다는 것이요,
21 그리고 또한 더 깊이 내가 무엇 때문
에 비유의 뜻으로 그리 역사했는가를
스스로 깨닫도록 그들에게 과제를 주
도록 그리하라, 사랑하는 나의 아들아!
22 그는 뭐라 하였느냐?
23 그 부자는 그리 말하였느니라.
24 지상에 있는 형제들에게 지금의 오늘
의 이 형국이요, 이와 같이 사는 것이
나의 하늘에 오를 수 없으며 구원을
받을 수 없는 것을 그 형제에게 전하
고자 하나 그를 전할 수 없다 그리 말
하며, 그리 전할 수도 없는 것이라 그
리하지 않았느냐?
25 그러니 너희들은 그것이 무슨 뜻이더
냐?
26 너희들이 새로 나오는 새로운 성경이
요, 지금 160권의 법전이요, 이를 너
희들이 듣고 깨우치지 아니하면, 너희
들이 구원의 길을 볼 수가 없으며 구
원을 받을 수 없다는 것을 비유의 뜻
으로써 또한 전해 준 것이,
27 그가 저희 형제들에게 그와 같이 세상
에 사는 것은 아무리 부자로 살고 어
찌 살아도 구원을 받지 못한다는 것을
전하고자 해도 그를 전할 수 없으며,
28 말씀이요, 나 여호와의 뜻을 듣는 것
으로써 구원을 받는 것이라 그리 말한
것,
29 그러니 새로운 성경에 나의 뜻을 내려
보내니, 이를 읽고 깨우치는 자가 구
원을 받을 수 있다는 그 비유의 의미
라는 것을 너희들은 받아들여야 될 것
이니 그리 알라.

11,361 번째 하나님 말씀

2004년 5월 28일 22시 42분

1 사랑하는 나의 아들아!
2 **"네, 아버님! 말씀하옵소서."**

3 성서가 모두 비유의 뜻으로 되었다 하
나, 너희들이 비유를 모르며 그 의미
를 모른다 함이니라.
4 그러니 너희들이 몰라도 얼마만큼 모
르며, 그 모름으로 인해서 얼마나 무
서운 결과가 이루어지는가, 너희들은
그와 같은 것을 알아야 될 것이니라.
5 사랑하는 나의 아들아!
6 "네, 아버님! 말씀하옵소서."
7 나의 아들 예수가 죽어 갈 때 그 옆에
강도가 있었음이니, 과연 강도는 구원
을 받아 하늘에 오르는 것이 아니니라.
8 나는 나의 새로운 성경에 그가 결코
오르지 아니한 자라 내가 너에게 그리
가르쳐 주었으며 그를 만백성에게 전
하라 하였음이니라.
9 다만, 그의 공로가 하늘에 닿음을 너
희들은 알아야 될 것이니라.
10 그 강도는 뭐라 말하였느냐?
11 모든 사람들이 등을 돌리며 나의 아들
을 조롱하며 나의 아들에게 핍박하며
모든 군인들의 그 핍박과 고통으로 나
의 아들은 견딜 수 없는 그와 같은 고
통 속에 있었음이니라.
12 그러나 강도는 제가 같이 못 박혀 죽
어 가면서, 자신의 고통을 감내하며
자신의 고통을 잊어버린 채 그 어려운
가운데서도 그 자신의 고통이나 그 모
두는 다 뒤로 접어 두고, 그는 어떠한
행동을 했는가?
13 모든 제자가 등을 돌리고 나의 아들
예수를 팔았으며 그리고 그들이 등을
돌린 인간의 배신의 행위를 보여 주는
것,
14 그 속에서 나의 아들 예수는 견디기
어려웠으며, 그것보다도 더 고통스러
운 것이 없었음이니라.
15 그러나 그 강도는 나의 아들 예수에게
어찌했느냐?
16 진정한 나의 아들 예수 앞에, 그는 나
의 아들을 믿어 준 진정한 신앙인이
요, 그리고 무엇과도 바꿀 수 없는 나
의 아들을 가장 크게 위로한 동반자
요, 그보다 더 그를 위로한 자가 없음
을 너희들은 여기서 깨달아야 될 것이
니라.
17 나의 아들 예수에게 이 세상에서 가장
믿음이 깊은 친구요, 가장 소중한 사
람이요, 가장 기쁨을 준 사람이요, 그
리고 예수에게 그 고통을 참을 수 있
는 힘을 준 사람이 바로 무엇인 줄 알
겠느냐?
18 너희들이 말하는 그 강도였음을 알아
야 될 것이니라.
19 강도는 그와 같은 자가 되었음이니라.
20 그는 어떠한 자더냐?
21 이 세상에 그 제자들도 등을 돌렸으며
그 모두가 다 떠나며 모든 백성들이
믿지 못하는 그와 같은 상황에서도 나
의 아들을 믿어 준 자이니라, 그리고
나의 아들을 믿었음이니라.
22 그리고 그는 어떠한 백성인 줄 알겠느
냐?
23 내가 나의 아들에게 미리 깨우쳐 전했
듯이, 그는 회개하고 깨우친 백성이었
음이니라.
24 그는 깨우치고 아름답게 살려고 한 사
람이었으나,
25 그가 나의 아들 예수를 만나지 아니하
며 나 여호와의 존재함을 믿지 못하며

그가 나의 아들 예수를 만나 깨달음을
얻기 전까지 그는 지은 죄의 그 대가
를 치른 자요,
26 나의 아들 예수를 만나 그는 새로운
사람이 되었으며, 깨우침의 길을 가는
백성이었다는 것을 내가 너희들에게
전하여 주지 아니하였더냐?
27 그 의미를 너희들은 깊이 깨달아야 될
것이니라.
28 사랑하는 나의 아들아!
29 그는 믿음의 길을 가는 백성이었음이
니라.
30 똑같이 믿음의 길을 가는 백성이 되어
나의 아들 예수에게 가장 큰 기쁨을
주었으며, 믿음의 본보기를 가장 잘
보여 주었으며, 그를 위로해 주었으
며, 그에게 가장 소중하고 귀한 친구
였으며,
31 모든 인간들이요, 그 제자들까지 배신
하며 인간의 배신행위를 보여 주었으
나 그는 등 돌리지 아니한 자요,
32 그러니 나의 아들 예수에게 얼마나 그
가 위안이 되었던 자인 줄 알겠느냐?
33 그의 공이 하늘에 닿아 있음이니라.
34 그 많은 제자들이 그를 따랐던 자, 그
많은 백성들보다도 나의 아들 예수를
그는 의심치 아니하였으며 그리고 나
의 아들을 굳건히 믿어 준 자이니라.
35 인간으로서 가장 위대한 믿음을 행한
자요, 너희들이 십자가에서 가장 가까
운, 그리고 너희들이 가장 아끼는 그
와 같은 친구가 되어 준 백성이라는
것을 알라.
36 그는 강도이기 전에 그와 같은 것을
보여 준 자요, 그는 믿음의 길을 가던
자요,
37 그리고 그가 나의 아들 예수를 만나
믿음의 길을 가면서 지은 죄가 아니
라, 그와 같이 거듭나기 전에 지은 죄
의 대가를 치르는 그였다는 것을 알라.
38 그보다 진정한 믿음이요, 신앙생활을
한 백성이 없었으며,
39 자신의 고통보다도 남을 먼저 생각하
는 그와 같은 것을 실천한 자요, 그것
을 만백성에게 보여 준 위대한 자라는
것을 너희들은 알라.
40 그리고 그 뜻을 너희들은 전하도록 그
리하라.
41 지금 나의 아들을 따르는 제자 너희들
에게 내가 깊은 깨우침을 주고자 이를
기록하니, 과연 너희들은 어떠한 자세
로 가는가?
42 나의 새로운 성경이요, 나의 아들이
무너지고 쓰러질 때 과연 너희들은 어
떠한 백성이 되겠는가?
43 그 강도와 같은 그와 같은 신앙이요,
믿음의 길을 가도록 하라 내가 너희들
에게 깨우쳐 주기 위하여 이 대목을
전하니,
44 이제 나의 아들을 따르는 제자들이요,
새로운 성경을 읽고 깨우친 백성, 너
희들은 160권의 새로운 성경을 어찌
접해야 될 것이며, 나의 아들과 너희
들이 어찌 더불어 살아가야 될 것인가
깨달음을 주기 위하여, 깨우침을 주기
위하여,
45 하늘의 지혜를 얻을 수 있도록 하기
위하여, 그리고 너희들이 볼 수 있도
록 하기 위해서 내가 이 대목을 기록
하여 전함이니 그리 알라.

11,362 번째 하나님 말씀

2004년 5월 28일 23시 04분

1 사랑하는 나의 아들아!
2 "네, 아버님! 말씀하옵소서."
3 너희들이 정녕 나의 새로운 성경의 소
중함과 귀함을 알며 나 여호와의 뜻이
라는 그 의미를 안다면,
4 너희들은 이를 소중히 생각해야 될 것
이며, 소중히 간직해야 될 것이며, 그
리고 너희들은 이를 따라 행하도록 최
선을 다하는 그와 같은 삶을 사는 것
이 우선임을 알아야 될 것이니라.
5 지금까지 너희들이 천 갈래 만 갈래
갈라져 있으며, 서로가 나에게 오르는
길이라 하여 지금 울고불고하고 있는
이와 같은 형태, 기본이 없으며 뿌리
가 없는 모든 종교 집단의 지도자 그
들이 잘못되었다 하지 않았더냐?
6 그러니 정녕 이를 바로잡고 새로운 역
사를 열어 감이니, 이게 바로 나의 새
로운 성경의 기본이요, 근본이 되는
것이니,
7 이를 너희들이 읽고 깨우쳐 이것이 소
중한 것이며 귀한 것이라는 의미를 알
았다면, 너희들은 그대로 행하고 살아
가는 데 최선을 다하면 되는 것이니
라, 사랑하는 나의 아들딸들아!
8 너희들이 그와 같은 마음으로써 굳건
히 역사하지 아니한다면, 나의 아들
예수가 기적과 역사를 그리 보였으나
등 돌렸던 그 제자들과 같이 똑같이
됨을 너희들은 알아야 될 것이니라.
9 기적과 이적을 보인 나의 아들 예수에
게 그들이 등을 돌렸음이니, 지금 내
가 나의 아들을 통하여 너희들에게 기
적과 역사를 보인들 무엇하더냐?
10 그들이 등 돌렸듯이 또한 너희들도 등
돌리는 자가 될 것이니라.
11 그러니 너희들은 그 믿음이요, 나의
새로운 성경의 귀함과 소중함을 가슴
에 깊이 간직하도록 하라.
12 그리고 그대로 행하여 살아가면서 너
희들이 변함을 느끼며 변하는 역사를
얻어 너희 자신을 스스로 고쳐 가는
그와 같은 자가 되었을 때만이 나의
아들 예수를 따랐던 자들처럼 너희들
이 되지 아니할 것이니라.
13 그 제자들과 그를 따랐던 그 모든 백
성들이 예수가 가는 길이요, 그가 이
루고자 하는 그 의미요, 그 모든 것을
알지 못했음이니라.
14 나의 아들 예수가 가는 길을 그 자체
도 그들은 알지 못하였음이니라.
15 그러니 너희 또한 나의 아들과 지금
나의 새로운 성경이 세상에 내려오는
일이요, 그리고 이가 역사하는 것이
요, 이 모두가 변화되는 새로운 대혁
명을 이루는 것, 그 의미를 너희들이
제대로 알지 못한다면,
16 나의 아들 예수를 따라 예수가 역사하
고 가는 길을 몰라 등을 돌렸던 그 제
자들과 똑같이 된다는 것, 이를 명심
하고 또 명심하도록 그리하라.
17 그렇지 아니하면 아니 됨이니라.

11,363 번째 하나님 말씀

2004년 5월 28일 23시 07분

1 사랑하는 나의 아들아!

2 "네, 아버님! 말씀하옵소서."
3 좋은 과일을 거두고자 하며 좋은 열매
를 거두고자 한다면,
4 너희들이 피땀 흘리는 노력이요, 정성
으로써 그들을 잘 가꾸고 다스리지 아
니하면 결국 너희들은 그 모두를 거둘
수 없음이니라.
5 그러니 좋은 열매요, 그 좋은 과일을
너희들이 거둔다면, 그 나무를 정성
들여 잘 보살피고 가꾸는 길밖에 없으
며 그것 외에는 아무런 대안이 없음이
니라.
6 그저 심어 놓고 놓아 버린다면 거기에
는 결국 좋은 열매를 거둘 수 없는 것
이니라.
7 너희가 하늘의 선생이요, 그리고 나의
뜻을 역사하는 전사로서 세상에 나가
만백성을 구하는 그와 같은 역사를 이
루어야 할 선택된 백성들이니,
8 너희들이 나의 피조물 만백성을 구하
는 그와 같은 역사를 이룬다면, 너희
들이 나의 새로운 성경을 읽고 또 읽
고 정독하여 깨우쳐서 그 속에 있는
뜻을 알아야 될 것이며, 그를 너희들
것으로 완전히 소화시키는 그 길밖에
없음을 알아야 될 것이니라.
9 너희들이 바로 깨우치지 못하며 정독
하여 그 뜻을 다 이해하지 못한다면,
너희들이 선생으로서 직분을 다하지
못함이니,
10 너희들이 가꾸지 아니하고 좋은 열매
를 거두려는 그와 같은 어리석은 농부
와 같다는 것을 절대 잊지 말라.
11 그러니 너희들은 강론에 귀를 기울이
며, 그리고 새로운 성경을 읽고 또 읽
어서 너희 것으로 소화시키는 데 최선
을 다하도록 노력하고 또 노력하라 내
가 너희들에게 전함이니, 이를 잊어서
는 아니 될 것이니라.

11,364 번째 하나님 말씀

2004년 5월 28일 23시 10분

1 사랑하는 나의 아들아!
2 "네, 아버님! 말씀하옵소서."
3 너희들이 감사하는 것 중에 가장 감사
함이요, 그리고 가장 너희들이 기뻐하
는 것이 무엇인 줄 알겠느냐?
4 나는 너희들이 나에게 기도하고 경배
하는 것보다 더 감사한 것이 있음이니
라.
5 그보다 너희들이 더 위대하고 감사한
것이 있으며, 그리고 나 여호와가 무
엇과도 바꿀 수 없는 그 기쁜 마음이
요, 내가 너희들을 세상에 내보낸 보
람을 느끼는 그 기쁨이 무엇인 줄 알
겠느냐?
6 너희들이 살아가면서 선한 일을 하는
것, 그리고 선한 행동을 함에 있어서
스스로 너 자신도 모르게 바로 행하는
그와 같은 습관으로써 훈련되는 것,
7 그와 같은 삶을 사는 것이요, 너희들
의 마음이 그렇게 다스려져 갈 때, 나
여호와의 마음이 세상 것 무엇과도 바
꿀 수 없이 기쁨이니라.
8 그리고 너희들 스스로 그리 살아갈
때, 나 여호와에게 너희들이 감사 기
도를 드린다면, 나에게 제물을 차려
놓고 기도를 드리며 감사의 기도를 드
리는 것보다도 내가 더 기쁨이라는 것

을 잊지 말라, 사랑하는 나의 아들딸
들아!
9 너희들이 선한 행동을 하는 것, 선한
일을 하는 것, 그리 행하는 것이 나에
게 가장 큰 기쁨이니라.
10 그리고 선한 일을 하지 아니하면 아니
되는 그 습관이요, 습성이 배는 것, 그
마음으로써 너희들이 굳어지는 그와
같은 백성으로 거듭나는 것,
11 그것이 나에게 어떠한 것보다도 위대
한 기쁨이라는 걸 절대 잊지 말라, 사
랑하는 나의 아들딸들아!
12 그러니 너희들은 나 여호와가 슬프며
너희가 기쁨을 누리는 그와 같은 삶을
살지 말라.
13 너희들이 악행을 하는 것, 악을 행하
는 그 습관에 젖어 있으며, 악을 스스
로 행하면서 죄인 줄 모르며 그저 습
관적으로 악을 행동하는 나의 백성들
을 볼 때, 나 여호와의 슬픔이요, 나의
고통이 이루 말할 수 없음이니라.
14 그러니 너희들은 나에게 슬픔이요, 고
통을 안겨 주는 그 삶을 살겠는가?
15 나에게 무엇과도 바꿀 수 없는 그 기
쁨을 느끼는 삶을 살겠는가?
16 제물을 차려 놓고 정성을 다하는 그와
같은 것보다도 더 기쁨이 바로 너희들
이 선한 행동을 그저 습관적으로 하며,
17 그저 너희들 자신도 모르게 그를 행하
지 아니하면 아니 되는 그와 같은 너
희들의 마음이요, 행동으로 살아갈 때,
18 나에게 가장 큰 기쁨이요, 너희들도
가장 감사한 기도를 드리라 함이니 잊
지 말라.

11,365 번째 하나님 말씀

2004년 5월 28일 23시 15분

1 사랑하는 나의 아들아!
2 "네, 아버님! 말씀하옵소서."
3 모든 믿음의 길을 가는 백성들이 십계
명을 지킬 수 없으며, 인간이기에 죄
를 짓지 아니하고 살 수 없다 그들이
단정하며 포기하고 사는 백성 너희들
은 알아야 될 것이니라.
4 너희들은 그들이 할 수 없는 선한 일
은 할 수 있어도, 악한 일을 하는 것이
너희들이 더 어렵고 고통스러운 것,
5 그리고 선한 일은 하기 쉬워도 악한
일은 하기 싫어하는 그와 같은 삶으로
써 너희들이 변화가 되어야 함을 절대
잊지 말라, 사랑하는 나의 아들딸들아!
6 너희는 버릇과 습관이 있음이니라.
7 그러기에 너희들이 노력하고 또 노력
하여 변하고자 한다면 너희들은 그와
같이 결국 될 수 있음이니라.
8 선은 행하기는 쉬우나 너희들이 악을
행하기는 정말 어렵고 힘든 그와 같은
삶을 사는 백성으로 거듭나지 아니하
면 아니 됨이니라, 사랑하는 나의 아
들딸들아!
9 너희들이 구원을 받으며 나에게 오른
다 너희들이 온갖 짓을 다 하며 평생
나를 찾고 울고불고 그리한다 해도,
10 너희들이 선을 행하는 그와 같은 습
관으로써 길들여진 백성으로서 거듭
나지 아니한다면, 다 부질없는 삶이
요, 부질없는 믿음이라는 것을 그들에
게 전하라.
11 악을 행하지 아니하는 습관으로 길들

면, 그것이 너희들이 나에게서 나온
은혜요, 나로부터 받은 은혜요, 나에
게 감사하는 길이요, 그보다 너희들이
나를 더 기쁘게 하는 것이 없음을 알
라.
12 그러니 그것이 너희들이 나로부터 받
은 모든 은혜에 최상의 보답을 다하
는 길이라는 걸 명심하고 명심하도록
그리하라.
13 너희들이 길들기에 달렸으며 습관을
들이기에 달렸음이니라.
14 그러니 모든 백성들이 악을 행하기는
쉬우나 선을 행하기는 어려우며, 악을
행하지 아니하고는 살 수 없다는 그와
같은 백성들에게,
15 습관이 들도록 그 노력과 노력을 거
듭하면 악을 행할 수 없는 사람이 되
게 되며, 선은 행해도 악은 행할 수 없
는 그와 같은 너희들로 스스로 변한
다는 것,
16 그와 같이 변화되는 것이 나의 아들딸
이요, 나에게 오를 수 있는 기초를 너
희들이 다지는 길이라는 것을 그들에
게 깨우쳐 주도록 그리하라.

11,366 번째 하나님 말씀

2004년 5월 28일 23시 19분

1 사랑하는 나의 아들아!
2 **"네, 아버님! 말씀하옵소서."**
3 사랑이라는 것은 무엇이라 말하였느
냐?
4 대가 없이 너희들이 베푸는 것이며,
그러기에 사랑은 자기의 희생이라 하
였음이니라.
5 그러니 너와 너를 따르는 제자들이요,
나의 새로운 성경을 읽은 백성, 그리
고 모든 믿음의 길을 가는 백성들이
재물을 나눠 주며 재물의 손실이요,
그 희생이 따르는 것이 너희들은 사랑
이라 그리 생각하느니라.
6 그러나 너희들은 들어야 될 것이니라.
7 그 재물보다도 더 소중하고 귀한 것이
사랑이니, 그리고 그 사랑은 역사함이
니라.
8 그리하여 그보다 더 위대한 선물을 주
는 것이 사랑이라는 것을 알도록 그리
하라, 사랑하는 나의 아들딸들아!
9 물질보다도 더 위대한 것을 너희들에
게 베푸는 것이 사랑의 근본이니라.
10 너희들은 선을 행하고 살고자 하는 마
음, 그 마음을 가로막고 있는 그 장애
물인 악에 대한 마음을 제거할 수 있
는 위대한 깨우침을 얻을 수 있는 것
이니라.
11 그것이 바로 사랑이 너희들에게 베푸
는 위대한 선물이니라.
12 그것뿐이더냐?
13 잘못 살아온 과거를 들여다보고 너희
들 자신을 마음의 거울에 비춰 봐 너
희들이 거듭나는 그와 같은 삶을 살
수 있는 것이 사랑의 선물이니라.
14 그리고 너희들이 지금까지 살아온 추
하고 더러운 죄의 사슬을 끊어 버리는
새로운 태어남의 선물을 얻을 수 있는
것이 사랑을 베푸는 것이며,
15 그 사랑을 베풂으로 그들에게 너희들
이 선물을 줄 수 있는 것이며 선물을
받을 수 있는 그와 같은 위대함이 사
랑이니라.

16 길을 잃고 방황하고 있는 많은 백성들
의 영혼을 구하는 것까지, 그 모두를
구원할 수 있는 위대한 것이 바로 사
랑의 선물이라는 걸 너희들은 잊지 말
라, 사랑하는 나의 아들딸들아!
17 재물을 너희들이 일부 나눠 주며 그
재물로써 베풀었다 하여 사랑이요, 베
풂이 그것이 아니라,
18 지금 내가 나의 아들을 통하여 너희들
에게 전하는 영혼을 구원하는 것까지
자신의, 교만과 오만과 시기 질투 그
와 같은 마음을 버리는,
19 그리고 너희들이 버릴 수 없는 그 악
습의 고리를 끊을 수 있으며 잘못된
모두를 다 버릴 수 있는 것이 바로 사
랑이요,
20 사랑의 선물이 얼마나 위대한 것인 줄
알겠느냐?
21 그러니 너희들이 사랑을 베풀고 살아
감으로 이와 같은 모든 것을 다 주는
것이 사랑의 선물이니,
22 이 세상을 정화시키며 이 세상을 바로
세울 수 있으며 바로 볼 수 있도록 만
드는 것이 바로 너희들의 사랑이라는
것을 잊지 말도록 그리하라.
23 사랑은 물질을 베푸는 것만이 사랑이
아니라는 것을 알겠느냐?
24 모두를 너희들이 변하게 만드는 것,
모두를 버릴 수 있게 만드는 것, 악습
을 던져 버릴 수 있는 것,
25 그리고 너희들이 미워하고 시기하며
질투를 하는 마음을 지워 버리며 원수
를 사랑할 수 있는 마음을 너희들에게
새싹을 심어 주는 그와 같은 위대한
것이 사랑의 선물이라는 것을 모든 백
성에게 전하도록 하라, 사랑하는 나의
아들딸들아!
26 사랑의 선물이 그러하며 사랑하는 마
음을 가지고 사는 백성이 그러하니라.

11,367 번째 하나님 말씀

2004년 5월 28일 23시 25분

1 사랑하는 나의 아들아!
2 "네, 아버님! 말씀하옵소서."
3 신앙의 길이요, 믿음의 길을 가는 것,
그리고 너희들이 참진리요, 나 여호와
의 뜻에 의해 너희들이 믿음의 길을
간다면 바로 무엇인 줄 알겠느냐?
4 나로부터 구원을 받는 영광의 보증수
표를 받는 것이며 그 보증을 받는 것
임을 알아야 될 것이니라.
5 그러나 너희들이 지금까지 수천 년 동
안 믿음의 길을 오며 그 수많은 종교
집단의 지도자들이, 그리고 흘러가는
그 세월 속에 얼마나 많은 나의 백성
들이 평생을 바쳐 울고불고하며 그 믿
음의 길을 갔는가?
6 그러니 지금의 종교 집단 그 믿음의
형태로써는 너희들이 나 여호와가 전
하는 예수를 통하여 내린 그 역사요,
그 가르침을 잘못 받아들였으며, 너희
들이 첫 단추를 잘못 끼우는 그와 같
은 신앙생활을 해 왔기 때문에
7 그 신도서부터 위에까지 모든 자가 나
에게 오를 수 있는 그 보증수표를 받
지 못한 자들이요, 너희들이 보증을
받지 못한 백성들이라는 것을 알라.
8 너희들은 내가 전하는 구원의 그 보증
수표요, 그리고 너희들이 손에 쥐고

있다 하는 보증수표는 바로 누가 발행
하며 그를 역사하는 것인 줄 알겠느냐?
9 너희들 손에 들고 있다 하는 것, 너희
들이 호언장담하는 그 보증수표는 창
조주 나 여호와가 발행하는 것이며,
나 여호와 외에는 누구도 발행할 수
없는 것이니라.
10 그러나 나의 사랑하는 백성 너희들을
위하여 나의 하늘에 오르는 그 보증서
요, 보증수표를 내가 써 준 일이 없으
며 발행한 일이 지금까지 한 번도 없
다는 것을 알라.
11 나 여호와가 발행한 그 보증수표가 없
는 것을, 어찌하여 너희들이 하늘에
오를 수 있는 그 보증수표를 가지고
있으며 그를 받았다 이야기한단 말이
더냐?
12 그러니 그것이 잘못된 것이요, 너희들
이 헛된 보증수표요, 잘못된 것을 가
지고 지금 나로부터 보증수표를 받았
다 울고불고하는 것이 너희들이 오늘
의 믿음의 길을 가는 백성이라는 걸
알라.
13 나는 절대 발행한 사실이 없음이니라.
14 나 여호와가 발행하지 아니하는 보증
수표를 어찌 너희들이 갖고 있다 말하
느냐?
15 너희들은 들으라.
16 내가 160권의 새로운 성경을 세상에
내려보냄이니, 이 160권의 새로운 성
경이 세상에 나오는 그날,
17 나 여호와가 너희들에게 새로운 성경
으로써 역사하는 그와 같은 새 보증서
를, 보증수표를 발행하는 것이 바로
160권의 법전이니,
18 이 160권이 세상에 나오는 날 발행된
것이며, 그때부터 너희들이 그 보증서
를 받을 수 있는 백성들이니라.
19 그러니 160권의 새로운 성경을 읽고
또 정독하고 깨우쳐 보증수표를 너희
들이 받는 백성이 되도록, 그리고 보
증서를 받는 백성이 되도록 그때부터
시작하게 됨을 알라.
20 그러니 지금까지 보증서를 발행한 일
이 없으며, 보증수표를 발행자가 발행
하지 아니한 것을 너희들이 가지고 있
다, 받았다 하는 것은 다 허황된 것이
며,
21 그리고 천국을 빙자하여 사기극을 벌
이는 사기꾼들에게 너희들이 가짜 증
서를 산 자라는 것을 잊지 말라.
22 지금도 가짜 증서를 사기 위하여 너희
들이 앞다투어 재산을 바치고 울고불
고하니,
23 나에게 그 보증서를 사는 자, 재물로
바치는 것이 아니요, 너희들이 아름다
운 마음이요, 깨우치는 마음이요, 변
화되는 마음, 그것으로써 너희들이 나
의 보증서를 살 수 있는 백성이라는
것을 잊지 말라, 사랑하는 나의 아들
딸들아!

11,368 번째 하나님 말씀

2004년 5월 28일 23시 29분

1 사랑하는 나의 아들아!
2 "네, 아버님! 말씀하옵소서."
3 나 여호와의 뜻과 참진리를 깨닫고 듣
고 배우는 백성 너희들은 알아야 될
것이니라.

4 이를 너희들이 제대로 이해하고 제대
로 깨우쳤다면, 한 가지 방향으로써
하나가 역사함이니라.
5 물이 높은 곳에서 낮은 곳으로 흘러가
듯이 그 참진리의 흐름은 그러한 것이
니라.
6 그것이 참진리요, 나의 뜻이라는 것을
너희들은 알아야 될 것이니라.
7 그리하여 나의 새로운 성경을 읽는 백
성 너희들이 그리될 수 있으며, 너희
들만이 그와 같은 역사를 이룰 수 있
으며, 너희들이 그를 위하여 은혜 받
은 백성이요, 축복받은 백성이라는 것
을 알라.
8 오늘의 종교 집단이요, 그들이 믿음의
가는 길이 무엇이더냐?
9 그들은 물이 위에서 아래로 흐르듯이
그리 흐르는 게 아니요, 역류하는 그
와 같은 행위를 하는 것이니라.
10 오늘의 종교 집단의 지도자 그들에게
내가 묻느니, 그들이 과연 믿음이 어
떻다 나의 아들 너는 생각하느냐?
11 "네, 아버님! 저는 감히 말씀을 드릴
수 없사오나, 지금의 믿음의 길을 가
는 백성들을 그리 표현하면 된다 생
각하옵나이다."
12 그래 어찌 표현하면 된다 생각하느냐?
13 "네, 아버님! 화가가 정성 들여 한 폭
의 그림을 크게 그렸사옵나이다.
14 그러니 그림을 놓고서 보는 사람의 생
각이 다르며, 그 보는 각도가 다르며,
이해하는 각도가 다르다 생각하옵나
이다.
15 그를 이해하고 깨닫는 것은 그 화가의
마음이요, 그 마음을 읽어야만 그 그
림의 근사치라도 해석할 수 있는 것이
라 그리 생각되옵나이다.
16 그러나 오늘의 모든 종교 집단의 지도
자는 아버님의 뜻이요, 아버님께서 역
사하고자 하시는 그와 같은 뜻은 알려
하지 아니하며,
17 그저 저희들이 보는 그림의 일부분만
을 가지고 제가 느끼고 해석한 대로
천태만상의 느낌대로 그리 생각하면
서,
18 그것이 그린 화가의 마음이요, 그가
추구하는 뜻이라 그들이 그리 말하며,
그것이 옳다 옳다 서로 주장하고 싸우
는 그와 같은 형국이 되어 있는 꼴이
라 저는 그리 말씀을 드리고 싶사옵나
이다."
19 사랑하는 나의 아들아! 그러하니라.
20 그들이 모두 한 폭의 그림을 놓고 각
자 보고 느끼는 것이, 그것이 화가의
마음이요, 그 그림이 표현하고 나타내
고자 하는 뜻이라 서로 아우성치며 제
주장만 부르짖는 그와 같은 형국이 되
었음이니라.
21 그러나 이제 나의 아들을 따르는 제자
너희들은 들으라.
22 참진리요, 하늘에 오르는 길은 한 길
이며, 물이 위에서 아래로 내리듯이
그 순리를 거역하지 아니하는 것이니
라.
23 그러니 너희들이 똑같이 생각하는 것
이며 똑같이 깨우쳐 하나의 뜻으로 표
현되며 하나의 뜻으로 가르치고 전하
며,
24 듣는 자 또한 똑같이 하나의 뜻으로
받아들이며 하나의 뜻으로써 역사하

는 것이 참진리요, 나 여호와의 뜻이
요, 나 여호와의 길을 오는 백성이라
는 것을,
25 이를 명심하고 또 명심하도록 그들에
게 전하라, 사랑하는 나의 아들아!

11,369 번째 하나님 말씀

2004년 5월 28일 23시 35분

1 사랑하는 나의 아들아!
2 "네, 아버님! 말씀하옵소서."
3 사탄이요, 마귀들이 나의 사랑하는 백
성들을 어찌 이끌어 가며 너희들을 현
혹시킨다 하였느냐?
4 그들은 서서히 조금씩 조금씩 너희들
을 잠식하여, 큰 죄인 줄 모르도록 작
은 죄에서부터 너희들을 훈련을 시키
며,
5 그리고 선과 악을 가지고 또한 너희들
이 좋은 일과 나쁜 일을 가지고 너희
들에게 접근하여 무너뜨린다 그리하
였느니라.
6 그러나 사탄이요, 마귀의 그 장점이
요, 그들이 하는 행위가 무엇인 줄 알
겠느냐?
7 저희들이 절대 앞에 나가서 이끌지 아
니하며 앞에 나서지 않느니라.
8 저희들이 남으로부터 부딪치고 다치
는 짓을 하지 아니함이니라.
9 사랑하는 나의 백성 너희들을 현혹하
여 저희들의 종으로 만들어 너희들을
앞에 내세워 인간의 입을 통하여, 인
간의 행동을 통해서 모든 제 뜻을 펴
는 그와 같은 간교한 방법으로 하니,
10 그들이 나의 사랑하는 백성 너희들 뒤
에 서서 조종함이니, 이리 끌고 저리
끄는 것이요, 짐승을 고리에 꿰어 끌
고 가듯이 그와 같은 장난질하는 것이
사탄이요, 마귀라는 것을 알라.
11 그것이 사탄의 수법이라는 것을 너희
들은 알아야 될 것이니라.
12 그러니 나의 사랑하는 백성이 사탄에
게 조종당하기 시작하면 그 백성은 제
가 조종을 당하고 있는지 어찌 되는지
그를 모르느니라.
13 너희들의 마음 뒤에 숨어서 너희들을
이리 조종, 저리 조종함이니, 너희들
이 옳고 그른 것을 판단하지 못하도록
너희들을 쉬지 못하도록 이끌어 가며
그리 활용하고 있기 때문이니라
14 그래서 너희들이 결코 깨어나려 해도
깨어나지 못하며, 거듭나는 백성으로
서 너희들이 오고자 하나, 거듭나는
백성으로서 이루어지지 못하는 것이
너희들이니라.
15 그 사악한 방법으로써 너희 뒤에서 조
종하며 너희들을 이끌어 가기 때문이
니라.
16 그러니 너희 자신이 사탄의 종이 되었
으며 너희들이 사탄의 어떠한 지배를
받는 것이라는 것, 그리고 그를 위하
여 역사한다는 것을 모르고 가는 것이
나의 백성 너희들이니라.
17 지금 수천 년 동안 그 많은 종교 지도
자요, 너희들의 집단 속에 있던 모든
신도요, 성도라는 그 백성, 하나서부
터 열까지 바로 사탄의 조종을 받는다
는 것,
18 사탄의 명에 의하여 너희들이 좌우된
다는 것을 모르고 있었기 때문에 오늘

의 이와 같이 험악한 세상이 되었음이
니라.
19 모두가 나 여호와의 뜻이요, 나를 기
뻐게 하는 것이라는 너희들의 단편적
인 그 깨달음 때문에,
20 나 여호와가 이루고자 하는 깊은 뜻이
요, 높은 뜻이요, 그 의미를 너희들이
모르고 단편적인 한 면만을 보기 때문
에 그저 사악한 행위요, 그리고 살인
을 하는 것까지도 나 여호와의 뜻이라
그리 말하니,
21 이것이 잘못되었음을 알아야 될 것이
니라, 사랑하는 나의 아들딸들아!
22 그러니 너희들이 그것이 사탄의 수법
이요, 사탄의 역사하는 그와 같은 방
법, 그 교묘하고 간교한 방법에 너희
들이 걸려들면 절대 헤어나지 못하는
것이 그들의 올가미니라.
23 그 올무에 너희들이 걸리면 절대로 헤
어나오지 못함이니라.
24 너희들이 빠져나오고 벗어나려 하면
더 조여 대는 그와 같은 올무로써 나
의 피조물 만백성 너희들을 억압하며
너희들을 조여 오는 것이 그들의 방법
이니라.
25 그러니 내가 너희들에게 뭐라 말하였
느냐?
26 너희들의 마음 뒤에서 조종하는 그 사
탄이요, 그들을 바로잡기 위해서 너희
들이 육의 세상에 거울에 비춰 네 모
습을 보는 것보다도, 네 마음을 비춰
보는 그 거울이 중요하다 하지 않았더
냐?
27 그러니 지금 내가 나의 아들을 통하여
새로 내리는 160권의 새로운 성경만
이 너희들의 마음을 비춰 볼 수 있는
거울이라 일찍이 하지 않았더냐?
28 그러니 이를 깨우쳐 읽고 정독하고 또
정독하여 너희들이 네 마음을 비춰 볼
수 있는 이 거울이요, 너희들이 그를
보며 네 거울에 너희들의 마음을 비춰
볼 수 있는 경지에 올랐을 때,
29 너희들이 사탄의 그 실체를 볼 수 있
으며, 그 험악한 모습을 볼 수 있으며,
30 너를 얼마나 조종하는 것인가, 네가
얼마나 잘못되어 있으며, 네가 얼마나
잘못 흘러와 있으며, 네 모습이 얼마
나 추하고 더러운 것인가를 그때 가서
알게 될 것이니,
31 나의 새로운 성경을 정독하고 또 정독
하도록 그리하는 길밖에 없다 함을 전
하라.

11,370 번째 하나님 말씀

2004년 5월 29일 07시 23분

1 사랑하는 나의 아들아!
2 "네, 아버님! 말씀하옵소서."
3 개인의 저 자신도 줏대가 없으며 그가
바로 서지 못하면, 이 세상에 너희들
이 필요 없는 그와 같은 인간으로서
성장하며,
4 이 세상에 사는 그 자체를 바로서지
못하고 살게 되는 것이 바로 너희들의
마음 자세요, 그리고 저를 다스리는
그 능력이라 말하지 않더냐?
5 그러니 모든 집단이요, 너희들이 어떠
한 단체든 그를 지도하는 자, 그를 이
끄는 자가 어떠한 자냐에 따라서 그가
과연 무능한 자냐, 그가 능력이 있는

자냐에 따라 모든 것이 승패가 달렸으
며, 그 모두가 무너지고 또 역사하는
것이 거기에 또한 달렸느니라.
6 그러니 지금 나의 아들 너는 무엇을
역사하는가?
7 이 세상에 만백성을 구하는, 나로부터
성령을 받아 새로운 성경을 만들어 세
상에 전함이니, 네가 얼마나 위대한
역사를 이루는 것인가를 알고 있는가?
8 인간의 한 집단을 경영하는 것도 아니
요, 나라를 경영하는 지도자도 아니
요, 만백성이요, 그들을 위하여 네가
그 지도자가 되면서 지도자로서 네가
지금 바로 서고 바로 가야 됨이니,
9 너 자신이 한 점의 부끄러움이요, 한
점의 흔들리는 것이 있어서는 아니 됨
이니라.
10 완벽한 지도자의 자세로써 네가 거듭
나야 되며, 한 점의 부끄러움이 없는
지도자로서 네가 삶을 살지 아니하면,
그 모두가 무너지며 그 모두는 역사할
수 없다는 그 의미를 알겠느냐?
11 사랑하는 나의 아들아!
12 또한, 너의 제자들이 나가서 한 거점
을 운영함이니, 그 거점이 일어서고
못 서는 것, 그것은 바로 그 자신이 어
찌 살아가며 행동이 어떠하냐에 따라
서, 그 능력을 얼마만큼 발휘하여 노
력하느냐에 따라서 모두는 답이 이루
어짐이니라.
13 그러니 이와 같은 이치를 너희들은 깨
달아, 모두가 최선을 다하는 삶을 살
도록 그리하지 아니하면 아니 됨이니
라.

11,371 번째 하나님 말씀

2004년 5월 29일 07시 29분

1 사랑하는 나의 아들아!
2 "네, 아버님! 말씀하옵소서."
3 너를 따르는 제자들이요, 나의 새로운
성경을 읽고 깨우친, 선택된 나의 백
성, 너희들이 사탄의 종이 되어 죄지
으며 그들의 뜻에 따라 살아가는 그와
같은 백성이 되겠는가?
4 정녕 너희들이 거기서 돌아설 수 있는
그와 같은 백성으로서 거듭날 수는 없
겠는가?
5 너희들은 그들에게 조종되는 그와 같
은 백성으로 살아서는 결코 아니 됨이
니라.
6 어떠한 일이 있어도 너희들이 그곳에
서 헤어나며 돌아서는 그와 같은 백성
이 되지 아니하면 아니 될 것이니라.
7 너희들이 이미 사탄의 종이 되어 지
금 잘못 가고 있는 것을 깨달으면서도
그곳에서 헤어나지 못하는 자, 그것이
나의 사랑하는 백성 너희들의 오늘의
믿음의 길을 가고 있는 형국이니라.
8 모두가 잘못되었으며 잘못 감이니라.
9 그러면서도 그걸 알지 못하고 헤어나
지 못하는 백성 너희들, 정녕 너희들
이 헤어나고자 한다면 너희들은 나의
십계명을 수없이 암송하며, 십계명을
지키고 살아가겠다는 그와 같은 너희
들 마음이요, 그 노력을 새롭게 하라.
10 그리하면 너희들이 거기서부터 그 사
탄의 종이요, 사탄에게 유혹된 삶에서
벗어날 수 있는 그 길을 알게 될 것이
니라.

11 그리해도 너희들이 정녕 되지 아니하
거든, 나의 새로운 성경을 정독하고
또 정독하며 그 뜻대로 행하는 그와
같은 삶을 살도록 너희들이 노력하도
록 그리하라.
12 그리해도 너희들 자신이 변할 수 없거
든, 사탄의 그 조종에서 헤어날 수 없
거든,
13 너희들은 나의 아들 예수의 그 죽음의
고통이요, 모든 역사한 것, 그리고 그
가 고난을 인내한 것,
14 그리고 그 누구도 넘을 수 없는 그와
같은 고통의 길을 간 것, 그를 너희들
이 생각하면서 너희들이 마음을 다스
려 가며 너희들이 헤어날 수 있도록
그리해야 될 것이니라.
15 나의 아들 예수가 그 모독과 그 고통
을 당할 때, 그 핍박을 당할 때, 그가
얼마나 괴로웠으며 얼마나 고통스러
웠겠는가, 너희들이 하나서부터 열까
지 모두를 생각해 보라.
16 나의 아들로서 모든 권세를 얻은 그
아들이 그와 같이 백성들로부터 핍박
을 받으며, 사랑했던 제자들로부터 등
돌림을 받으며, 그로부터 팔림을 받는
그와 같은 모두를 다 인내하고 가는
나의 아들 예수의 마음이 어떠했겠는
가?
17 그리고 그에게 만행을 저지르는 그
병사들, 그리고 그들에 대해서 나의
아들 예수는 원망하지 아니하며, 나에
게 그들이 모르고 하는 짓이니 그들을
용서해 달라는 그 기도를 드렸던 아
들, 그리고 그는 또한 어떠한 기도를
드렸느냐?
18 그 어렵고 힘든 길이요, 그 잔을 받지
아니하면 아니 되며 그 잔을 비켜서
갈 수는 없겠는가 하여 그는 말없이
처절한 그 기도를 드렸음이니라.
19 그러나 그 모두를 받아 주지 아니하며
들어주지 아니함으로 그는 결국 죽음
의 길을 선택했던 나의 아들이 죽음의
고통과, 그가 죽기 위하여 간 그 길의
모두를 너희들이 생각한다면,
20 악의 소굴에서 사탄의 조종에서, 사탄
에게 쓰이는 자로서, 지금 너희가 사
탄에게 쓰이고 있다는 것을 알게 될
것이며, 그리하면 그곳에서 헤어날 수
있는 용기요, 힘을 갖게 될 것이니,
21 이와 같은 것을 너희들이 생각하면서
벗어날 수 있도록 그리하라.
22 그렇지 아니하면 아니 됨이니라.

11,372 번째 하나님 말씀

2004년 5월 29일 07시 34분

1 사랑하는 나의 아들아!
2 "네, 아버님! 말씀하옵소서."
3 참진리요, 나 여호와의 뜻에 의해 선
택된 종교 지도자와 그와 같이 그 뜻
을 따르지 아니하는 종교 지도자의
그 차이점이 무엇인 줄 알겠느냐?
4 나의 뜻에 의하여 그 길을 가는 내가
선택한 목자가 아닌 자는 세속의 인간
의 종교 지도자가 되고자 하는 것이
니라.
5 그리하여 저희들이 하늘의 뜻이요, 참
진리요, 그 깨우침을 위해 가는 지도
자가 아니라, 너희들이 인간 세상의
종교 지도자가 되고자 하며 그와 같

은 길을 가는 것이며, 그를 추구하는
것이 오늘의 모든 종교 집단의 지도
자들이 가고 있는 길이니라.
6 나 여호와의 참진리를, 성경의 비밀
을, 그리고 그 포장된 것을 너희들이
깨우쳐 바로 가고자 하는 노력을 하
지 아니함이니라.
7 너희들은 성경의 비밀로 된 그 내용을
알려고 어떠한 노력을 하고 어떠한
길을 가며, 어떠한 고통과 시련을 감
수하며 가야 되는가?
8 그리해도 너희들이 그 성경의 뜻을 알
까 말까 하거늘, 더욱이 그 길을 가려
하지 아니하며, 너희들이 그 내용을
보지 아니하려는 그와 같은 오늘의 지
도자들이 세상을 지배하고 있음이니
라.
9 그러니 인간의 종교 지도자가 되고자
하는 자들은 너희들이 인간 세상의 지
위와 명성과 권세를 위하여 그 모두를
목표로 가는 것이니라.
10 그러니 너희들이 그리 가는 것이 믿음
이요, 나에게 오른다 말하는 자들이
니, 과연 거기에서 어찌 진실이 있으
며 진실이 거기에 있다 말할 수 있겠
느냐?
11 지도자의 자리를 위하여 너희들은 공
부하고 연구하는 자들이요, 인간 지도
자요, 너희들이 그 인간의 부귀영화를
위하여 연구하고 공부하는 그 길을 가
는 것이 아니더냐?
12 그리고 나의 피조물 만백성을 너희들
은 인간의 종교 지도자로서 인간의 교
리를 가지고 너희들의 사리사욕을 채
우기 위한 그와 같은 방법으로 흘러가
는 것이니라.
13 나 여호와의 뜻과 내가 존재함을, 그
모두를 뒷전으로 하며 그를 가르치고
그 마음을 다스려, 내가 내린 계명을
지키는 그와 같은 삶을 살도록 너희들
이 다스려 가는 것이 아니니라.
14 그러기 때문에 너희들이 모두가 무너
진 자요, 오늘에 이와 같이 험악한 형
국이 되었으며, 이 세상이 이와 같이
혼란하게 되었음을 너희들은 알라 전
하라.

11,373 번째 하나님 말씀

2004년 5월 29일 07시 39분

1 사랑하는 나의 아들아!
2 "네, 아버님! 말씀하옵소서."
3 지금의 모든 종교 집단과 지도자들이
허황된 명성과 그 지위에 연연하며,
인간 세상의 부귀영화를 따라가는 그
와 같은 자들이 오늘의 종교 집단이
요, 지도자로 타락되었기에,
4 저희들은 남의 영혼을 구한다 그리 말
하나, 저 자신의 영혼도 영영 구하지
못하는 그와 같은 형국의 오늘의 삶을
사는 것이 너희들을 구원한다 하여 단
상에서 설교하고 가르치는 자요, 그리
고 너희들을 구원한 대가로써 재물을
갈취하는 그와 같은 자들이니라.
5 그들이 있는 한 나의 백성들은 참진리
요, 하늘에 오르는 길을 볼 수 없음이
니, 그 밑에서 배우는 신도요, 백성이
요, 그리고 너희들의 그 믿음이라는
것이 참진리요, 사랑이요, 깨달음을
실천하는 것이 아니라,

6 그저 광란의 짓을 하는 것으로써 너희
들의 그 믿음이 높고 낮은 것으로 평
가하는 오늘의 불쌍한 너희들로 그리
되어 버렸으니,
7 그것이 너희들이 얼마나 잘못 변질되
었으며 내 뜻과는 관계없는 그와 같은
길을 가고 있더냐?
8 신도들의 숫자만을 가지고 그 숫자놀
음만 하는 자들, 그들이 과연 나의 뜻
을 전하는 것이라 그리 말할 수 있겠
는가?
9 그들은 나의 뜻을 전하는 것도 아니
요, 내가 원하는 그 방법도 아니니라.
10 많은 숫자를 모아 놓고 너희들이 가르
치는 것을 원하는 것이 나 여호와가
아님이니라.
11 너희들은 모이면 모일수록 썩고 또 썩
어지는 것이 나의 사랑하는 백성 너희
들의 심성이요, 너희들이 가지고 있는
심보이니라.
12 그러니 내가 너희들이 많이 모이는
곳, 많이 모이는 대그룹의 집단으로써
역사하는 것을 원하겠는가?
13 그리하여 나 여호와는 나의 뜻을 전하
는 것을 개인과 개인으로 전하며, 그
리고 너희들이 작은 소단위로써 모두
를 깨우치고 전하라 함이니라.
14 그리하여 내가 나의 아들이요, 그 제
자들이 이끄는 새로운 성전에는 2백
명이라는 그 숫자를 넘지 말라 하였으
며,
15 2백 명이라는 숫자가 넘었을 때는 너
희들이 다른 장소에서 공부할 수 있
고 깨우칠 수 있도록 그리하라 했음이
니,
16 나의 성전이라 명한 곳에 2백 명 이상
너희들이 절대 두지 말라는 것이 무엇
인 줄 알겠느냐?
17 지금 나의 백성들이 모이고 모이면 썩
고 썩어져 가는 그와 같은 형국이요,
18 깨달음이요, 진리요, 사랑을 실천하는
그와 같은 것이 없기 때문에, 너희들
이 2백 명 이상의 집단이 되지 말라
하는 것을 지키라 함이니 그리 알라.

11,374 번째 하나님 말씀

2004년 5월 29일 07시 44분

1 사랑하는 나의 아들아!
2 **"네, 아버님! 말씀하옵소서."**
3 참진리와 비진리요, 그리고 나로부터
선택된 지도자요, 선택되지 않은 지도
자의 차이가 무엇인 줄 알겠느냐?
4 너희들 인간이 만든 교리를 가지고,
비진리를 가지고 가르치는 종교 지도
자들이 이끄는 것, 그리고 너희들이
만들어 놓은 규칙과 규범에 의하여 가
르치고 전하는 것, 그와 같은 길을 가
는 백성들과,
5 나 여호와의 참진리요, 나로부터 선택
된 백성이 가르치는 것, 그 지도자가
가르치는 것, 그 길을 가는 것이 너희
들이 무슨 차이인 줄 알겠느냐?
6 너희들이 인간 세상의 비진리를 가르
치고 있는 오늘의 종교 집단의 지도자
들, 저희들이 만든 그 교리에 따라서
가르치는 자들은 새로운 말씀이요, 그
때그때 내리는 새로운 뜻을 받아들이
지 아니하며 그를 받을 수 없는 것이
니라.

7 그러나 나로부터 선택된 나의 아들이
요, 참진리를 가르치는 백성은 누군
줄 알겠느냐?
8 너희들은 가르쳐야 할 때, 그 상황에
따라서 항상 그때그때 내가 새로운 뜻
을 내려 주는 것이며,
9 내 성령의 뜻을 내가 너희들에게 행하
여 갈 수 있도록 내려보내는 것이니,
10 그 상황에 따라서 계속적인 나의 참진
리요, 나의 성령을 내려보내 너희들이
그때그때 이를 읽고 깨우쳐 변화되도
록 하는 것,
11 이것으로 너희들이 바로 잘못된 지도
자요, 참진리의 길을 가는 지도자라는
것을 구분하지 아니하면 아니 될 것이
니라.
12 나 여호와가 선택한 나의 진정한 지도
자요, 목자는 계속된 새로운 나의 성
령으로써 내가 내려보내며,
13 그리고 그를 내려 줌으로써 그를 가지
고 너희들을 깨우치고 전하며 새로운
변화의 역사를 이루도록 끊임없이 새
로운 말씀으로써 역사한다는 것을 잊
지 말라.
14 잘못된 인간의 교리를 가지고 있는 자
들은 한계가 있음이니, 그들은 가르치
고 가르치는 것을 가지고 평생 가르치
는 그와 같은 행위를 하느니라.
15 내가 너희들에게 묻느니라.
16 모세에게 모든 기적과 역사를 내렸음
이니, 그게 무엇이더냐?
17 계속 그때그때 필요한 나의 뜻을 그에
게 명하여 전하고 역사했음이니라.
18 또한, 신약의 시대에 예수의 시대는
어찌하였느냐?
19 그것 또한, 내가 그때그때 필요한 대
처할 수 있는 것, 그리고 필요한 사항
들을 내려보내 너희들을 가르치고 깨
우친 것이니라.
20 그러니 지금의 종교 집단의 지도자요,
너희들이 설교하는 자, 과연 그들이
새로운 나의 뜻을 따라 가르치고 전하
는가, 그리고 나로부터 내리는 새로운
명을 받아 가르치고 전하더냐?
21 그것이 아닌 자는 다 죽은 믿음이요,
너희들이 다 나와 관계없는 믿음의 길
을 가는 자들이요,
22 인간의 교리요, 인간의 상식으로 너희
들이 가게 되어 있음이니라.
23 그와 같은 의미와 뜻이 무엇인 줄 알
겠느냐?
24 나로부터 선택된 지도자는 내가 새로
운 하늘의 뜻을 계속 진리를 내려 부
으니, 그는 그것을 전하고 가르치면
되는 것이니라.
25 그러나 나로부터 새로운 진리요, 하늘
의 뜻을 받지 못하는 그 백성들은 제
가 제 것을 가지고 내가 여태껏 내려
준 것을 가지고 제 상식대로 저희들이
교리대로 가르치고 가르치니, 변화되
는 것이 없으며 전진되는 것이 없음이
니라.
26 그러니 너희들이 거기에서 어떠한 역
사가 이루어지겠는가?
27 너희들은 인간의 상식이요, 잘못된 것
을 계속 부어 넣으며, 너희들이 간증
이라 하여, 또 경험이라 하여 그와 같
은 짓만을 하고 있는 것이 잘못된 종
교 집단의 지도자들이 가르치는 방법
이라는 것을 알라, 사랑하는 나의 아

들딸들아!
28 지금 이 시대에 나는 어떠하던가?
29 그때그때 필요한 그 모두를 나의 아들
을 통하여 명하며, 지금의 나의 아들
도 나의 뜻을 내가 계속 부어 줌이니
그가 가르치고 전하는 것이 주저 없이
가지 않더냐?
30 그리고 계속 새로운 것으로써 너희들
에게 깨우쳐 주고 전하지 않더냐?
31 이것이 나의 선택된 아들이요, 나의
선택된 지도자와 선택되지 않은 자와
너희들이 구분하는 길임을 알라 그리
전하라.

11,375 번째 하나님 말씀

2004년 5월 29일 07시 51분

1 사랑하는 나의 아들아!
2 "네, 아버님! 말씀하옵소서."
3 나 여호와의 뜻이요, 참진리를 계속
가르치며, 그리고 내가 나의 아들을
통하여 계속 내려보내고 또 내려보내
는 것은 무엇인 줄 알겠느냐?
4 그때그때 필요에 따라서 내가 새로운
성경이요, 나의 성령의 그 모든 뜻을
계속 내려보내는 것은,
5 너희들의 불완전한 그와 같은 것을 완
전케 만들며, 완전한 부속품으로서 너
희들을 완전한 하나의 형태로 이루고
자 하는 그와 같은 뜻에서 계속 내려
주며 계속 부어 줘야만 됨을 너희들은
알라.
6 나 여호와의 뜻을 계속 너희들에게 내
려보내고 내가 내려보낼 때, 너희들은
배우고 깨우치며 그리하여 완벽한 백
성으로서 거듭날 수 있다는 것을 알라.
7 내가 너희들에게 예를 들어 가르침이
니라.
8 너희들이 하나의 기계를 만들고자 함
이니, 그 기계의 부속품을 하나하나
깎고 만들어서 그를 결합하여 그것을
만들어 가듯이,
9 너희들은 하나의 형체의, 기계의 모두
를 움직일 수 있는 능력을 작동을 할
수 있는 기계를 만들기 위하여,
10 그 몸통이요, 수많은 부속품을 깎아서
맞추고 또 맞춰 가는 그와 같은 과정
에서 그가 완전한 기능을 발휘할 수
있는 것으로 되듯이,
11 지금 부속을 하나하나 깎아서, 너희들
이 기계의 하나의 몸통을 만들기 위해
노력하는 것처럼, 나의 새로운 성경이
요, 내 새로운 성령이요, 내 뜻을 계속
너희들에게 부어 주고 부어 주는 것은,
12 너희들이 바로 완제품을 만드는 것처
럼 나의 완벽한 백성들이요, 완벽한
깨달음의 길을 갈 수 있도록 계속 부
어 주는 것이니,
13 그 부속을 채우고 채우는 것은 나의
백성 너희들에게 필요하고 필요한 것
을 계속 내려 줌이니라.
14 이것이 선택된 백성을 가르치는 지도
자요, 그렇지 않은 지도자의 차이점이
있음을 너희들은 여기서 알아야 될 것
이니라.
15 완제품을 만들기 위하여 너희들이 부
속을 계속 깎고 깎아 지원하고 또 맞
춰 보고 가듯이,
16 나의 새로운 성령을 계속 내리고 내리
는 것이 너희들이 완제품을 만들어 가

는 그와 같은 뜻이며 이치임을 알라.
17 나의 성령을 계속 내려보내는 것을 너희들은 이제 알겠느냐?
18 그러니 새로운 시대에 내가 새로운 성령을 계속 내려보내는 것은 완벽한 너희들을 만들고자 하는 것임을 너희들은 알아야 될 것이니라.
19 그러니 새로운 성령이 내려가는 것이 아니요, 새로운 너희들이 말하는 아버지의 말씀이라 하여 내 진리가 세상에 내려가지 아니한다면, 너희들은 일부만을 가지고서 너희들이 완제품이라 말하는 것이요,
20 한 기계의 몸통을 만들기 위하여 너희들이 깎아 같이 조립하여 제자리를 지켜야 할 그 부속들을 가지고 너희들이 완제품이라 말하며 그것이 완벽한 것이라 말하는 어리석은 백성임을 알라.
21 전체를 움직인다 그리 착각하는 것이 너희들이 아니더냐?
22 오늘의 종교 집단의 지도자들이 그와 같은 형국이 되어 수천수만 가지의 종파가 생겼음이니라.
23 하나의 완제품을 만들기 위하여 너희들이 하나하나 깎아지는 그 부속이 있듯이, 그 부속을 가지고 완제품이요, 그가 성능을 발휘하는 것이라 그리 말하면 아니 됨이니라.
24 그것이 너희들이 오늘의 잘못됨이니라.
25 그리고 너희들이 새로운 성령이 내려가지 아니하면 아니 되는 그 의미를 알겠느냐?
26 그러니 새로운 성령을 받으려 하지 아니하며 그를 인정하지 아니하니,
27 너희들이 하나의 부속을 가지고 완전한 것이라 몸부림치고 그를 지키고자 하나, 그가 그 성능을 발휘하지 못할 것이며,
28 완제품이 나와 움직이는 걸 봤을 때 너희들은 그때도 그를 버리지 아니하려고 움켜쥐는 오늘의 너희들이 믿음의 길을 가는 백성들의 그 심성이요, 마음임을 잘 깨우치라.
29 너희들이 얼마나 세뇌되었으면, 얼마나 잘못 훈련되었으면 그와 같이 완제품을 보면서도 부속을 가지고 그것이 정품이며 완제품이라 말하는 너희들이 되었단 말이더냐?
30 불쌍하고 가련한 그 백성들을 구원하도록 하라.
31 너희들이 잘 알지 못하며 깨닫지 못하여 그와 같이 방황하는 백성보다도 더 어리석고 불쌍한 자요,
32 생각함이 부족한 백성보다도 더 어리석고 부족한 백성이 오늘의 믿음의 길을 가는 종교 집단에 속해 있는 백성이라 그리 전하라.

11,376 번째 하나님 말씀

2004년 5월 29일 12시 23분

1 사랑하는 나의 아들아!
2 "네, 아버님! 말씀하옵소서."
3 너의 제자들의 그 마음이 내려가고 내려감이니, 가장 낮은 자가 나의 뜻을 역사하는 백성이라 그리하였느니라.
4 너의 제자들이 이제 낮은 자의 마음으로 내려가기 시작하였으며, 그들이 낮은 자의 자세가 무엇이며, 낮은 자로

살아가는 것을 후회하지 아니하며,
5 재물이요, 금화와 은화가 있고 없는
그것은 다 접어 두는 그만큼 높은 경
지요, 그 마음이 거기에 다다랐음이니,
6 10년이요, 평생을 수도하며 기를 닦
으며 도를 닦았다는 그와 같은 성인이
라는 자도 오늘의 너의 제자들의 그
마음만큼 비우지 못했으며, 그 모두를
놓을 수 있는 그와 같은 형국이 되지
못한 것이니라.
7 그러니 너의 제자들이 얼마나 노력했
으며, 그리고 너희들이 나의 새로운
성경을 읽고 깨우치며 그리고 너를 통
하여 내리는 그 강론을 들어 그들이
바로 서고 바로 가고자 노력한 것을
알겠느냐?
8 그를 보는 나 여호와의 마음이 기쁨이
니라.
9 사랑하는 나의 아들아!
10 헤쳐질 대로 헤쳐졌으며, 그들이 헤쳐
볼 때까지 지금 스스로 저 자신을 헤
쳐 보고 있음이니, 저 자신의 악습이
요, 제 잘못하는 것을 심판하며 단죄
를 한다는 것이 얼마나 그가 어렵고
힘들더냐?
11 그러니 너의 제자들은 지금 헤칠 수
있는 데까지는 헤쳐 보며, 너희들이
들여다볼 수 있는 곳까지는 들여다보
려 하며, 내려갈 수 있는 데까지 최선
을 다하여 너희들이 내려가고 있는 것
이니, 그를 보는 나 여호와의 기쁨이
이루 말할 수 없음이니라.
12 내가 왜 새로운 성경을 내려보내며 너
희들에게 더 낮은 자요, 낮은 자가 되
라 그리 말하느냐?
13 내가 너희들에게 한번 물어보고자 하
느니라.
14 너희들이 이방인이라 하는 자, 그리고
교회를 다니지 않는 자, 그와 같은 백
성 백 명을 놓고 너희들이 한번 물어
보라.
15 오늘의 교회요, 오늘의 종교 집단이
과연 만백성을 구하는 신앙의 근본이
요, 기본이라 그리 말하는가?
16 백이면 백 그들은 말없이 고개를 흔들
것이며, 좌우로 흔들 것이니라.
17 그들이 백 명이면 백 명이 다 고개를
좌우로 흔드는 그와 같은 형국이 오늘
의 종교 집단이요, 믿음의 그 형국이
라면, 과연 그게 너희들이 바른길이라
생각할 수 있느냐?
18 너희들이 많은 사람들이 아니라 할 때
그것이 바로 정답이며, 아니라 말할
때, 그것이 너희들의 법도임을 알아야
될 것이니라.
19 그러니 그와 같이 백이면 백 명이 아
니라 너희들이 좌우로 고개를 흔드는
그와 같은 것이니,
20 오늘의 그들을 바라보고 더 이상 그대
로 방치할 수 없는 것이 나 여호와의
뜻이 아니며 하늘의 뜻이 아니겠느냐,
사랑하는 나의 아들딸들아!
21 그들이 말하기를, 백 명의 반만 너희
들이 그래도 그런대로 가고 있다 말하
면, 내가 말하지 아니할 것이니라.
22 그러니 너희들보다도 차라리 저희들
이 더 낫다 말하는 자가 더 많을 것이
니라.
23 그러니 그와 같은 형국에 이르는 것이
어찌 그리되었는지 알겠느냐?

24 너희들 자신이 참진리요, 나 여호와의 뜻이 아니라, 인간의 명예요, 인간의 욕구를 위하여 모두를 다 바쳤으며, 그 사업을 위하여 너희들이 살아왔기 때문에 그러하니라.

25 그러니 오늘에 그와 같은 형국이 되었음이 무엇이더냐?

26 나의 진리요, 참뜻이 하나도 전해지지 아니하였으며, 너희들이 지금까지 기반을 닦지 못하였으며 터를 닦지 못한 그와 같은 형국이 되었다는 증거임을 알라.

27 정녕 그렇지 아니하거든 너희들이 나 여호와의 뜻이 아니요, 새로운 성경이 아니라 그리 말하라.

28 모든 백성들이 너희들을 피하며 너희들과 거래하기 싫어하며 대화하기 싫어하는 그와 같은 오늘의 형국이 되었으며,

29 너희들이 이방인을 사탄이요, 이단이라 경원시하며 바라보는 것보다도,

30 종교라는 집단이요, 믿음이라는 것을 가지고 너희들이 그를 앞에 내세워 모든 백성들에게 양의 탈을 쓴 이리가 아닌가, 그와 같은 경계심으로써 너희들이 말하는 이방인들이 너희들을 대하고 보고 있다는 것을 어찌 모른단 말이더냐?

31 이것이 오늘의 너희들이 온 믿음이요, 수천 년 동안 흘러온 그 믿음이니, 내가 나의 아들을 통하여 역사하고자 했던 그것이 다 어디로 갔으며 그 뜻이 어디에 있는가?

32 그러니 그것은 찾아볼 수도 없는 이와 같은 형국이 되어 버렸음이니라.

33 그리하여 내가 나의 아들을 통하여 각자 너희들이 깨우쳐 하늘에 올 수 있는 그 기회를 열어 줌이니, 그리하여 내가 오늘의 이 길을 가고 있음을 알라 그리 전하라.

34 이제는 너희들이 이 세상에 나가며 나의 새로운 성경이 세상을 덮었을 때, '하나님! 말씀하옵소서.', '하늘에 오르는 길'이요 이와 같은 나의 새로운 성경을 읽고 깨우친 백성 그들을 접할 때, 모든 백성들은 그리 말할 것이니라.

35 그들이야말로 진정한 자요, 그들이야말로 하늘의 뜻이요, 사랑을 베푸는 백성이요, 최소한 남에게 피해는 주지 아니하고 사는 백성들이라 그와 같은 말이 나오기 시작할 것이니라.

36 그 말이 나오기 시작하는 것이 바로 무엇이더냐?

37 천 년에 걸쳐서 하늘에서 이루어진 것같이 지상의 영광이요, 하늘에 살 수 있는 백성이 지상에서 사는, 모든 나의 권세 안에 통제되는 그와 같은 세상이 된다는 것이니라.

38 나는 너희들에게 확신하느니라.

39 너희들이 백 년이요, 2백 년의 세월이 흐른 다음에,

40 오늘의 믿음의 길을 가는 몇천 년 동안 역사한 너희들과,

41 2백 년이 된 나의 아들을 따라서 공부했던 자, 그리고 새로운 성경으로 깨우치고 노력했던 그 백성들의 삶이 얼마만큼 무서운 차별화를 갖겠는가?

42 10년 안에 그 차별화를 너희들이 볼 수 있으며 느낄 수 있다 하였음이니,

43 몇천 년 동안 흘러온 그 사악한 집단
의 무리요, 너희들이 하나가 되지 못
하며 바로잡지 못하는 그것을,
44 10년이라는 세월 속에 너희들이 위대
한 자요, 너희들은 믿을 수 있는 자라
그와 같은 말을 들을 수 있는 너를 따
르는 제자들이요, 나의 새로운 성경을
읽고 깨우친 백성들이 세상에 태어나
며 그들이 살아감이니, 그것이 곧 무
엇이더냐?
45 천 년에 걸쳐서 너희들이 지상의 낙원
이 이루어지는 그 뿌리를 심어 놓는
것이니, 그때 가서 너희들이 알게 될
것이니라.

11,377 번째 하나님 말씀

2004년 5월 29일 12시 28분

1 사랑하는 나의 아들아!
2 **"네, 아버님! 말씀하옵소서."**
3 너희가 믿음의 참신앙이요, 진정한 길
을 간다는 자, 너희들이 지금 무엇을
하느냐?
4 참진리를 연구하며 나의 뜻을 연구하
며, 너희들이 어렵고 힘든 그 고통 속
에서 깨달음의 길을 가는 그와 같은
삶이요,
5 모두가 다 너희들에게 불리한 것이요,
너희들에게 유리한 것으로 생각하지
말며 고통과 시련의 길을 자처해서 가
는 것,
6 그를 마다하지 아니하고 가는 백성이
바로 하늘에 오르는 길이요, 참진리의
길을 가는 백성이라 내가 그리하였느
니라.
7 그리하여 너희들은 그와 같은 길을 가
기 위하여 연구하고 또 연구하고 그리
하여 깨달음을 얻고 얻는 그와 같은
백성이 되어야 될 것이니라.
8 그러나 너희들은 참진리요, 나 여호와
의 뜻을 깨우치고, 너희들이 어렵고
힘든 길을 마다하지 아니하고 가는 것
이 하늘에 오르는 길이나,
9 너희들이 그리하지 아니하고, 너희들
의 손으로 지은 교회라는 곳, 그곳에
너희들이 얼마나 열심히 출석하느냐,
그리고 각종 헌금을 너희들이 잘 바치
느냐,
10 그것이 너희들이 믿음이 강한 자요,
강하지 아니한 자요, 진실한 믿음이
요, 잘못된 믿음을 그것으로써 평가하
고 구분하느니라.
11 그리하여 그와 같은 것으로 너희들이
하늘에 오르는 길이요, 구원을 받을
수 있는 우등생이요, 낙오자라는 것을
너희들이 그리 구분함이니라.
12 그리하여 출석을 잘하는 자, 헌금을
잘 내는 자는 격찬하며, 그는 또한 그
격찬의 소리를 들으며 그 칭찬의 소리
를 듣는 그 어리석은 백성은 저만이
구원을 받으며 하늘에 오를 것이라는
저 자신이 도취된 그와 같은 형국이
되어 있으니,
13 서로 너희들이 똑같은 자가 지금 가르
치고 듣고 배우는 그와 같은 형국이
되어 있다 함을 알아야 될 것이니라.
14 그러니 너희들이 지금 그와 같은 믿음
으로 왔기에, 너희들이 무엇으로써 모
두를 결론을 짓고 가는가, 그리고 너
희들이 모두로써 종결하는가?

15 그는 나의 아들 예수를 믿기만 하면,
나를 찾기만 하면 너희들은 구원을 받
는다는 가르침, 그것으로써 되어 버렸
으며, 그것이 모든 신앙의 근본이요,
기본이 되었으니,
16 그러니 나의 백성들이 구원의 길을 보
지 못하며, 너희들이 한 사람도 구원
을 받은 자가 없다 내가 말함이니, 너
희들은 여기에서 그와 같은 뜻을 아는
가?
17 종교 지도자 너희들이 열심히 진리요,
참뜻이요, 성경의 비밀된 내용을 알고
자 한다면, 너희들은 그 모든 것을 알
수도 있었을 것이니라.
18 그러나 너희들은 마음을 비우지 못한
자들이니라.
19 너희들은 거지가 천국에 오르며 부자
는 천국에 오지 못했다는 그 성서의
구절을 가르치느니라.
20 남의 집 밑에서 얻어먹은 그 거지는
천국에 왔으며, 그에게 먹을 것을 나
눠 줬던 그 주인은 지옥에 왔다 너희
들이 그리 가르치면서 뭐라 말하느냐?
21 나의 아들 예수가 세상에 내려와 너희
들의 처소를 만들어 놓고 인도한다 그
리하며,
22 그때가 되지 아니하면 아무도 구원을
받지 못하여 그때를 너희들이 바라는
것이며 그때를 기다린다 하지 않았더
냐?
23 그러니 어찌하여 거지가 하늘에 올라
왔으며, 일하지 아니하고 노력하지 아
니하며 얻어먹는 거지가 천국에 왔으
며,
24 열심히 노력하고 일하여 거둬들인 자,
그것도 나눠 주는 자는 지옥으로 갔다
너희들이 그리 가르치니,
25 그게 다 비유의 뜻이요, 성경에서 가
르치는 의미가 따로 있거늘, 그를 알
지 못하기 때문에 너희들이 한 입 가
지고 두말하는 그와 같은 형국이 되었
다 말하지 않느냐?
26 그러니 너희들이 성경의 한 구절 한
구절을 잘 읽고 깨우치면 너희들이 얼
마나 지금 잘못 가르치고 잘못하는 것
인가를 알 것이니라.
27 구원을 받은 자 없으며, 나의 아들 예
수가 처소를 만들어 놓고 너희들을 인
도할 때, 그때 구원을 한다면서, 어찌
거지는 그리 갔으며,
28 너희들은 나의 아들 예수가 죽어 갈
때 같이 죽어 간 그 강도는 어찌하여
또 천국에 갔다 그리 말하는가?
29 이것이 다 모두가 너희들이 잘못되었
느니라.
30 나의 아들 예수가 그와 같이 말한 것,
그는 나의 아들 예수가 죽어 갈 때 이
세상에 가장 소중하고 귀한 길동무였
으며, 나의 아들 예수를 위로한 자요,
그 마음을 위로한 자라는 것은 내가
인정하느니라.
31 그러니 그 상은 있었다 할지라도, 그
는 구원의 길에 오지 아니하였으며 구
원을 받지 못하였음을 너희들은 알라.

11,378 번째 하나님 말씀

2004년 5월 29일 12시 32분

1 사랑하는 나의 아들아!
2 **"네, 아버님! 말씀하옵소서."**

3 내가 성경에 기록하여 너희들에게 전
하기를 '좋은 나무가 나쁜 열매를 맺
을 수 없고, 또 못된 나무가 아름다운
열매를 맺을 수 없느니라.' 내가 너희
들에게 일찍이 기록하여 전했느니라.
4 지금 내가 나의 아들을 통하여 너희들
에게 뭐라 가르치느냐?
5 너희들은 정녕 아름다운 마음으로 살
며 죄를 짓지 아니하며 아름다운 삶을
살 수 없다, 천사와 같은 삶을 살 수
없는 것이 인간이라 너희들이 그리 가
르치지 않느냐?
6 그러니 나의 아들은 새로운 성경에 뭐
라 기록하여 너희들에게 전했느냐?
7 너희들이 선한 일을 행하며 선한 일을
하고자 하면 너희들이 악한 일보다는
선한 일이 더 하기가 쉬우며,
8 그리고 선한 것을 행하게 되어 거기에
너희들이 열심히 가는 자는 절대 악을
행하지 아니하며 악을 들여다보지도
아니한다 하였음이니라.
9 그러니 너희들이 악을 행하는 자는 계
속 악을 행하며 그는 선을 행하는 것
이 두렵고 무서우나, 선을 행하는 자
는 선만을 행하게 된다는 그 의미를
알겠느냐?
10 그러니 너희들이 나쁜 나무가 좋은 열
매를 맺을 수 없듯이, 너희들이 어찌
생각하고 사느냐, 마음가짐을 어찌 가
지고 사느냐가 가장 중요한 것이니라.
11 너희들이 아름다운 생각을 하며 선을
생각하며 살아가는 그 마음은 아름다
움이요,
12 선이라는 그 나무가 서서히 자라기 시
작하니, 너희들은 아름다운 열매요,
그 선한 열매를 얻어 내가 거둬들일
것이요,
13 너희들이 악한 생각을 함으로 인하여
아름다운 열매를 맺지 못하고 악한 열
매요, 악한 씨앗을 맺을 때, 그는 내가
뽑아 유황불에 던져 버리는 그와 같은
형국의 의미임을 알아야 될 것이니라.
14 그러니 너희들이 어떠한 마음을 가지
고 사느냐, 그것이 너희들에게 모든
좋은 열매를 열 수 있으며 나쁜 열매
를 열 수 있는 그와 같은 답이 거기 있
음을 알라.
15 아무리 나의 새로운 성경에 내가 이
좋은 뜻을, 내 뜻을 전한다 해도, 너희
들이 마음을 비우고 이를 받아들이지
않으며 이를 공부하는 마음이 흔들리
면 너희들이 좋은 열매요, 좋은 결과
를 얻을 수 없을 것이니라.
16 그러나 모든 나 여호와의 뜻이요, 내
가 명한 것이라 너희들이 믿고 최선의
노력을 다했을 때,
17 어느 시점엔가는 너희도 모르게 너희
들이 나의 황금의 문인 천국의 문에
들어서는 그와 같은 영광을 얻게 된다
는 걸 절대 잊지 말라 그리 전하라.

11,379 번째 하나님 말씀

2004년 5월 30일 01시 16분

1 사랑하는 나의 아들아!
2 **"네, 아버님! 말씀하옵소서."**
3 너희들이 목적지를 향하여 가는 길이
잘못 가는 길이며 길을 잘못 들어섰다
하면, 너희들은 그때부터 그를 바로잡
아 바른길을 가야 하지 않겠는가?

4 그렇지 아니하고 제 고집이요, 제 아
집으로써 그 길을 간다 하면 결국 그
는 어떠하던가?
5 목적지요, 제가 원하는 길이 아니요,
제가 정반대의 길로 감이니, 그는 목
적했던 것을 이룰 수 없는 것이 그 삶
이 아니더냐?
6 지금 너희들이 하늘에 오르는 길이요,
나에게 오른다 하여 모든 백성들이 그
많은 세월 속에 모든 종파요, 헤아릴
수 없는 그 지도자요, 선생들이 세상
에 나와 나의 피조물 만백성을 인도하
고 가르친다 그리하였음이니라.
7 그러나 그들이 스스로 가 보지 아니한
길이요, 그를 알지 못하는 자가 너희
들을 인도하며 안내하는 그와 같은 형
국이 되었음이니라.
8 그러니 안내할 줄도 모르며 가 보지도
않은 자가 너희들을 안내하고 가르치
고 인도한다 하면, 과연 그를 따라가
는 사람들이 편안한 길이요, 바른길을
갈 수 있겠느냐?
9 그는 너희들이 보나 마나 너희들 말대
로 얽히고설키는 그와 같은 복잡한 형
상이 될 것이며, 너희들이 소기의 목
적이요, 너희들이 이루고자 했던 것을
이룰 수 없는 것일 것이니라.
10 지금의 나의 사랑하는 백성 너희들이
가고 있는 길이 너희들이 구원을 받았
다고까지 말하는 모든 종교 집단 너희
들이 지금 바른길이요, 바른 목적지를
향해서 가는 것이 아니라,
11 너희들은 목적지가 '동'에 있거늘 '서'
를 향하여 달려가고 있는 그와 같은
형국이 되었음이니라.
12 그리하여 내가 그를 바로잡고자 하며
그를 바로잡지 아니하면 아니 되기에,
13 너희들을 사랑하는 나 여호와이기에
내가 나의 아들을 통하여 마지막으로
새로운 성경을 내려보내, 너희들이 바
로 보고 바로 깨우쳐 너희 스스로 삶
을 바로잡으며,
14 그리고 모든 마음을 비우며 그리고 천
사와 같은 육의 세상의 삶을 살도록
그리하여 나에게 오르게 하고자 하는
것이 나 여호와의 뜻임을 너희들은 알
아야 될 것이니라.
15 모든 백성 너희들은 들으라.
16 종교 집단이요, 믿음의 길을 가는 백
성이요, 그리고 나의 아들을 따르는
백성들이요, 그리고 믿음의 길을 가지
않는 백성이요, 그 잡신을 숭배한다
하여 그와 같은 길을 가는 모든 백성,
너희들은 들어야 될 것이니라.
17 너희들은 하늘에 오르는 길이요, 나에
게 오르는 그것은 누구나 다 똑같이
소망하는 그와 같은 마음일 것이니라.
18 그러나 너희들이 지금까지 온 것이 얼
마나 잘되고 잘못되었는가, 오늘의 믿
음의 길을 가는 종교 집단이요, 그들
이 오는 그 길이요, 그들이 행하는 것
을 너희들 스스로 가슴에 안고 조용히
한번 냉정히 평가해 보라.
19 너희들은 오늘의 믿음이 잘못되었으
며 모든 종파가 다 장삿속으로 타락되
었으며, 참진리요, 하늘에 오르는 그
뜻이요, 나 여호와의 뜻에 의하여 역
사하는 것은 뒷전이라 그리 말할 것이
며,
20 심지어는 너희들이 믿지 않는 백성보

다도 못한 백성이라 그와 같은 말을
들어야 됨이니,
21 이것이 바로 잘못된 것이며 이는 바로
잡아야만 되기 때문이니라.
22 모든 백성들이 믿는 자, 믿지 않는 자
들이 오늘의 종교 집단 너희들이 하고
있는 그 행위요, 행동을 믿지 못하며,
23 너희들이 그와 같은 것을 불안한 마음
속에서 너희들이 갈 길이 없으며 바라
볼 길이 없으며 안내받을 수 있는 길
이 없기에,
24 너희들이 그저 어쩔 수 없이 따라가는
그와 같은 형국으로 가는 것이 오늘의
믿음의 길을 가는 백성이요,
25 그리고 너희들 자신도 스스로가 잘못
되었으며, 이는 정녕 하늘에 오르는
길이 아니라는 것을 너희들이 알고 있
다면,
26 너희들은 알았을 때 바로잡아야 되며,
하늘에 오르는 길이 아니라는 것을 알
았을 때 너희들이 바로잡고 바로 서지
아니하면 결코 아니 됨이니라.
27 그리하여 너희들이 스스로 깨우쳐 나
에게 오를 수 있는 길, 그 모두를 내가
너희 모든 백성에게 똑같은 기회를 주
며,
28 똑같이 읽고 깨우쳐서 너희들이 깨달
을 수 있도록 160권의 새로운 성경을
만들어 너희들에게 내려보냄이니,
29 이제 사랑하는 나의 아들딸 너희들은
들으라.
30 어떤 종파에서 어떤 형국으로 가든 너
희들이 지금 가고 있는 것이 잘못되었
으며 근본이 잘못되었음이니라.
31 첫 단추를 잘못 끼웠으며 너희들의 시
작이 잘못되었으며, 방향을 모르며 내
가 원하는 것을 모르고 가는 백성들이
기에,
32 너희들이 여행의 안내자가 가 보지도
아니하며 길도 모르는 자가 아는 것처
럼 너희들에게 안내를 한다고 나서면
어떠한 불행이 닥치겠느냐?
33 그 여행이 제대로 이루어질 것이며 너
희들이 즐거운 여행이 될 수 있겠느냐?
34 더욱이 하늘에 오르는 길은 그러하니
라.
35 나에게 와 보지도 않은 자들이요, 나
로부터 내 성령이요, 내 지혜를 얻지
못하여 하늘의 이치요, 땅의 이치도
모르는 그와 같은 백성들이,
36 하늘에 와 본 것처럼 너희들이 자신
있게 구원할 수 있다, 너희들이 구원
받은 백성이라 그리 가르치니,
37 너희들이 길을 모르며 가 보지도 않은
여행의 안내자가 안내한다고 나서는
그와 같은 것보다 너희들이 천배 만배
얼마나 잘못된 길인 것인 줄 알겠느냐?
38 너희들이 두 번의 기회가 있으며 다시
고칠 수 있는 그와 같은 길이라면, 나
여호와는 너희들에게 말하지 아니할
것이니라.
39 여행이라는 것은 잘못 인도하고 잘못
안내해서 그 여행이 잘못되었다 하면,
40 너희들이 다음에 잘 아는 자, 그리고
똑바른 안내자를 찾아서 그들과 같이
또다시 여행을 할 수 있는 기회가 있
을 것이나,
41 하늘에 오르는 길이요, 나에게 오르는
길은 연습이 없으며, 두 번 다시 기회
가 없는 것이 너희들이 그와 같은 하

늘에 오르고 못 오르는 길이니라.
42 그러니 그보다 더 소중하고 귀한 것이
없거늘, 그 길을 아무것도 모르는 자
에게 너희들이 모두를 맡기고 따라가
는 그와 같은 일이 있어서는 아니 될
것이니라.
43 이를 너희들은 명심하도록 그리하라.
44 하늘의 뜻을 아는 자, 그리고 그 모두
를 너희들이 정확한 이정표를 가지고
있는 자, 그와 같은 자의 안내를 받으
며, 그것도 그와 같은 자의 가르침을
받아야 될 것이니라.
45 나의 새로운 성경을 너희들이 읽고 깨
우친다면, 그 속에 너희들이 모두가
한 장의 그림으로 장장마다 내가 너희
들에게 원하는 그 의미요, 뜻이 있으
며,
46 내가 모두가 너희들이 하나의 그림으
로 그려서 그를 보고 깨우칠 때, 너희
들이 하늘의 지혜를 얻을 수 있다 함
이니라.
47 내가 너희들에게 뭐라 말하였느냐?
48 너희들은 구원을 하는 것은 아무것도
없다 하였느니라.
49 너희들이 울고불고하며 한 획도 고치
고 더하고 빼도 안 된다는 성경 그 자
체도 너희들이 하늘에 오르는 길을 인
도하는 것이 아니요,
50 하늘에 오는 길을 알 수 있도록 깨우
쳐, 너희들이 운동선수로 말하면 출발
하기 전에 출발 직전까지 너희들을 안
내하는 것이 성경이요, 나의 새로운
성서라는 것을 너희들은 알아야 될 것
이니라.
51 그 누구도 해 보지 아니하며 달려가
보지 아니한 자는 알 수 없음이니,
52 너희들은 그다음의 세상을 아는 것처
럼 그 세상에 너희들이 인도하고 안내
하는 것처럼, 그리고 너희들만이 인도
할 수 있는 자격을 가진 것처럼 너희
들이 광분하여 너희들이 흥분하여 저
자신의 직분을 잃지 말라.
53 그와 같은 자들이 나의 피조물 만백성
에게 오늘 하루를 넘기며 너희들이 그
저 설교하는 시간을 넘기며, 그들에게
강단에 서서 말하는 시간을 너희들이
넘기고 잘 넘기면 되는 것, 그와 같은
마음 자세로써 가르치는 자,
54 그들이 나의 피조물 만백성을 지옥으
로 이끎이니, 그 죄가 얼마나 무섭고
두려운가를 알 날이 머지아니하였음
을 알라 그리 전하라.

11,380 번째 하나님 말씀

2004년 5월 30일 01시 21분

1 사랑하는 나의 아들아!
2 "네, 아버님! 말씀하옵소서."
3 지금의 2천 년 동안 그 믿음의 길을
온 백성들이나 지도자나 할 것 없이
너희들이 무지에서 오늘의 삶을 살았
으며, 무지에서 오류를 범하는 그와
같은 삶을 삶이니,
4 너희들의 삶이 하늘에 오르는 길이요,
정해지며 질서 있는 삶이 아니라, 방
황하고 암흑의 세상에서 허덕이는 그
와 같은 세월의 삶을 너희들이 살아왔
음을 알라.
5 그러니 2천 년의 긴 세월을 너희가 지
금까지 버티고 지탱한 그것만으로도

너희들은 대단한 백성이라 말할 것이
니라.
6 그것만으로도 너희들은 할 일을 다 했
으며, 그 2천 년 동안에 버틴 그 삶이
이제는 모두가 문을 닫을 때가 되었
음을 너희들은 알라.
7 2천 년이라는 그 긴 세월을 지탱한 그
것으로써 너희들은 위대하다 하는 말
을 들을 수 있을 것이니라.
8 너희들이 내 뜻에 의해 역사하지 아
니하며 사악한 그와 같은 방법으로써
2천 년이라는 길고 긴 세월을 지탱한
그 저력이야말로 어떠한 것인가,
9 나도 감탄하며 사탄도 감탄하며 천사
들도 감탄하는 그와 같은 삶이었음을
너희들은 알아야 될 것이니라.
10 오로지 나의 사랑하는 백성들이 무지
하기 때문에, 너희들이 가르치고 전하
는 말을 듣고 '옳소, 믿습니다, 아멘!'
이라 울부짖는 그와 같은 백성들, 맹
종하고 맹신하는 백성들, 그들이 있었
기 때문에 너희들이 지금까지 지탱하
였음은 두말할 것이 없음이니라.
11 그러나 이제 너희들은 알아야 될 것이
니라.
12 2천 년 전서부터 흘러온 지금 백성들
의 인성과 그들이 생각하는 것과 판단
하는 것이 지금의 너희들이 얼마나 다
르고 얼마나 앞에 와 있는지 알겠느냐?
13 지금의 백성들은 너희들이 참진리요,
근거 있는 것, 그리고 너희들이 제시
할 수 있는 것, 그러한 것이 아니면 믿
지 아니할 것이며,
14 진정한 성령의 가르침이요, 참진리요,
너희들이 하늘의 뜻을 가르치는 그와
같은 것이 아니면, 결코 그들은 믿지
아니하며 따르지 아니함이니,
15 진실이 결여된 집단이요, 모든 종교
지도자들은 스스로 너희들이 설 자리
가 없게 되는 그와 같은 형국이 되어
감을 알라.
16 너희들이 그저 맹종하고 맹신하던 백
성의 시대는 지났음이니라.
17 지금의 백성들은 절대 그와 같은 길을
가지 아니하며, 그와 같은 것에 현혹
되지 아니하며,
18 그들은 스스로 지금까지 너희들이 지
옥으로 간 그 조상처럼 맹종 맹신하면
서 하늘에 오르는 길이라 하여 속고
또 속아 지옥으로 달려가는 그 길을
그들은 그리 쉽게 가지 아니할 것이니
라.
19 그러니 그와 같은 2천 년 동안 흘러온
지금의 백성들처럼 너희들이 거짓된
것이요, 거짓 증거하며 속지 아니함이
니, 결국 무엇이더냐?
20 스스로 너희들이 몰락할 수밖에 없는
것임을 알라.
21 지금도 너희들이 이 지상의 각국에서
그와 같은 역사가 이루어지며, 그를
들고일어나고자 하느니라.
22 다만, 이끌어 주는 자가 없으며, 지금
깃발을 높이 들어 '나를 따르라.' 외치
며 가는 자가 없음이니,
23 바로 160권이 세상에 나가 너희들이
그를 접했을 때, 그와 같은 힘이 역사
할 것이며, 그와 같은 것이 너희들이
홍수 난 것보다도 무섭게 그 역사가
이루어질 것이니 그리 알라.
24 그리했을 때 나의 피조물 만백성을 구

원할 수 있으며, 그들이 무지에서 방황하는 그와 같은 너희들의 그 삶에서 벗어나 하늘에 오르는 진정한 길을 올 수 있는 그 기회를 부여받게 될 것이니라.

25 이 모든 결과는 나의 뜻을 모르고 내가 전하고자 하는 그 역사를 모르는 백성들이 성령을 전한다면서 성령의 뜻을 거역하는 그와 같은 삶을 살아왔기 때문에 오늘의 이와 같이 험악한 결과가 되었음이니,

26 바로 나의 160권의 법전으로써 이와 같은 세상을 바로잡고자 하며, 나 여호와의 뜻을 역사하는 그와 같은 새로운 백성들이요, 새로운 시대에서 살아갈 수 있도록 내가 역사함이라는 것을 너희들은 알아야 될 것이니라.

11,381 번째 하나님 말씀

2004년 5월 30일 01시 30분

1 사랑하는 나의 아들아!

2 "네, 아버님! 말씀하옵소서."

3 인간적인 교리요, 그와 같은 믿음의 길을 가는 자, 너희들이 나 여호와가 내리는 새로운 메시지를 접할 수 없으며,

4 모든 종교 집단의 지도자라는 자, 너희들이 내가 새로 내리는 나의 성령의 뜻을 받을 수가 없으며 받은 자가 없었기 때문에, 오늘의 이와 같이 험악한 세상이 되었음을 너희들은 알아야 될 것이니라.

5 나의 뜻을 내려보내도 너희들이 받지 못하는 그와 같은 백성이요, 깨달은 자가 없었기에,

6 지금의 암흑의 세상에서 너희들이 하늘에 오르는 길이라 서로 몸부림치는 그와 같은 형국이 되어 있다 함을 너희들은 알아야 될 것이니라.

7 나 여호와가 나의 새로운 160권의 성경에 뭐라 기록하여 전했느냐?

8 나는 너희들에게 명확히 전했느니라.

9 나 여호와가 너희들에게 그 전한 뜻을 다시 한 번 내가 여기에 기록하여 전함이니,

10 너희들은 이와 같은 의미를 깊이 깨우쳐, 이를 한 번 읽을 때마다 너희들의 마음의 방향이요, 마음을 굳건히 잡으며,

11 너희들이 나 여호와의 뜻이 무엇인가, 그리고 오늘의 160권의 새로운 성경이 내려오는 것이 무엇인가, 나의 아들이 존재하는 것이 무엇인가,

12 나의 아들과 더불어 이 새로운 성경을 만드는 백성, 그를 따르는 제자 너희들이 얼마나 지금 중요한 자이며, 얼마나 축복된 백성이요, 영광된 백성인가를,

13 말로만 그리 생각하지 말며 행동으로써 믿음으로써 그리 굳건한 마음을 갖도록 그리하라.

14 그리하여 내가 하늘의 이치를 전하느니라.

15 너희들은 들어야 될 것이니라.

16 구약의 시대에 내가 누구를 통하여 역사했느냐?

17 모세를 통하여 내가 내 명령이요, 내 뜻을 그에게 계속 내려 주지 아니하였더냐?

18 모세에게는 내가 변하는 것, 또 변화
할 것, 또 역사할 것, 그와 같은 것을
모세의 살아생전에 내가 모든 것을 그
에게 계속 계명을 내려 주며 성령의
뜻을 내려보내 주었으며 내가 원하는
뜻을 그치지 아니하고 계속 내려보내
주었음이니라.
19 그 계속 내리는 것은 무엇이라 하였느
냐?
20 너희들이 완전하지 못하며 완벽하지
못하기 때문에 나 여호와가 너희들을
완전한 백성이요, 완벽한 백성으로 만
들기 위하여
21 내가 너희들에게 필요한 그 양식을 계
속 내려 부어 주며, 부어 내려보냈다
하지 않았느냐?
22 계속 너희들이 부족한 것이 많으며 살
아가면서 부딪칠 때마다 천 가지 만
가지 그때그때 스스로 판단하며 너희
들이 그때 선을 행할 수 없는 것이요,
23 그리하여 완벽한 백성으로 완벽한 너
희들이 되기 위하여 모든 나의 역사를
내려보내고 내 뜻을 계속 내려보내서
너희들이 깨우쳐 가는 그와 같은 역사
가 되어야 한다 하지 아니하였더냐?
24 너희들이 몸통이 있으며 그 모든 부속
들이 계속 만들어져 거기에 그 자리를
지킬 때, 그 기계가 기능을 발휘할 수
있다는 내가 예로 말한 의미를 잘 깨
우치도록 하라.
25 구약의 시대에 모세를 통하여 계속 내
렸으며, 나의 아들 예수의 시대, 그 신
약의 시대는 내가 어찌하였느냐?
26 나의 아들 예수가 그 기적을 역사하며
모두를 역사할 수 있으며, 모두를 만
백성에게 가르칠 그 참진리의 뜻을 계
속 내가 전하도록 내려보내고 내려보
냈음이니라.
27 그것이 바로 부족한 나의 백성들을 가
르치는 길이요, 깨우치는 것이요, 구
원의 길로 인도하는 것이기 때문이니
라.
28 그러니 계속 나로부터 새로운 메시지
요, 새로운 성령을 받지 못하는 자는
진정한 지도자가 아니며, 나로부터 선
택된 자가 아님이니라.
29 그들은 변할 수 없으며 그들은 변화되
는 것에 맞춰 갈 수 없으며 나 여호와
의 뜻을 알지 못하기 때문이니라.
30 구약의 시대에 모세에게 내가 계속 내
려 주었던 그와 같은 성령의 의미를
알며, 또 신약의 시대에 나의 아들 예
수에게 계속 내가 기적과 이적이요,
그리고 새로운 메시지를 내린 것을 너
희들은 알아야 될 것이니라.
31 너희들이 부족하기 때문에, 완벽한 백
성으로 만들며 완전히 깨닫게 하기 위
해서 내가 그리 전했음이니라.
32 그러면 너희들이 지금의 역사는 어떠
하더냐?
33 지금은 제3의 시대요, 지금은 내가 심
판의 시대, 마지막 시대라 하였음이니
라.
34 그리하여 내가 나의 아들을 통하여 지
금 제3의 시대를 열어 감이니, 내가
나의 아들 또한 어찌 가르치며 다스려
가던가?
35 내가 새로운 성경이요, 이를 나의 성
령을 태워서 나의 아들에게 계속 전하
고 전하는 것은 너희들이 160권의 새

로운 성경이 나왔을 때 알게 될 것이
니라.
36 그리고 그가 나오고 세상에 나의 아들
이 아름답고 너희들 인간의 살아가는
데 풍요로운 마음의 정서를 위하여 내
가 나의 아들을 통하여 세상에 내려보
내는 그 그치지 않는 그와 같은 하늘
의 뜻을 듣고 또 들어서 너희들이 변
하고 변하는 그와 같은 역사를 이룸이
니,
37 여기서 너희들은 잘 들어야 될 것이니
라.
38 구약의 시대에 모세에게, 부족한 백성
들에게 그 완벽한 백성을 만들기 위하
여 내가 계속 명령이요, 메시지를 내
렸다는 것을 하나를 알며,
39 두 번째 나의 아들 예수를 통하여 내
가 계속 메시지를 남겨 만백성을 구원
하고자 했다는 것, 성령을 내려보내
구원하고자 하는 역사를 계속 부었다
는 것, 너희들은 이것이 두 번째요,
40 마지막 제3의 시대에 나의 아들이 너
희들에게 증거할 수 있는 160권의 새
로운 성경을 만들어 내려보낸 것이 나
여호와가 계속 나의 뜻을 부어 줌이
아니더냐?
41 그리고 너희들이 천 년에 걸쳐 역사를
이루고, 하늘의 백성이 살아가는 그와
같은 법도요, 그와 같은 자세의 그 모
두를 나의 아들을 통하여 너희들에게
내려보내니,
42 나의 아들이 죽을 때까지 나의 뜻이
요, 하늘의 끝이 없는 그 모든 진리는
계속 내려져, 이를 읽고 배우는 백성
들이 깨우쳐야 될 것이니라.
43 이제 나의 아들을 따르는 너희들은 생
각해 보라.
44 너희들이 나의 아들의 강론을 듣고 들
으며, 나의 새로운 성경을 읽고 또 읽
을 때마다, 너희들의 마음이 스스로
변하지 않더냐?
45 그러니 변화되는 것을 너희들이 느낀
다면, 오늘 공부하고 내일 공부하여
너희들이 스스로 변화되는 것이요,
46 '아! 세상의 이치요, 하늘의 이치요,
성경의 이치가 그였구나, 숨겨진 비밀
이 그였구나.' 너희들이 하나씩 하나
씩 깨달아 간다면,
47 바로 나의 새로운 성경을 계속 부어
넣는 것이 맞지 않느냐?
48 이것이 세 번째 마지막 시대에 나 여
호와가 나의 아들을 통하여 이루는 역
사임을 알라.
49 나의 아들에게 새로운 메시지를 내가
그치지 아니하고 내리지 않더냐?
50 이것이 나의 가르침이요, 나 여호와가
직접 관여하는 마지막 시대요, 새로운
성령의 뜻을 너희들에게 내려보내는
그 의미를 알라.
51 지금까지는 내가 내려보내도 받을 자
가 없으며 받을 자격이 없는 백성들이
요, 받을 준비가 되지 아니한 백성이
요, 내가 볼 때 그들은 받을 자격이 없
기에 내가 내려보내지 아니하였음이
니,
52 받지 못하는 그와 같은 백성들, 내가
그들에게 내릴 수가 없어 가슴 아파하
였음이니라.
53 그러나 이제는 나의 아들을 따르는 제
자들이요, 그리고 나의 아들을 따르며

새로운 성경을 읽고 깨우친 백성의 마
음이 백지와 같이 되었을 때, 그와 같
은 백성이 반드시 수없이 이 세상에
존재할 것이니라.
54 그러니 그때 내가 또한 너희들이 깨우
치고 깨우칠 것을 계속 직접 내리는
그와 같은 역사는 중단하지 아니하고
흘러갈 것이니라.
55 그것이 바로 새로운 성경이 나 여호와
의 뜻이요, 하늘의 뜻이요, 만백성을
구하는 길이라는 것을 너희들은 굳건
히 믿고 최선을 다하여 오늘의 직분을
다하도록 그리하라.

11,382 번째 하나님 말씀

2004년 5월 30일 01시 33분

1 사랑하는 나의 아들아!
2 "네, 아버님! 말씀하옵소서."
3 곳간에 곡식을 수북이 많이 쌓아 놓은
사람이 어렵고 불쌍한 자에게 나눠 주
지 못한다면, 그 곡식이 어렵고 가난
한 자요, 불쌍한 백성들에게 무슨 관
계가 있겠느냐?
4 아무런 관계가 없는 것이니라.
5 그러나 너희들이 적은 곡식을 가진 백
성이라 해도, 어렵고 배고픈 자에게
나눠 주며 그들의 고통을 이해한다면,
결국 그것은 무엇을 의미하느냐?
6 그것이 사랑이니라, 그리고 그 배고픈
백성에게 필요한 것이 바로 그와 같은
것이니라.
7 너희들은 여기서 깨우쳐야 될 것이니
라.
8 너희들이 지금 많은 것을 안다 하여,
많은 것을 깨우쳤다 하여,
9 그를 가지고 너희들이 배운 것만큼 만
백성을 깨우치는 것에 앞장서지 아니
하며, 그들을 지도하는 데 너희들이
모두를 다 바치는 그와 같은 삶을 살
지 아니한다면,
10 곳간에 가득히 곡식을 쌓아 놓았으나
배고픈 자와 관계없는 그와 같은 삶을
살아가는 그 백성이 됨이니라.
11 그와 같은 자 어찌 되는가?
12 나눔을 모르는 자, 너희들이 하늘에
오를 수 없으며, 낙타라는 동물이 바
늘구멍을 통과하기보다 더 어렵다는
그 하늘의 길을 정녕 그들은 올 수 없
다는 뜻이 아니더냐?
13 그와 같이 너희들이 지금 모든 상식이
요, 하늘의 진리요, 나의 새로운 성경
을 읽고 깨우치며 나의 아들로부터 강
론을 들은 너희들이
14 이를 가지고 어렵고 불쌍한 그 백성
들, 어리석음을 모르는 백성들, 어리
석어서 깨우치지 못하는 그 백성들,
그들을 깨우쳐 인도하는 데 최선의 노
력을 다하지 아니하고, 너희들이 게을
리한다면 무엇이더냐?
15 가진 자가 나누지 아니하는 것이니 그
리 알라.
16 너희들은 갖지 아니하여도 나누는 자
가 배고픈 자에게 필요하기에,
17 배우고 깨우친 것이 없다 해도, 너희
들이 나의 새로운 성경을 몇 줄을 읽
었다 해도, 나의 아들에게 내리는 강
론을 들어서 너희들이 작은 것을 적은
양을 깨우쳤다 해도,
18 그것을 가서 너희들이 많은 백성을 구

원하는 데 백분 활용하는 그와 같은
자는 적은 것을 가지고 있으나, 곳간
에 쌓아 놓은 것이 없으나 너희들이
어려운 자를 구원하며 어려운 생명을
구할 수 있는 그와 같은 자이니,
19 너희들은 어떠한 길을 선택할 것인가
를 알라 그리 전하라.

11,383 번째 하나님 말씀

2004년 5월 30일 01시 41분

1 사랑하는 나의 아들아!
2 "네, 아버님! 말씀하옵소서."
3 지금의 믿음의 길을 가는 종교 집단이
요, 그리고 만백성을 구하는 지도자라
하여 너희들이 단상에서 설교하며 나
의 피조물 만백성들에게 가르친 것만
큼 그 대가를 받아들이는 것,
4 글 세를 받아들이는 그 종교 지도자,
글 세가 없이는 움직이지 아니하며 가
르치지 아니하는 그 종교 지도자,
5 너희가 인간적인 교리와 인간이 만드
는 그 규칙을 가지고 나 여호와의 뜻
을 제대로 전하고 가르치지 못하는 그
와 같은 형국이 되어 버렸음을 알겠느
냐?
6 그러니 너희들이 내 뜻을 가지고 내
뜻에 의하여 전하는 것이 아니요, 인
간의 생각이요, 인간의 교리를 가지고
전했기에 오늘의 세상은 지상의 낙원
이 되지 못했느니라.
7 너희들이 인간의 교리요, 인간의 생각
을 가지고 세상에 나의 피조물 만백성
을 다스리지 아니하며, 하늘의 뜻이
요, 나 여호와의 뜻에 의하여 나의 피
조물 만백성을 제대로 알고 깨우치고
인도했다면,
8 오늘에 바로 지상의 낙원이 벌써 이루
어졌을 것이니라.
9 오늘과 같이 지상의 세상이 험악하고
두려운 세상이 어디 있느냐?
10 인간이 인간을 보기를 두려워하며 인
간이 인간을 믿지 못하여, 너희들이
어찌하면 그 상대방의 마음을 읽을 수
있을까,
11 그를 읽지 못하면 패자가 되며 패망의
쓴잔을 마시게 됨이니, 그 마음을 읽
고자 하는 너희들의 그 노력은 또한
어떠하던가?
12 그러니 지금의 너희들이 그와 같이 잘
못된 삶을 사는 것이 바로 참진리의
길을 역사하지 못했기 때문이라 함을
너희들은 알아야 될 것이니라.
13 그러면서 너희들이 지금 뭐라 말하느
냐?
14 아직도 계속 정답이라 말하느니라.
15 그리고 하늘에 오르는 길이라 너희들
은 말하느니라.
16 지금의 종교 집단 너희들이 무엇인가,
또 너희들이 하늘의 뜻과 내가 역사하
고자 하는 것을, 그를 바로 세워 보고
또 그를 역사해 보겠다 하여 너희들이
고통과 시련을 겪고 간 지도자들이 수
없이 있었음이니라.
17 다만, 그들이 내 뜻을 이루지 못하며
세상에 전하지 못한 것은, 육의 세상
의 삶에 너희들이 타협하였으며 거기
에 무너졌으며 쓰러졌음이니라.
18 그러니 그와 같은 백성들이기에 너희
들이 오늘의 이 역사를 이루지 못했음

이니라.
19 나 여호와는 너희들을 아느니라.
20 너희들이 잘못됨을 내가 수없이 지적
하나, 너희들이 나름대로 지금 이 세
상에 빛과 소금이 되어 보겠다 하여
노력한 종교 집단의 지도자들도 또한
있었음이니라.
21 그러나 참진리요, 옳은 길을 가는 자,
아무리 시도를 해 보고 그 길이 맞다
하여 역사하려 해도, 그들은 그 길에
서 성공하지 못했으며,
22 그 길을 다스려 나가 저희들의 뜻을
펴지 못한 자가 수없이 몸부림치다 죽
어 왔음을 알라, 사랑하는 나의 아들
딸들아!
23 그러나 그들은 무엇이더냐?
24 비진리요, 인간의 교리만을 가지고 너
희들 인간 세상에 만족을 취하고 사는
것, 그리고 오늘의 저희들이 권좌 같
은 그 생활, 그것으로 만족하며 그것
으로써 저희들이 최대의 행복이요, 축
복이라 그리 생각하는 자, 그러기에
그들이 있기 때문에 바로 무엇이더냐?
25 너희들이 모든 성령의 구원을 받는 그
모두에 너희들이 방해되는 자요, 역사
하지 못하도록, 그를 견디지 못하도
록, 그리 존재하지 못하도록 지금 모
두의 훼방꾼이 된 것이 바로 종교 집
단 너희들이니라.
26 인간 교리로 만족하며 인간의 부귀영
화로 만족하기 때문에 바로 서고자,
바로 이루고자 하는 그 백성들은 견디
지 못하며,
27 스스로 그저 아침 이슬처럼 흘러간 것
이 그들의 흔적이 수없이 많으며, 또
한 그들의 고통과 노고를 나 여호와가
나의 새로운 성경을 통하여 치하함을
그들에게 전하노라.
28 그들의 고통이요, 그들의 시련 또한
무한대한 역사함이 있었음이니라.
29 그러나 그들은 지금 역사하지 못했으
니, 새로운 성경이 없으며 나 여호와
의 메시지가 없으며, 내가 너희들에게
명하는 그와 같은 밀령을 받지 못한
백성이었기 때문에, 너희들이 오늘의
이와 같은 험악한 형국이 되었음을 알
라.
30 그러니 이 세상에 진정한 종교 집단이
없었다는 것이며, 구원을 받을 수 있
는 백성이 없었다는 것이니라.
31 그러니 너희들이 말과 행동을 다르게
하는 자들이 세상을 지배했으며, 나
여호와의 뜻을 거역하는 자들이, 그
뜻이 이 세상에 이루어지지 못하도록
훼방꾼으로서 훼방하는 자,
32 그리고 너희들이 나의 사랑하는 백성
들에게 상상할 수 없는 사기극을 연
출하여, 나의 피조물 만백성들에게 정
신적이요, 물질적인 고통이요, 압박이
요, 그 모든 멍에를 짊어진 자,
33 그것이 바로 하늘에 와 심판대에 섰
을 때, 그것이 바로 지옥으로 가는 짐
의 무게라는 것을 알라 내가 수없이
전했음이니, 너희들이 알아서 행하도
록 그리하라.
34 너희들은 각자가 이제는 바로 서고 바
로 역사하는 그와 같은 삶을 살지 아
니하면 아니 됨이니라.
35 모두 지금의 종교 집단의 지도자들이
상상할 수 없도록 무너졌으며 그들이

타락되었으며 사기극을 연출하기에,
36 너희들이 거듭나는 그 길을 볼 수 없
도록 이미 나에게서 멀리 떨어져 있으
며,
37 뱀이 개구리를 잡아먹는 것처럼, 개구
리가 뱀에 물린 것처럼 너희들의 반
이상이 지금 상처투성이요, 버려지는
그와 같은 자가 되어 가고 있다는 것
을 알아야 될 것이니라.
38 그러니 새로 태어나는 백성이요, 하늘
의 백성이 되기 위하여 거듭나는 그와
같은 삶을 살지 아니하면 아니 되며,
39 만백성을 구하는 역사를 이루지 아니
하면 아니 되는 것이 나의 아들을 따
르는 제자들의 역사할 길이니라.

11,384 번째 하나님 말씀

2004년 5월 30일 01시 49분

1 사랑하는 나의 아들아!
2 "네, 아버님! 말씀하옵소서."
3 지금의 종교 집단과 지도자, 그리고
구원을 받았다는 그 신도, 그들처럼
몽매하고 가장 어리석은 백성이 세상
에 없음을 너희들은 알아야 될 것이니
라.
4 오늘의 그들의 믿음은 참진리요, 나의
뜻을 연구하여 전진하는 것이 아니라,
광기에 젖어 있는 그와 같은 믿음의
행위를 하는 것이 아니더냐?
5 그러니 광기를 부르는 나의 백성들을
육성하고 있는 것이 오늘의 종교 집단
이요, 지도자이니라.
6 그리하여 너희들이 그와 같이 나의 피
조물 만백성을 이끌어 왔기에, 이 세
상이 인간이 인간을 무서워하며 인간
을 믿지 못하는 엉망이 된 세상을 만
들어 버리지 않았느냐?
7 그러니 이와 같은 세상에 너희들이 의
인이 나올 수 없으며, 너희들의 사랑
하는 아들딸 또한 바로 성장하고 바로
클 수 없으니, 그리하여 의인의 길을
갈 수 있는 백성이 성장할 수 있도록
만들지 아니했으며, 그 모두를 무너뜨
린 것이 바로 너희들의 죄임을 알라
그리 전하느니라.
8 너희들이 죄의 거미줄에 이리 엉키고
저리 엉키고 이리 설켜, 너희들이 풀
려야 풀 수 없는 실타래와 같은 그 속
에서 지금 살아가는 것이 나의 백성
너희들의 육의 세상의 삶이라는 것을
알아야 될 것이니라.
9 나 여호와의 성령의 가르침이요, 참진
리의 길을 접어 두고 부정한 자, 권력
있는 자, 그리고 재물이 있는 자, 그와
같은 자들 앞에 너희들이 나 여호와의
이름을 팔며 나의 아들 예수의 이름을
팔아,
10 해서는 아니 되는 타협과 부끄러운 짓
을 모르고 너희들이 부끄러운 행위를
행하면서 지금 살아감이니,
11 너희들이 하는 그 행위가 얼마나 추하
고 잘못된 줄 알겠느냐?
12 잡신을 섬기고 있는 그와 같은 집단만
도 못한 자들이라는 것을 내가 나의
아들을 통하여 명함이니,
13 너희들이 이를 보고도 깨우치지 못한
다면, 정녕 너희들은 영원히 나와 관
계없는 백성으로서 그냥 흘러감을 알
라 전하라.

11,385 번째 하나님 말씀

2004년 5월 30일 07시 03분

1 사랑하는 나의 아들아!

2 "네, 아버님! 말씀하옵소서."

3 완벽한 성벽도 돌이 하나가 빠지기 시작하며, 제방의 둑의 물도 작은 구멍으로써 모두가 다 역사한다 하였음이니라.

4 그러니 나의 사랑하는 백성 너희들이 살아가면서 무너지기 시작하며 바로 서지 못하는 것이 무엇인 줄 알겠느냐?

5 사탄이요, 마귀들이 처음에는 너희들에게 작은 것으로써 훈련을 시켜 작은 것으로써 또 서서히 무너지게 한다 하였느니라.

6 그리하여 너희들이 거기에서 헤어나지 못할 때 결국 무엇이더냐?

7 너희들 자신까지 모두를 다 태워 버리며 버리는 그와 같은 형국이 된다 하였느니라.

8 그리하여 너희들이 나를 버리며 나로부터 등을 돌리는 그와 같은 백성이 되니, 나를 보지 못하는 그와 같은 백성이라 내가 그리하였느니라.

9 사랑하는 나의 아들딸들아!

10 지금 너를 따르는 제자들이요, 그리고 나의 새로운 성경을 읽고 깨우친 백성, 그들이 바로 그것이니라.

11 너희들이 작은 것으로 시작하여 모두를 다 버리지 못하듯이, 너희들이 작은 것들을 또한 버리지 못하는 그와 같은 마음으로 인하여 너희들이 스스로 무너진다는 것을 또한 알아야 될 것이니라.

12 그러니 너희들이 작은 거짓말이요, 작은 실수요, 이것을 두렵고 무섭게 생각하지 아니한다면, 그로 하여 너희들이 무너지는 그와 같은 형국이 되며, 그와 같은 것으로써 모두를 다 잃게 된다는 것을 잊어서는 아니 됨이니라.

13 작은 것이니라.

14 그 작은 것이 오늘의 너희들의 실수요, 너희들이 잘못해서 그와 같은 일이 있으며, 몰라서 그러하다면 오죽 좋겠느냐?

15 그러나 너희들을 무너트리는 사탄이요, 그 마귀들의 하는 행위로 인하여 그와 같이 작은 것에 너희들이 실수하는 그와 같은 삶을 살며, 작은 것을 스스로 실수함에 있어서 즐거움을 느끼고 산다면, 이는 바로 어찌하겠느냐?

16 이것이 너희들이 무너지게 되는 근본이며 시작이라는 것을 잊어서는 아니 될 것이니라.

17 사랑하는 나의 아들아!

18 모든 백성들이 다 어찌하여 나에게 등을 돌리고 떠나갔는지 알겠느냐?

19 왔다가 떠나가는 백성은 바로 그와 같은 백성들이니라.

20 작은 것으로써 불평불만을 시작하며 작은 것으로써 그들이 무너지기 시작하여 결국은 그들이 새로운 성전이요, 나 여호와의 뜻이요, 저희들이 이 길을 가지 아니하고 무너지느니라.

21 그러나 너희들은 여기서 알아야 될 것이니라.

22 그들이 아무리 무너져 가 너희들에게 어떠한 행위를 한다 해도, 그들이 세월이 가면 가슴을 치게 될 것이며 통

곡하는 그와 같은 결과밖에는 남지 않
는 것이니,
23 그러나 그때라도 후회하고 깨우치는
백성이 있다면 그를 거둬들임이니, 그
들이 또한 하늘에 오르는 길이요, 저
희들이 거듭나는 영광을 얻을 수 있을
것이니라.
24 그러니 그들이 아무리 어떠한 곳에 간
다 하든, 저희들이 어떠한 형국의 믿
음으로 간다 하든,
25 그들은 여기서 들은 강론이요, 여기서
깨우친 것을 딴 데 가서 얻을 수 없으
며 깨달을 수가 없는 그와 같은 형국
이니라.
26 참진리는 한 곳을 통하여 내려가며,
참진리는 나의 아들 너를 통하여 모두
를 역사하고 있기 때문임을 그들은 알
아야 될 것이니라.
27 이제는 너희들이 작은 것에 실수하지
말며, 작은 것에 그저 무심히 지나가
는 그와 같은 일이 있어서는 아니 됨
이니라.
28 그것이 너희들이 모두가 다 무너지기
시작한다는 것을 절대 잊지 말라.
29 작은 것으로 시작하여 큰 것이 무너
지는 그와 같은 것으로써 사탄이요,
마귀들이 너희들을 무너트리는 그와
같은 형국으로 가고 있음이니,
30 진심으로 진심으로 내가 내 뜻을 너
희들에게 전함이니, 작은 것에 실수하
지 말며, 작은 것을 용서하는 그와 같
은 마음으로 살지 말도록 그리하라.
31 그것이 무너지게 된 시초라는 것을 그
들의 가슴에 깊이 심어 줘, 그와 같은
것에 넘어지지 않는 나의 아들딸이
되도록 그리하라.

11,386 번째 하나님 말씀

2004년 5월 30일 07시 08분

1 사랑하는 나의 아들아!
2 "네, 아버님! 말씀하옵소서."
3 새로운 성경으로써 나의 사랑하는 백
성들을 구원하지 아니하면 결코 아니
됨이니라.
4 내가 너희들에게 뭐라 말하였느냐?
5 너희들의 행함이 소중하며 그 행함에
의하여 나로부터 심판을 받는다 하였
느니라.
6 그러니 너희들의 마음은 어떠한 것이
며 과연 어떠한 형태로써 지금 믿음의
길을 가고 있는 것인가 그것을 한번
돌이켜 봐야 함을 너희들은 알아야 될
것이니라.
7 모든 종교 집단의 지도자 너희들이 말
로써만 모두를 다 역사하며, 입으로써
너희들이 모두를 역사하며, 입으로써
나의 피조물 만백성들을 현혹하는 그
와 같은 행위를 하고 있음이니라.
8 그러면서 너희들은 나를 찾으며 예수
를 찾으며, 너희들의 그 믿음이 나에
게 오는 길이요, 하늘에 오르는 길이
라 그리 말하는 자들,
9 정녕 내가 너희들을 들여다보니, 너희
들은 이미 나 여호와를 버린 자들이요,
10 그리고 저 자신의 마음에 나 여호와는
생각지도 아니하고 사는 자들이 어찌
하여 하늘에 오르는 길이요, 나에게
올 수 있는 백성들을 인도하여 나의
나라에 오를 수 있다 그리 말한단 말

이더냐?
11 너희들은 말로써 부르짖는 것만으로 나를 찾는 것이니라, 그리고 입으로만 나를 찾는 것이니라.
12 그러니 정녕 너희들의 마음에 나는 버려진 자요, 나를 생각하는 자들이 아니니라.
13 너희들이 나를 생각하는 마음이 무엇인 줄 알겠느냐?
14 너희들이 행함을 소중히 하며 사랑을 행하는 그와 같은 마음을 가지고 살아가는 백성이 나를 생각하는 백성이라는 것을 잊지 말라.
15 그렇지 못한 자, 나를 버린 백성이라는 것을 잊지 말아야 될 것이니라.
16 나 여호와의 뜻을 행한다는 그들이 어떠한 짓을 하는가?
17 바로 2천 년 전에 사랑하는 나의 아들을 죽도록 했던 그들처럼, 나의 새로운 성경을 읽지 않고 깨우치지 않는 그 백성들이 바로 무엇인 줄 알겠느냐?
18 새로운 성경이요, 나의 아들이요, 그를 따르는 제자들을 모두 부인하고 있음이니라.
19 그러니 바로 그들이 적그리스도이니라.
20 너희들이 모든 믿음의 길을 가는 종교 집단의 지도자들이 새로운 성경이요, 새로운 가르침을 갖고 너희들을 깨우치고자 하는 자, 그와 같은 자를 적그리스도라 하나,
21 내가 지금 세상에서 보는 적그리스도는 지금의 믿음의 길을 가는 너희들이요, 그리고 적그리스도의 행위만을 서슴없이 하는 것이 오늘의 종교 집단의 지도자요, 너희들이 그리 행하고 있다 함을 알아야 될 것이니라.
22 그러니 나 여호와가 너희들에게 적그리스도라 그리 명했음이니, 과연 너희들이 그 길을 가고도 나에게 구원을 받을 수 있으며 하늘에 오를 수 있단 말이더냐?
23 정녕 나 여호와가 너희들에게 그리 말함이니, 너희들이 모든 백성들이요, 너희들과 뜻을 같이하지 않는 백성들을 적그리스도라 말하듯이,
24 사탄이요, 마귀가 너희들을 적그리스도라 그리 말한다 생각할 것이니라.
25 그렇다면 너희들은 무엇으로써 구분해야 되겠는가?
26 사랑하는 나의 아들딸들아!
27 나 여호와가 진심으로 진심으로 너희들에게 전하니, 나의 새로운 성경을 어떠한 권수든 세 권 이상을 읽고 생각해 보라.
28 그래도 너희들이 나의 아들을, 그리고 나의 새로운 성경을 적그리스도가 행하는 행위라 할 수 있는가?
29 오로지 그것뿐이니라.
30 너희들이 스스로 깨우쳐 답을 얻으라 하였거늘, 이는 읽지 아니하며 이는 보지 아니하고 너희들이 그리 행하여 가고 있음이니, 이를 어찌 바로잡는단 말이더냐?
31 그러니 보지 아니하려는 자 그 백성들, 그 모두가 이를 보지 아니하면 아니 되도록, 나의 새로운 성경을 온 세상의 모든 백성들이 다 접하고 볼 수 있도록, 그와 같이 너희들이 그들의 주변에 모두를 다 쌓아 놓지 아니하면

아니 됨이니라.
32 이것이 너희들이 가야 할 길이라는 것
을 절대 잊지 말라, 사랑하는 나의 아
들아!

11,387 번째 하나님 말씀

2004년 5월 30일 07시 21분

1 사랑하는 나의 아들아!
2 "네, 아버님! 말씀하옵소서."
3 내가 나의 새로운 성경에 깨우쳐 전하
였음이니라.
4 그러나 너희들이 이를 알고도 지키지
아니하며, 모든 백성들이 또한 성서에
내가 기록한 이 뜻을 너희들이 깊이
깨우치지 아니하면 아니 되기 때문이
니라.
5 나의 아들 예수가 너희들에게 뭐라 말
하였느냐?
6 '너희들이 어찌하여 유전으로써 하나
님의 계명을 범하느냐?' 너희들이 그
와 같이 기록된 그 뜻을 알겠는가?
7 너희들이 입으로 전하고 전하는 그러
한 것이요, 너희들이 또한 전통적으로
내려오는 그 악습을 버리지 못함으로,
그를 고집함으로 너희들이 나의 성령
을 범하는 그와 같은 행위를 하는 것
이 앞으로 살아가는 백성들이라 그리
전하였느니라.
8 그러니 나의 아들 예수 시대의 너희들
이 그와 같이 살아갔음이니, 오늘도
너희들이 그를 버리지 못하고 살아가
고 있음이니,
9 그게 바로 너희들이 나와 관계없는 백
성이요, 하늘의 뜻을 모르는 어리석은
백성들이라는 것을 다시 한 번 너희
제자들에게 깨우쳐 주고 전하도록 그
리하라.
10 나의 아들이 너희들에게 뭐라 하였느
냐?
11 나 여호와가 직접 나의 아들 예수를
통하여 이르며 내가 전한 뜻을 그는
전했느니라.
12 '네 부모를 공경하라 하며 또 아비나
어미를 훼방하는 자는 반드시 죽으리
라 하였거늘'
13 너희들이 지금 네 부모요, 네 어미요,
아비에게 과연 어떠한 행위를 하며 어
떠한 짓을 하는가?
14 믿음의 길을 가고 있는 모든 종교 집
단의 지도자요, 그리고 너희들이 구원
을 받았다 하는 백성,
15 과연 네 아비나 어미를 훼방하는 자는
없는가, 그리고 너희들이 그를 지워
버리고 사는 자는 없는가?
16 너희 자식이요, 너희 가족에게는 너희
들이 모두를 다 바치며 정성을 다하
나, 낳아 주고 길러 준 네 부모에게 과
연 너희들이 어찌하고 지금 살아가는
가, 너희들은 그를 한번 들여다보라.
17 그러니 모든 종교 집단이요, 믿음의
길을 가는 백성 너희들이 아비요, 어
미를 훼방하는 것도 안 된다 했으니,
18 그 부모를 버리며 그 부모를 길거리에
내버리는 자, 그리고 부모를 공경하는
것이 아니요, 부모에게 핍박을 하는
것, 그리고 부모의 가슴에 못을 박는
그와 같은 행위를 하고 사는 오늘의
삶이 아니더냐?
19 그러니 바로 너희들은 알라.

20 모든 종교 집단의 지도자요, 이를 이
끌어 온 너희들이 이와 같이 험악한
세상을 만들었으니, 너희들이 나와는
아무런 관계도 없는 백성임을 알라.
21 오늘의 이와 같은 현실을 내가 기록하
여 전했으니, 그와 같은 행위를 하게
되었으며 그 백성들이 그리되었다면,
너희들 모두가 다 사탄의 앞잡이로서
역사하는 백성이요,
22 하늘에 오르는 길이요, 나 여호와의
뜻에 따라가는 백성이 하나도 없음을
너희들은 알아야 될 것이니라.
23 그러니 너희들이 구원받은 자가 어디
있단 말이더냐?
24 구원 구원하지도 말라.
25 '너희는 가로되 누구든지 아비에게나
어미에게나 말하기를 내가 하나님께
드려 유익하게 할 것이 하나님께 드
림이 되었다고 하기만 하면 그 부모를
공경할 것이 없다 하여 너희 유전으로
하나님의 말씀을 폐하는 그와 같은 행
위를 할 것이라' 나의 아들 예수가 너
희들에게 전하지 아니하였느냐?
26 너희들은 네 부모요, 낳아 준 부모에
게 기쁨이요, 그에게 무엇인가를 기쁨
을 드리고자 하며, 그 부모의 뜻에 의
해 살아가는 그와 같은 백성 너희들
은 그와 같은 것을 중시하지 말라 그
리하는 시대가 올 것이니,
27 그때 또한 그들이 사탄이요, 나 여호
와의 뜻을 거역하는 자라, 내가 성서
에 기록한 그 뜻이니라.
28 네 부모를 공경할 것이 없다, 그저 나
여호와를 기쁘게 하며 내가 원하는
것, 내 뜻에 의해 살아가는 그와 같은
삶을 살면 너희들이 된다 하나,
29 정녕 너희들이 나의 뜻에 의해 살아가
는 백성들이 아니요, 오로지 이기주의
요, 사행심에 젖어 있으며, 육의 향락
을 위해 너희들이 살아간 그와 같은
삶을 사는 자, 부모를 지금 공경하며
부모를 생각하는 그와 같은 백성들이
있느냐?
30 너희들이 부모를 공경할 것이 없다,
그리고 더욱이 나 여호와의 뜻을 이
루며 내가 이루는 역사만 이루면 된다
하니,
31 죄의 온상이요, 나 여호와의 아들 예
수가 고통스럽게 죽어 간 그 십자가
를 만드는 데 너희들이 모두를 다 바
치며,
32 그리고 죄의 온상인 성전이라 하여
교회라는 것을 지으면서 너희들이 다
그를 바치나, 네 부모에게 과연 어찌
잘하라 지금 가르치는가?
33 그것이 오늘의 종교 집단의 지도자
너희들이 바로 나 여호와의 뜻이요,
하늘의 뜻을 거역하는 자들이니라.
34 더욱이 내가 너희들에게 뭐라 전하였
느냐?
35 '모든 백성이 입으로는 나를 존경하
되, 마음으로는 내게서 모두가 멀어졌
느니라.' 그러면서 너희들은 그와 같
은 세대가 올 것이라 그리하였으니,
내가 나의 새로운 성경에 얼마나 나의
가슴 아픈 뜻을 전하였느냐?
36 지금은 말로써만 모두를 다하며 말로
써만 행함이니라.
37 사랑이라는 것은 너희들이 나누며 베
풂이요, 너희들의 물질적인 것이요,

그와 같은 것을 남에게 나눠 주는 행
위가 중요하다 하였음이니라.
38 그러나 너희들은 말로써 세상 것을 다
주나 행동으로써는 그리 행하지 않는
것이 종교 집단의 지도자, 너희들이
대표적인 자라 하였느니라.
39 더욱이 나의 피조물 일반 백성들이요,
이방인이라는 백성들은 저희들에게
무엇을 달라, 이루어 달라, 저희들이
또 나를 경배한다 그리 말하지 아니하
나,
40 그들은 스스로 나눌 것을 나누며 살아
가는 그와 같은 백성들이니라.
41 그들은 나에게 무릎 꿇고 무엇을 달
라, 이루어 달라, 또한 제 소원을 이루
어 달라, 더 갖게 해 달라, 더 명예를
얻게 해 달라 기도를 하지 아니하느니
라.
42 그러나 너희들은 그 입으로는 존경하
며 나를 경배한다는 백성 너희들은 그
저 묵묵히 지켜 가는 그 백성들보다도
못한 것이 무엇이더냐?
43 제 자식이요, 제 가족의 부귀영화요,
영달을 위해서 눈물 콧물 흘리면서 울
고불고 매달리고 기도하고 경배하는
것이 바로 너희들이니, 너희들은 그
기준치도 안 되는 자들이니라.
44 그러니 너희들이 기도하는 것이 얼마
나 잘못된 것이며 사악한 행위더냐?
45 그러니 그와 같은 백성이야말로 나의
뜻을 거역하는 자요, 하늘의 뜻을 거
역하는 사탄이요, 마귀의 자식이 되어
있음을 여기다 기록하였음이니라.
46 너희들은 그와 같은 의미를 안다면,
과연 오늘의 믿음이요, 말로써 모두를
풍성히 벌이는 그 잔치, 과연 너희들
이 누가 그와 같은 행위를 하고 있는
가 한번 들여다보라.
47 너희들의 종교 지도자는 가장 낮은 자
요, 어렵고 가난한 자라 하느니라.
48 그러면서 얼마만큼 호화로운 것이요,
얼마만큼 궁전 같은 걸 짓기를 너희들
이 몸부림치며,
49 믿음이 아니라 더 큰 교회, 많은 신도
를 거느리며 재물을 거둬들이는 데만
모두를 바치는 그 타락된 자들이 지금
이 세상을 지배하니,
50 어떠한 백성들이 타락된 백성이요, 입
으로만 역사하며 나의 뜻을 정면으로
거역하는 백성들인가, 스스로 깨우쳐
살아가도록 그리하라.
51 '사람의 계명으로써 교훈을 삼아 가르
치니, 나를 헛되이 경배하도다.' 그와
같이 기록한 그 뜻은 과연 무엇이더냐?
52 지금의 모든 믿음의 길을 가는 종교
집단 너희들이 인간의 계명을 만들었
으며, 너희들의 욕심을 충족시키는 그
와 같은 믿음으로써 오늘 이 세상을
다스리며 만백성을 그리 다스려 가지
아니하는가?
53 나 여호와의 뜻을 전하는 자, 나 여호
와의 뜻에 의해 역사하는 지도자란
내가 뭐라 말하였느냐?
54 모세의 시대에도 내가 계속 그에게 성
령을 내려보내고 완벽한 사람으로 완
벽한 가르침으로 세상에 이루고자 했
으며,
55 나의 아들 예수를 통하여 내가 새로
운 뜻이요, 새로운 메시지를 계속 내
려보내 바로 가르치고자 했으며, 이

세상에 완벽한 백성들로 서게 하고자 하였음이니라.
56 지금의 제3의 시대에 나의 새로운 성경은 무엇이더냐?
57 너희들이 완벽할 때까지 내가 새로운 뜻을 내려보내는 것, 이것이 나 여호와에게 선택된 백성이라 하지 않았더냐?
58 그러니 더욱이 그와 같은 뜻을 알지도 못하며 받지도 못하며 듣지도 못하는 그 백성들이,
59 그렇다면 너희들이 그나마 성경을 가지고, 내가 직접 친필로 쓴 십계명을 가지고 지키겠다, 그 하나만 가지고 몸부림을 친다 해도 너희들이 이와 같이 험악한 세상은 되지 아니하였거늘,
60 너희들이 인간의 계명으로 모두를 교훈 삼으며, 아무것도 나로부터 직접 들으며 깨닫는 것도 없는 너희들이 오늘의 지도자라 하여, 지금 썩은 자들이 그 썩은 속에서 더 썩고 더 썩어지며 부패할 대로 부패해진 이 허망한 세상을 만들었으며 이 험악한 세상을 만든 것이니,
61 인간의 계명이요, 너희들의 육을 위하여 향락을 위하여 온갖 짓을 다 하고 있는 자가 어떤 단체의 어떤 종교 지도자인가 너희들이 그를 들여다봐 스스로 깨우치도록 그리하라.
62 그렇지 아니하면 너희들이 결코 아니 됨이니라.

11,388 번째 하나님 말씀

2004년 5월 30일 07시 24분

1 사랑하는 나의 아들아!
2 "네, 아버님! 말씀하옵소서."
3 일찍이 성서에 기록하여, '너희들의 입에서 나오는 것들, 마음에서 나오는 것이야말로 사람을 더럽게 하느니라.' 내가 그리 말하였느니라.
4 사랑하는 나의 아들딸들아!
5 너희들의 개인 한 사람의 마음에서 나오는 그것이 바로 너희들을 더럽힌다는 것은 그 자신이 고치고 행하면 되는 것이니라.
6 그러나 여기서 너희들은 들어야 될 것이니라.
7 종교 집단의 지도자요, 선생이라는 너희들의 입에서 나오는 것들은 마음에서 나옴이니,
8 이것이야말로 사람을 더럽게 하며 사람을 잘못 가르치며 그와 같이 너희들이 입으로써 나오는 행위를 해서는 아니 되는 것이니라.
9 너희들의 지도자라는 것이 무엇이더냐?
10 하늘의 뜻이요, 참진리의 길을 바로 보고 바로 가르치지 아니한다면, 너희들은 나의 피조물 만백성을 지옥으로 이끌며, 추한 자요, 더러운 백성으로 만들어 간다는 것을 알아야 될 것이니라.
11 그러니 너희들이 오늘에 나의 뜻에 의하여 진정한 새로운 성경이요, 참진리의 길을 가고 있는가, 너희들은 그를 한번 생각해 보고 다스려 보지 아니하

면 아니 될 것이니라.
12 지금 모든 종교 집단의 지도자 너희들
이 나의 뜻에 의하여 가르치는 것이
아니요, 내가 역사하는 것, 나로부터
내리는 메시지를 계속 받지 못하며 내
뜻을 듣지 못함이니,
13 첫째는 너희들이 나로부터 선택된 자
들이 아니요,
14 그리고 너희들이 그 모든 재물을 거둬
들이는 것, 그리고 부귀영화요, 내가
짓지 말라는 성전을 얼마나 크고 아름
답게 세워 너희 권위를 보이며 너희
자신의 명성을 얻고자 하는 것, 그것
이 두 번째 잘못된 것이라는 것을 너
희들은 알아야 될 것이니라.
15 그러니 너희들의 입에서 나오는 이야
기요, 가르치는 것은, 성서요, 나의 뜻
을 가르치는 것이나,
16 악함을 행하게 하며, 악의 자식으로서
너희들이 지금 그 역할을 대행하며,
사탄의 자식으로서 너희들이 나의 피
조물 만백성을 사탄이요, 지옥으로 이
끄는 그와 같은 행위를, 그와 같은 말
로써, 그와 같은 방법으로 가르치는
것이 세 번째 잘못된 것임을 알라 그
리 전하라.

11,389 번째 하나님 말씀

2004년 5월 30일 07시 27분

1 사랑하는 나의 아들아!
2 "네, 아버님! 말씀하옵소서."
3 새로운 시대에 새로운 백성으로서 너
희들이 거듭나는 영광이요, 축복을 받
은 백성들이니라.
4 그러니 너희들이 과연 어떠한 삶을 살
아야 되겠는가?
5 너희들의 행동이 바르지 못하며 삶을
바르게 살지 못한다면, 나의 피조물
만백성을 너희들이 지옥으로 이끄는
그와 같은 행위를 한다 하였음이니라.
6 그러니 너희들이 육의 세상에 잘못 사
는 것, 잘못 가는 것, 그것이 얼마나
두렵고 무서운 사실인가를 나의 아들
을 따르는 제자 너희들은 알아야 될
것이니라.
7 그리고 너희들이 그러한 짓을 해서는
절대로 아니 되며 그와 같은 삶을 살
아서는 절대 아니 됨이니라.
8 너희들은 너희 자신 하나를 더럽게 만
들며 너희 자신을 추하게 만들며 너
하나를 지옥으로 가는 것은 내가 말하
지 않느니라.
9 새로운 시대에 내 새로운 성경이요,
그리고 내가 새로이 역사하는 그 모든
기틀을 다져 가는 너희들은 결코 그래
서 그와 같은 행위를 해서는 아니 되
는 것이니라.
10 너희들이 잘못되면 나의 새로운 성경
이 세상에 이루어질 수 없으며, 내가
새로운 시대를 이룰 수 없는 것이 너
희들이 처해 있는 것이요, 너희들이
소중하고 귀한 백성이라는 의미가 거
기 있음을 알라 전하느니라.
11 모든 것이 다 썩고 더럽혀질 대로 더
럽혀진 이 세상, 그 모두를 뽑아 버리
고 버릴 것 버리고, 태울 것 태워 버리
는 그 역사 또한 너희들의 손으로써
모두가 이루어져야 됨이니,
12 너희들이 마음이 더러워지며 생각이

더러워지는 그와 같은 백성이 되어서
는 결코 아니 됨이니라.
13 너희들의 마음이 깨끗하며 생각이 깨
끗하며 너희들이 천사와 같은 마음으
로써 살아가는 그 삶을 살아가지 아니
하면 결코 이룰 수 없음이니라.
14 너희들이 악한 생각이요, 살인하는 행
위요, 도둑질하는 행위요, 거짓 증거
하는 그와 같은 행위를 하는 것, 그리
고 너희들이 그와 같은 말을 하는 것,
15 그 모두는 많은 백성들을 그리하도록
하여 그들이 구원에 오를 수 없는 백
성으로 만드는 것이기에,
16 너희들이 얼마나 바르고 곱게 살아야
하는 백성인가를 잊지 말라 그리 전하
라.

11,390 번째 하나님 말씀

2004년 5월 30일 09시 03분

1 사랑하는 나의 아들아!
2 "네, 아버님! 말씀하옵소서."
3 나의 피조물 만백성 너희들이 우선 생
각을 고쳐야 할 것이니, 그 생각이 무
엇이던가?
4 너희들이 지금 수없이 이 세상이요,
나의 발등 위에 상처를 내는 그 교회
라는 것, 그 건물이요, 그 집단이 영원
할 것이라 믿는 너희들,
5 그 생각부터 너희들이 고쳐야 되며 너
희들이 다시 한 번 생각하고 연구하지
아니하면 아니 됨을 알아야 될 것이
니라.
6 그와 같은 것은 영원히 이 세상에 존
재할 수 없으며, 그들은 영원히 뿌리
를 내려 갈 수 없는 것을 알아야 될 것
이니라.
7 지금의 모든 교회의 지도자 너희들이
나 여호와의 뜻을 갖고 행하는 것이
아니요, 나의 뜻과는 관계없는 짓을
하고 있으며, 나를 욕되게 하고 나를
능멸하는 그와 같은 행위를 하고 있
음이니,
8 이 세상에 나로부터 은혜를 받아 간
백성들이 나의 계명대로 살지 아니하
며, 지금 나의 아들을 통하여 내리는
새로운 성경을 읽지 않고 깨우치지
아니하여 너희들이 나에게 오를 수
없다 하였음이니, 그러니 너희들이 어
떠한 것이더냐?
9 내 뜻을 거역하는 것이요, 나 여호와
의 참진리를 가르치는 것이 아니요,
인간 너희들의 생각이요, 그 모든 교
리를 가지고 가르침이니,
10 너희들이 스스로 지금 무덤을 파고 있
는 자와 같은 그와 같은 행위를 하고
있음이니라.
11 스스로 너희들이 무덤을 팜이니, 그
무덤에 스스로 묻힐 날이 머지아니하
였음을 알아야 될 것이니라.
12 그러니 너희들이 이 교회가 부서지며
파멸되며, 그리고 스스로 너희들이 무
덤을 파고 있는 그와 같은 행위를 하
고 있다는 것을, 그 뜻과 그 의미를 모
르고 있기 때문에, 지금 너희들이 교
회를 짓고자 하는 것이 아니더냐?
13 그러니 너희들이 헤아릴 수 없는 많은
목사요, 종교 지도자라 하는 자, 그리
고 기름 부음을 받았다는 자, 선택을
받았다는 그 예비생들이 이 지상에 앞

으로 얼마나 많은 상처를 낼 것이며
내 몸에 흠집을 내는 짓을 할 것인가?
14 그와 같은 짓을 하기 위해 너희들이
지금 계속 찾아 나가고 있으며, 그리
고 찾아 헤매는 그 숫자를 헤아릴 수
가 없음이니라.
15 그러니 너희들은 여기서 알아야 될 것
이니라.
16 나는 나의 새로운 성경이요, 새로운
나의 성령을 내려보내는 것은 그와 같
은 자들을 단죄하고자 하며, 그들의
모든 문을 닫고자 하는 것이 나 여호
와의 뜻이며,
17 그들이 영원히 존재할 수 없다는 것을
깨우쳐 주는 그와 같은 역사를 하고
있음을 너희들은 알아야 될 것이니라.
18 이제 너희들이 육으로 보이는 것이 아
니라, 너희들이 부서지지 아니하며 영
원히 존재할 수 있는 교회요, 그 집단
속에서 나와 넓고 넓은 세상을 들여다
보는 그와 같은 현명함을 얻지 아니하
면 아니 될 것이니라.
19 나 여호와는 너희들에게 바라는 것이,
보이는 그와 같은 교회요, 너희들이
성막이요, 성당이요, 방대하고 웅장한
것 같은 그와 같은 것을 짓고 너희들
이 그것이 영원히 존속될 것이라 생각
하는 것이 아니라,
20 보이지 않는 너희들의 믿음이요, 보이
지 않는 복음이요, 보이지 않는 속에
서 너희들이 조용히 나의 뜻을 역사하
고 흘러가는 것,
21 그리고 만백성이 깨우쳐 바른 삶을 살
수 있는 것, 하늘의 이치를 알 수 있는
것, 나 여호와의 뜻을 알 수 있는 것,
22 그리하여 내가 새로운 시대를 열고자
하는 데 동참할 수 있는 그와 같은 교
회를 짓기를 바라며, 그와 같은 성전
을 짓기를 바라는 것이 나 여호와의
뜻임을 너희들은 잊어서는 아니 될 것
이니라.

부 록

【하나님께서 가르쳐 주신 운동】

천재지변이 일어날 때, 동물이나 미물들은 미리 알고 대피하지만, 인간은 알지 못하고 큰 화를 당합니다. 하나님께서 인간에게 가장 높은 지혜를 주시고 완벽하게 창조해 주셨기에 동물들보다 더 잘 알 수 있지만, 욕심으로 마음이 혼탁해져서 한 치 앞을 보지 못하는 것입니다.

마찬가지로, 인간은 누구나 스스로 필요한 운동을 해서 건강을 지킬 수 있도록 하나님께서 만들어 주셨습니다. 우리의 머리에서 우리 몸에 필요한 동작을 해 달라고 끊임없이 신호를 보내지만, 인간이 혼탁하게 살아서 그 신호를 알아채지 못합니다. 그러니 자연스럽게 자기 몸이 원하는 그 신호를 따라서 운동하는 것이 하나님께서 가르쳐 주신 운동 방법입니다. 바로, 우리의 영이 육을 이끄는 운동입니다.

▶ 하나님 운동법

1. 눈을 감고, 발을 어깨너비로 벌리고 바르게 선다.
2. 몸에 힘을 풀고, 허리를 숙이면서 손과 머리를 아래로 내린다.
3. 허리를 펴고 싶을 때, 천천히 펴면서 하고 싶은 동작을 하면 운동이 시작된다. (사람마다 다르다.)
4. 멈추지 말고, 어떤 동작이든지 자기 몸의 느낌대로 계속 이어서 한다.

▶ 참고 사항

① 눈을 감은 상태로 아무 생각 하지 않고, 자기 몸의 느낌대로 움직입니다.

② 마음을 비우고, 욕심을 버리고, 지난날의 잘못을 반성하면서 몇 차례 시도하다 보면, 자기도 모르게 하고 싶은 동작이 끊임없이 생깁니다.

③ 운동 장소는 방 안이든 운동장이든 관계없으며, 걷거나 달리고 싶을 때는 눈을 떠도 됩니다.

④ 매일 40분 이상, 주 4회 이상, 3개월 이상 하면 음식 조절에 들어갑니다.
- 음식으로 생긴 병은 음식으로 치료하게 되며, 어떤 음식을 먹어야 하는지 스스로 알게 됩니다.
(자기 몸에 필요한 음식만 먹고 싶어집니다.)

⑤ 사랑하는 사람과 함께 운동하면 서로 치료해 주기도 합니다.

⑥ 운동을 하다가 몸의 어느 한 부분을 계속 손으로 자극한다면 그쪽에 이상이 있는 것이니, 의사에게 상담을 받고 적절한 치료를 받으면 됩니다.

⑦ 다이어트 및 기타 건강관리에 효과적입니다.

⑧ 꾸준히 운동하여 영이 맑아지면, 자신의 과거와 미래를 스스로 보게 됩니다.

누구나 스스로 하실 수 있습니다.

간 행 사

《새로운 성경》은:

· 새로운 성경은, 하나님께서 선량하고 선한 자를 선택하여 십계명을 암송하도록 하시고, 십계명을 암송한 다음에 음성으로써 들려주시는 말씀을 듣고 그대로 카세트테이프에 녹음해서 받아쓴 책입니다.

· 90분짜리 녹음테이프 700여 개에 달하는 말씀으로, 1999년 8월부터 2004년 7월까지 총 160권(권당 288쪽)을 완성하였으며, 그 이후에도 현재까지 계속 말씀을 내려 주고 계십니다.

· 새로운 성경은 "하늘을 두루마리 삼고 바닷물을 먹물 삼아 쓰고 써도 다 못 쓴다"는, 끝없이 방대한 하나님의 말씀이 두루마리로 직접 내려오는 것입니다. 이러한 새로운 성경은 구약과 신약을 폐하려는 것이 아니라 "인봉된 성서의 비유의 뜻"을 상세히 설명하여 완성하고자 하나님께서 직접 내려 주신 말씀입니다.

《새로운 성경》의 구성:

· 제 목: 2013년, 160권 모음집을 발간하면서, 본 도서의 제목을 "하나님! 말씀하옵소서"에서 《새로운 성경》 으로 명해 주셨습니다.

· 단행본: 각 권당 288쪽(신국판) 책이 160권까지 시리즈로 출판됩니다.
(모음집은 단행본을 16권씩 묶어서, 총 10부로 구성됩니다.)

《새로운 성경》의 성경적 근거:

· 신약 성경 [요한복음] 16장 13절에 "진리의 성령이 오시면 그가 너희를 모든 진리 가운데로 인도하시리니 그가 자의로 말하지 않고, 오직 듣는 것만을 말하며" 하신 말씀처럼 하나님의 음성을 들은 것만 기록하였으며,

· "장래 일을 너희에게 알리시리라" 하신 말씀과 같이 개인, 나라, 인류의 "장래"일을 하나님께서 알려 주시는 것만 기록하여 책으로 만들었습니다.

《새로운 성경》의 기록 방법:

· 1999년 8월부터 하나님께서 저에게 들려주시는 음성을 기록하였습니다. 처음에는 제가 들은 말씀을 불러 주면 저의 아내가 기록하여, 2000년 1월 29일에 1권 초판이 세상에 나왔습니다. 2000년 4월부터는 주시는 말씀을 받아 녹음기에 기록하기 시작하였습니다.

· 녹음을 시작하면서 하나님의 말씀을 받는 데 가속도가 붙었고, 2001년 5월 3일에 1부(1~16권까지)를 인쇄하여 출판하였으며, 2004년 7월까지 총 160권 분량의 말씀을 받아 기록하였습니다.

하나님께서 저에게 주신 것은:

· 첫째, 만백성을 상대로 내려 주시는 "기도", 둘째, 수시로 내려 주시는 "묵상", 셋째, 개인의 과거, 현재, 미래를 알려 주시는 "개인 기도", 넷째, 개인의 건강을 위해서 내려 주시는 "음식 처방", 다섯째, 하나님께서 가르쳐 주신 "운동"등이 있습니다. 이 중에 첫 번째, "기도"를 책으로 편찬하였습니다. 사람의 생사, 개인의 미래에 관한 천기는 수록하지 말라 하셨습니다.

강론 안내:

· 하나님께서는 지금도 매일 저에게 새로운 하늘의 비밀의 말씀을 내려 주고 계십니다. 수시로 내려 주시는 말씀을 정리해서 제자를 육성하라는 말씀에 따라 매주 강론을 하고 있습니다. 누구나 무료로 들으실 수 있습니다. (book160.com)

《새로운 성경》을 읽는 분들에게 드리는 선물:

· 개인 기도: 개인의 과거, 현재, 미래에 관하여 말씀을 내려 주십니다.

· 음식 처방: 사람은 음식을 먹고살다가 건강을 잃으니, 음식과 운동으로 건강을 되찾는 방법을 알려 드립니다. 단, 하나님이 계심을 믿고, 십계명을 지키겠다고 진실로 서약하는 분들께 알려드립니다.

《새로운 성경》의 은혜와 기적:

· 새로운 성경 전160권은 16권씩 묶어서 총 10부의 모음집으로 구성됩니다. 모음집 한 부를 읽고 깨우치는 자에게 하나님께서 다음과 같은 기적이 있다고 하셨습니다.

· "첫째, 그가 죽어 하늘에 갔을 때 그의 죄를 묻지 아니하며, 구원을 받는 위대한 은혜가 있으며, 둘째, 그의 소원과 소망이 이루어지고, 셋째, 죽은 자(부모, 형제, 자식, 사랑하고 은혜 입은 분)의 이름으로 구입한 책을 읽고 누군가 한 사람이 깨우칠 때, 그 죽은 자가 지옥에서 천국으로 구원을 받게 되며, 넷째, 유산, 중절 수술 등으로 태어나지 못한 아이를 위하여 구입한 책을 보고 한 명이 깨우쳤을 때, 그 아이가 사람으로 다시 한 번 태어나는 은혜를 받는다."

· "새로운 성경"을 3회 이상 정성을 다해 정독하는 자, 성서의 비밀을 알게 되고, 세상의 이치를 알게 되며, 세상을 지배하고 통제할 수 있는 지혜를 다 얻게 된다고 하셨습니다. 이 책은 만백성이 정독하고 이웃에게 전하여, 평생 가슴에 묻은 슬픔과 고통의 짐을 벗고 미래를 위한 힘찬 삶을 살아가도록 하는 책입니다.

끝으로

· 하나님께서는 흰 눈이 세상을 덮듯이 새로운 성경을 온 세상에 전하라고 하셨습니다. 《새로운 성경》을 각국어로 번역해서 온 인류에게 구원의 길을 깨우쳐 주고, 그 수익으로 가난하고 어려운 백성을 구제하여, 만백성의 영과 육을 함께 구원하는 선지자의 임무를 수행하라고 저에게 명하셨습니다.

· 하늘에서 내려 주신 말씀의 보화를 만백성에게 나누어 주는 것이 선지자의 임무라고 하셨습니다. 새로운 성경을 통해서 얻는 재물을 사용할 곳도 하나님께서 일일이 명해 주십니다. 모든 재물은 저의 자의로 쓸 수 없고, 하나님께서 명하시는 대로만 쓰여집니다.

· 어떤 명분으로든 십일조나 각종 헌금을 거두어들이지 말라 하셨으며, 국내뿐 아니라 각국에 성전과 단독 서점을 운영하며, 한국의 많은 젊은이들을 전 세계에 지도자로 내보내라고 하셨습니다.

· 우리는 세계적으로 새로운 성경을 보급하며 어려운 이들을 돕는 역사를 해 나갈 것입니다. 지금까지 비록 몇 명 안 되는 제자들과 함께 이러한 일을 역사했지만, 앞으로도 계속 하나님께서 기뻐하시는 일들을 해 나갈 것입니다. 부족한 저희에게 여러분들의 지혜와 성원을 보내 주시기를 바랍니다. 많은 분들의 참여와 도움을 간절히 기다립니다. 감사합니다.

한국어로 내려온 《새로운 성경》 단행본을 출간하며
2016년 4월 10일

발행인 **김 용 철**

한국어로 내려온

새로운 성 경 · 10부 · 제150권

지은이 하나님 말씀
대역자 김용철

초판인쇄 1쇄 2017년 2월 1일
2쇄 2017년 6월 21일

펴낸 곳 도서출판 하얀마음
등록번호 제 10-2107호 (2001년 2월 14일)
주소 서울시 노원구 덕릉로86길 5, 2층
전화번호 02) 313-1114
팩스 02) 393-5554
전자우편 book160@hanmail.net
편집위원 조나영 김미향 이석교
제작지원 김서영 이상빈

도서상담 1600-7527
ISBN 978-89-5875-250-9 (04230)
978-89-5875-100-7 (세 트)

값 10,000원
잘못된 책은 구입하신 곳에서 바꾸어 드립니다.

※이 책은 10부로 제작되며, 각 부 16권씩 총160권으로 구성됩니다.※

1부	2부	3부	4부	5부	6부	7부	8부	9부	10부
1권	17권	33권	49권	65권	81권	97권	113권	129권	145권
2권	18권	34권	50권	66권	82권	98권	114권	130권	146권
3권	19권	35권	51권	67권	83권	99권	115권	131권	147권
4권	20권	36권	52권	68권	84권	100권	116권	132권	148권
5권	21권	37권	53권	69권	85권	101권	117권	133권	149권
6권	22권	38권	54권	70권	86권	102권	118권	134권	150권
7권	23권	39권	55권	71권	87권	103권	119권	135권	151권
8권	24권	40권	56권	72권	88권	104권	120권	136권	152권
9권	25권	41권	57권	73권	89권	105권	121권	137권	153권
10권	26권	42권	58권	74권	90권	106권	122권	138권	154권
11권	27권	43권	59권	75권	91권	107권	123권	139권	155권
12권	28권	44권	60권	76권	92권	108권	124권	140권	156권
13권	29권	45권	61권	77권	93권	109권	125권	141권	157권
14권	30권	46권	62권	78권	94권	110권	126권	142권	158권
15권	31권	47권	63권	79권	95권	111권	127권	143권	159권
16권	32권	48권	64권	80권	96권	112권	128권	144권	160권